西方当代美术
WEST CONTEMPORARY ART

西方当代美术
不是艺术的艺术史

WEST CONTEMPORARY ART
Counter-artistic art history

王洪义 编著

哈尔滨工业大学出版社

图书在版编目（CIP）数据

西方当代美术：不是艺术的艺术史/王洪义编著.
哈尔滨：哈尔滨工业大学出版社，2008.8
　　ISBN 978-7-5603-2705-1

　　Ⅰ.西… Ⅱ.王… Ⅲ.美术史—西方国家—现代 Ⅳ.
J110.95
中国版本图书馆CIP数据核字（2008）第112693号

策　　划　筑艺图文
责任编辑　卞秉利
装帧设计　卞　强　杨立丽

出版发行　哈尔滨工业大学出版社
社　　址　哈尔滨市南岗区复华四道街10号　邮编 150006
传　　真　0451-86414749
网　　址　http://hitpress.hit.edu.cn
印　　刷　黑龙江日报报业集团印务中心
开　　本　787mm×1092mm 1/16 印张 17
字　　数　250千字　图片380幅
版　　次　2008年9月第1版 2008年9月第1次印刷
书　　号　ISBN 978-7-5603-2705-1
定　　价　78.00元

如因印装质量问题影响阅读，我社负责调换

目录

引言 /1

第一章 战后新版图 5
1.1 战后概况 5
1.2 有孔洞的雕塑 6
1.3 扭曲和枯瘦 8
1.4 无定形艺术 10
1.5 意大利战后艺术 19
1.6 结语 22

第二章 狂乱的挥洒 24
2.1 抽象表现主义 24
2.2 行动绘画 24
2.3 色面表现 32
2.4 当代抽象雕塑 36
2.5 结语 39

第三章 俗世的盛宴 42
3.1 通俗文化时代 42
3.2 波普艺术起源 42
3.3 美国波普艺术 48
3.4 挪用艺术 58
3.5 结语 64

第四章 陋物的拼合 66
4.1 装配艺术 66
4.2 欧洲新写实主义 68
4.3 装置艺术概述 72
4.4 结语 82

第五章 机器与光线 84
5.1 动力艺术 84
5.2 光的艺术 88
5.3 光效应艺术 92
5.4 结语 96

第六章 物体与过程 98
6.1 极少主义概述 98
6.2 极少主义艺术家 98
6.3 硬边绘画 105
6.4 过程艺术 109
6.5 结语 111

第七章 思想的生产 113
7.1 概念艺术概述 113
7.2 图片与文字的混杂呈现 114
7.3 装置形式和政治主题 117
7.4 使用文字 121
7.5 结语 123

第八章 壮观的大地 124
8.1 大地艺术概述 124
8.2 土木工程艺术 124
8.3 自然物质组合 126
8.4 结语 131

第九章 比照片还逼真 132
9.1 当代写实艺术 132
9.2 照相写实主义画家 132
9.3 超写实主义雕塑 136
9.4 当代写实绘画 139
9.5 结语 147

第十章 肉身的磨难 149
10.1 行为艺术概述 149
10.2 偶发艺术 150
10.3 事件艺术 152
10.4 激浪派 154
10.5 非派别的表演 163
10.6 结语 169

第十一章 女性的心声 171
11.1 女性艺术概述 171
11.2 图案与装饰运动 171
11.3 女性艺术家 173
11.4 结语 183

第十二章 公众的艺术 184
12.1 公共艺术概述 184
12.2 重要的公共艺术家及其作品 185
12.3 涂鸦艺术概述 192
12.4 有影响的涂鸦艺术家 194
12.5 结语 196

第十三章 表现的狂潮 198
13.1 新表现主义概述 198
13.2 德国新表现主义艺术家 199
13.3 意大利的超前卫艺术 204
13.4 其他国家的新表现主义 207
13.5 结语 211

第十四章 影像的世界 212
14.1 当代摄影概述 212
14.2 重要摄影家 213
14.3 录像艺术概述 221
14.4 录像艺术家和作品 222
14.5 结语 230

第十五章 数字与互动 232
15.1 计算机艺术概述 232
15.2 计算机艺术家 232
15.3 虚拟实境艺术 235
15.4 网络艺术 237
15.5 结语 239

西方当代美术记事（1945—2000年） 240

人名索引 254

参考文献 258

后记 260

引 言

艺术，无论东方西方，都是社会生活的一部分。

西方艺术起源于地中海沿岸，古埃及金字塔、古希腊神庙、美索不达米亚浮雕、古罗马的凯旋门和纪念碑，皆为当时国家政治生活所用，是神权和君权的标志。此后中世纪艺术，更是宗教宣言和教科书。那些高耸入云的教堂，显现信仰之光，而非纯粹美感。

文艺复兴后艺术与科学结缘，在没有照相机的时代里，担负视觉记录功能，满足人类影像观看欲望。此后数百年间，群雄并立，各领风骚，创制许多恢宏巨作，大都成为上流社会的收藏品和装饰物。直到19世纪后期，才出现转变苗头。这个苗头在20世纪发展成决决主流，就是现代艺术。

表现、抽象和反理性，是西方现代艺术的主要艺术倾向，如五色杂陈拼盘，呈现出多种视觉样式。这些样式的内在属性，是科学与理性精神，即便是其中以反理性姿态出现的达达派和超现实主义，也与弗洛伊德的潜意识学说有直接关系。立体派与结构主义、未来派与工业技术思想、风格派与机械制造形式，等等，更有"剪不断，理还乱"的内在联系。现代艺术仿佛科学流水线上的造物活动，只是造出来的不是工业产品，而是所谓形式风格。到二战之前，这种风格产品在数量上已很惊人，远远超出此前数百年欧洲艺术的风格总产量。

有日本学者把西方美术史概括为三个阶段，即：前现代、现代、后现代。这个分期法简明易懂，不妨借来一用。在这个分期中，"现代"成了划分历史的分界线，其中"前现代"和"后现代"，都是依据"现代"而定位的。因此，弄清什么是"现代"，是理解西方艺术史的关键。

可以从两个角度对西方现代艺术略加考察：一种是风格和形式，另一种是价值观。前者是数量概念，从理论上说，可以计算出西方现代艺术的视觉形式和风格总量；后者是质的概念，关系重大，不同价值观会导致不同的评价结果。比如，用徐悲鸿的眼光看马蒂斯，就会认为很胡闹[①]。

从数量角度看现代艺术，我们会发现西方艺术家在短短半个多世纪里，以多角度、全方位的探索精神，实现了架上艺术变革的N多可能性，甚至没给后人留下多少继续探索的空间。从价值角度看现代艺术，会发现它属于精英文化范畴，有追求纯粹、提倡原创、自我中心、形式至上、脱离大众的特征，可看成是历史上贵族文化的衍生物。当这样两个特点发展到一定程度时，自然会有相反力量出现。

架上绘画山穷水尽，人们就去搞装置、表演和多媒体艺术；精英艺术曲高和寡，人们就从尘俗生活中汲取养分，创造新的大众艺术。1960年前后，新的艺术潮流在美国汹涌而来，并迅速波及世界各地，这种新潮流，就是当代艺术，也可称为"后现代"。在西方艺术史语言中，"后"（Post）的意思就是"反"。如后印象主义，就是反印象主义；后工业社会，就是反工业社会。因此，所谓后现代艺术，究其基本含义，就是反现代艺术。这种"反"，在下面几方面表现出来：

1. 不求纯粹。 与现代艺术追求纯粹形式不同，后现代艺术无所不用，什么语言文字、音乐戏剧、

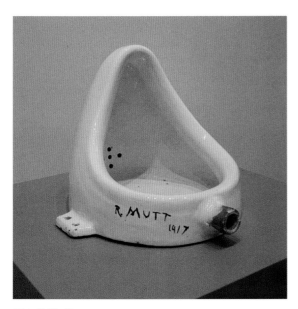

图1 杜尚 泉
1917年（1964年复制），现成品、瓷制小便器，
61cm×48cm×36cm

大众传媒、数码影像、声光电化，都是常见的表达手段。绘画超越平面限制，雕塑结合风景和建筑，展出场地也不局限于画廊和博物馆。

2. 善待传统。现代艺术家常常以反传统自我标榜，后现代艺术家不反传统，而是利用过去经验以更新自我。在时间和环境改变后，旧符号能产生新意义，他们认为没有绝对的原创性，临摹手法完成的作品也有理由成为个人创作。

3. 非个人化。在艺术史上，除了19世纪后期到20世纪中期这段时间，"个人表现"都不是艺术价值的必要条件。后现代艺术强调社会功能，使艺术走出象牙塔，贴近大众生活，艺术家以天下任为己任，关心社会问题，积极参与社会活动，不再是超凡脱俗的另类人物。

4. 多种标准。"多元"是当代艺术的核心观念，虽然国际上仍有主流艺术存在，但却不再用统一的标准判断优劣。比如承认不同国家、民族、地域的艺术的价值，女性艺术、土著艺术、非发达国家艺术受到重视，等等。但也因此出现繁杂混乱局面，使艺术难以系统化。

在谈论西方当代艺术话题时，不能不提到法国画家杜尚（Marcel Du champ），他通常被看成西方后现代艺术之父。虽然杜尚的艺术实践止于1930年代，且在1968年去世，但他早期的短暂艺术活动却对后来产生持续影响力。他最重要的贡献是"现成品"艺术，就是把现成的工业产品或其他物品移放到美术展览会中。他在1917年完成的《泉》，是一只瓷制小便器（图1）；另一件名作是给印刷品《蒙娜丽莎》添上小胡子。

从习俗角度看，现成品艺术是荒诞的，没道理的，但事实上这却改变了人类对艺术的整个看法，人们由此质疑传统艺术价值观和创作模式的必要性。至少，在西方后现代艺术中，"现成品"的影响无处不在，并在以下几个方面给人们以启发：

1. 形式与美都不重要。自古以来，艺术家以创造美为天职，并赋予此类工作以崇高地位和价值。但杜尚认为美并不存在，艺术和艺术家也没什么特别高明的地方。他告诉人们，普通物品与艺术品没什么区别，都是人类的观照对象，所谓审美价值不过是某种成见而已。他把那个便溺用具送进展览会，对打破这个成见起了很大作用。

2. 环境和时间比作品更重要。变现成品为艺术品的决定因素是环境和时间，与作品本身无关。在一定条件下，任何东西都可以是艺术，任何人都能成为艺术家；也可以反过来说，当条件改变时，任何东西都不是艺术，任何人都不是艺术家。由于环境和时间永远在流动变化中，所以艺术价值也是变动不居的。文艺复兴的经典《蒙娜丽莎》到了20世纪，可以被画上小胡子；自行车轮和凳子放进美术馆，也就成了结构主义雕塑（图2）。

3. 让艺术回到自发和天然状态。人类最初的艺术活动是自发和天然的，无须专门训练，更没有艺术家和非艺术家之别，但后来有了分工，艺术成为一项专门工作，有了专门的艺术标准。可见这种分工和标准是以往制度的产物。如果在社会条件改变的情况下，仍然把这些标准当成至高无上的法则，就是作茧自缚。现成品艺术就是完全不把已有的艺术标准乃至文化尺度放在眼里，以一种看似搞笑而实际上相当深刻的思想，嘲笑了人类在文化领域的拘泥和匠气，从而呼唤一个新的富有创造精神的时代到来。

4. **取消技术限制**。人们久已习惯将艺术看成是一种技术和手艺，因此才有美术学院和专业画家。"现成品"与个人技术无关，它只需要选择眼光，而选择是思考的过程，与制作物理产品的技术毫无关系。杜尚在这里告诉人们，艺术的价值在于思想！有思想，任何物质都可以成为艺术品。这种将艺术等同于思想的做法，客观上取消了传统意义上的艺术学科，暗含了艺术与艺术史即将终结的理论判断。

美国画家德库宁说："杜尚一个人发起了一场运动——这是一个真正的现代运动，它暗示了一切，每个艺术家都可以从他那里得到灵感。"以似乎是随手拈来的"现成品"，轻松地扭转西方艺术发展方向，杜尚留给后人的是自由先驱者身影。杜尚之后，反对一切既定的艺术模式和评判标准，以毫无挂碍的自由精神从事艺术创作，成为西方艺术界的共识。

后现代艺术起源于对现代艺术的反叛，发展出表达思想和传递信息的新方法；观念的更迭，技术的转换，以及它所代表的公众意识、多元价值观和自由创造精神，体现了西方当代文化发展趋势。这个趋势与此前一切时代的艺术的根本不同之处，就是不再承认艺术的独立价值，不再为艺术而艺术，而是让艺术成为世俗生活的一个方面，让艺术品成为日常消费品。

图2 杜尚 自行车轮
1913年（1964年复制），现成品，高126.5cm，私人收藏

由于地域、历史、文化和体制差异，中国艺术还不能在短时期内以整体面貌融入这一全球范围的艺术运动，但这并不妨碍我国艺术的独立发展，也不妨碍我们从常识角度去增扩西方当代艺术知识。说来也奇怪，西方当代艺术在时间上离我们最近，但在熟悉和亲近程度上却离我们最远。从普遍的意义说，我们对后现代艺术，远不如我们对西方古典艺术和现代艺术了解那样多，这从美术院校教学内容和美术出版物上就看得出来[②]。正因为如此，本书写作的最大愿望，就是通过概略描述，能为我国读者大致勾勒出西方后现代艺术的粗浅轮廓，使人们能够在欣赏传统经典艺术的同时，对正活跃在我们身边的西方当代艺术也略有所知。

注释

①徐悲鸿曾在1929年称法国现代主义画家马蒂斯为"马踢死",以表明自己的厌恶之情。

②由于西方当代艺术的主张与技法都与"学院派"教学内容冲突很大,所以长期以来,我国美术学院的教学内容远离当代艺术,书店里当代艺术读物也比介绍古典艺术和传统美术的书籍少得多。不过这种情况近年来也有变化,青年学生以自学方式模仿当代艺术作品已成司空见惯之事。

第一章 战后新版图

1.1 战后概况

1945年8月,美国向日本的广岛和长崎投下两颗原子弹,结束了第二次世界大战。

第二次世界大战是人类历史上的重大事件,战争带来暴力和罪恶,不但摧残人的肉体,也严重摧残人的心灵。在战争结束后很长时间里,人们不能走出战争的阴影。反思的痛苦,失望和悲观的看法,对危险的高度警觉,成为战后西方流行思潮。西方20世纪艺术,也以此为界,划分为战前和战后两部分。

纳粹横行时,很多有成就的欧洲现代艺术家,被迫流亡海外(大部分去了美国),导致战前很兴旺的欧洲现代艺术,凋零残败乃至元气大伤。立体主义不再称雄,抽象绘画难以为继,超现实主义销声匿迹,连与世无争的巴黎画派也日渐冷落。美国却趁机广揽人才,接纳了许多欧洲大牌艺术家,为战后美国艺术的发展,储备了重要的人才资源。

战后,西方世界的政治、经济和文化,在新的基础上合为一体。在纳粹统治期间受迫害的知名艺术家,应邀到世界各地举办展览或在学院里讲学,昔日孤芳自赏、与世隔绝的现代艺术由此获得比战前更高的声望。空前频繁的国际交流,促进了欧美艺术同步发展,带来战后西方艺术的国际化倾向。历史悠久的威尼斯双年展,在战后扩大充实;卡耐基、圣保罗、巴黎和东京,也先后筹办新的大规模国际展览,为知名艺术品的展示提供了国际舞台。

历史从不停歇,艺术与人类同行,在战后烧焦的土地上,欧洲艺术家开始了新探索。只是精神修复与物质建设同样需要时间,新的艺术形态需经过酝酿期,才有十几年后的头角峥嵘。战前已成名的老艺术家,在战后继续他们的伟业。如毕加索使用废旧钢铁制作雕塑,到小镇上去制作陶艺,还为世界和平大会绘制了著名的和平鸽;马蒂斯(Henri Matisse)开始彩色剪纸拼贴,这是他晚年的主要创作手段;米罗(Joan Miro)回到他的西班牙家乡,绘制大量陶器和壁画。马克斯·恩斯特(Max Ernst)使用粘土、石膏和青铜,翻铸与他的绘画风格很不一样的作品。而战后成长起来的年轻艺术家,一方面继承前辈创造的新颖形式,另一方面抛弃原有表现内容。不论是巴黎画家还是北欧画家,都在创作中强调个人自动表现,反对传统的几何抽象和学院派设计。一种新的抽象表现风格开始在欧洲流行。与此同时,大洋彼岸的美国也出现了抽象表现主义艺术,欧美两地相互影响,共同谱写了战后西方艺术的新篇章。

在1945年到50年代初这段时间里,饱受战争创伤的欧洲艺术家们,以躁动不安的心态从事创造,欧洲艺术开始恢复元气。悲观的思想——存在主义流行,使艺术家笔下流露出决绝的反理性特征。从美术史角度体会这一时期,可知欧洲艺术的新开端,是表达战争带来的虚无感受和精神伤痛,以及由此产生的有荒诞意味的形式和形象。

1.2 有孔洞的雕塑

西方现代雕塑在二战前已作过很多试验,呈现复杂的面貌。战争使这类艺术探索被迫中止,随着战后各国经济的复苏,欧洲雕塑出现两种倾向:一种是沿袭战前现代主义艺术,使用立体派、未来派、构成派和超现实派的手法从事创作;另一种是开创独特形式表达战后精神苦闷和心灵创伤。从造型手法上看,战后欧洲雕塑可分为整体有机形和分体几何形两类,艺术家由此分为两类;但也有少数艺术家,能综合运用这两种形式。同时,制作材料大大增加,有石、木、铁、铜、锡、铅、合金、玻璃、塑料等,制作技术也有所改变。

奥斯普·扎特金(Ossip Zadkine)
1890—1967年

法国立体主义雕塑家,生于俄国。战争期间从纳粹统治的巴黎逃出,对战争的破坏性有切身感受。1951年,荷兰鹿特丹市委托扎特金为战争牺牲者制作纪念碑,该城市在二战中受损严重,城区和港口几乎被夷为平地。他在一年后完成《致被摧毁的城市》:胸部被洞穿的男人从半跪中站起,仰天悲号,双臂伸向空中;夸张的破裂形体,棱角分明的轮廓线,表现出生命的战栗和亢奋;胸腹部的"挖空"处理,直观表达战争破坏效果,是对战争暴行的强烈控诉(图3)。在形体上留出孔洞,本是现代雕塑常见手法,一般用来表现抽象的形体内部空间,但这件作品却将此种纯形式手法转换成表现主题的叙事语言,成为战后欧洲艺术的象形符号,被视为当代雕塑杰作之一。

亨利·摩尔(Henry Moore)
1898—1986年

英国抽象雕塑家。战前已完成许多知名作品。他的艺术建立在对各种雕塑手法的理解基础上,

图3 扎特金 致被摧毁的城市
1951—1953年,青铜,高600cm,位于荷兰鹿特丹市

受原始美术和埃及、墨西哥艺术影响,搜集石块、甲壳和骨头进行研究,创造出优雅自然、有孔洞的浑圆生物形体。既有鲜明时代特色,又能体现艺术传统。

他生于矿工之家,在利兹美术学院和皇家美术学院接受传统艺术训练,曾去大英博物馆仔细观摩米开朗基罗和贝尔尼尼的作品,还研究印第安人和非洲的艺术。战前创作《母与子》《斜躺着的人体》等,以自然界中石头、骨头、贝壳、树根等生物形式为基础,造型沉稳简洁,并形成特有的孔洞手法。战争期间,出任英国战地美术家,以素描手法描绘防空洞中避难人群,赢得广泛名声。1946年在纽约现代艺术博物馆展出作品,确立国际声誉。此后开始接受各国公共雕塑订单,完成数量众多的户外大型作品。

图4 摩尔 国王和王后
1952—1953年，青铜，高170cm，
位于苏格兰邓弗里斯郡，私人收藏

图5 摩尔 斜仰形体5号
1963—1964年，青铜，240cm×360cm×180cm，美国路易斯安纳现代艺术博物馆藏

摩尔推崇康斯坦丁·布朗库西（Constantin Brancusi）、汉斯·阿尔普（Hans Arp）等现代雕塑家，试图通过研究自然界有机形体，领悟形态与空间关系，创造出符合力学法则的永恒作品。他感叹"树的关节一个个有力而又自然地把树干从一个方向拧向另一个方向，是理想的木雕。"他尽量保留材质本身的美感，宁可将人工产品制成石头和骨头模样，也不让青铜和石头成为工业产品。《国王和王后》使用扁平形式，构成起伏的波状空间（图4）。这个题材与他的一系列《斜卧像》、《母与子》一样，都是追摹过去时代中最伟大的艺术样式，这些样式曾出现在史前和埃及艺术中。应该说，摩尔比其他现代艺术家更热爱传统，他通过个人努力，延续西方视觉造像传统，并有新的创造（图5）。

巴巴拉·赫普沃斯（Barbara Hepworth）
1903—1975年

英国女性抽象雕塑家。成名于二战之后，热衷于使用孔洞技术。她的丈夫是雕塑家本·尼科尔森（Ben Nicholson），她与亨利·摩尔是同窗好友。曾在巴黎生活和工作，受到现代雕塑家康斯坦丁·布朗库西和汉斯·阿尔普影响，开始从事抽象和几何雕塑创作。在战争爆发后离开伦敦，长期定居于英国康沃尔郡的圣伊文斯，潜心研究几何形式与自然的关系。战争结束后接受大量订单，制作形状简单、符合城市环境的铜雕和石雕。1975年因火灾不幸去世。

赫普沃斯在创作中兼用几何与有机形式，手法敏感有力，抒情性强，美学气息安定从容，尤其是制作简单的方块和圆形，总能将比例、尺度和方向设计得恰到好处，极见功力。她像中国古代的造园家一样，善于将作品与环境融为一体（图6）。她说："我是风景中的形象，每件雕塑作品都或多或少包含了永恒变化的形状，这些形状代表了在景色中我自己的固定姿势。"《分开的圆》就是这种固定形态之一：两个并置的半圆青铜形体，每个形体中各包含一个巨大的圆孔，像两个瞪大的眼睛。半圆形体的边缘被整齐切割，体现刚健厚重的机械力，而两个圆孔的边缘则有不同的层次级差，被打磨得细腻委婉，轻巧圆润，渗透阴柔气息（图7）。

图6 赫普沃斯 两个形体
1961年，青铜，高117cm，私人收藏

图7 赫普沃斯 分开的圆（两个形体）
1969年，青铜，英国约克郡雕塑公园

1.3 扭曲和枯瘦

战争的物质破坏现象，在战争结束后也就结束了，但战争给人带来的精神损害，却不容易马上消除。战后很长一段时间里，西方艺术中出现大量痛苦、无望和颓丧的作品，折射出西方人经历劫难后的巨大心灵恐怖，其中，扭曲和枯瘦的造型，成为这个时期的特殊景观。

弗朗西斯·培根（Francis Bacon）
1909—1992年

英国表现主义艺术家。出生于爱尔兰，自学成才，受北欧艺术怪诞风格的影响，笔下形象畸形、扭曲和病态，如凹凸镜里的世界。1945年伦敦勒菲弗画廊举办展览，他的参展作品《以耶稣受难像为基础的三人习作》三联画，引起人们关注，成为他此后漫长系列创作的开端。三张画中各有一个生物形出现在方盒子的阴影中，扭曲怪异的形体令人惊惧。

他作画不使用模特，而是以X光片、新闻照片、剧照、动物照片等为素材。经常用血红色画人像，笔触和造型剧烈扭动，体块的轮廓常常模糊不清。英国的批评家说他表现"一种无意识的贪婪，一种自动的、反复无常的暴食，一种不分青红皂白、嗜血如命的兽性。"据说战后灾难性新闻报道和有关集中营、大屠杀的视觉描述，对他的创作很有影响；他甚至直接引用希特勒及其党徒的照片，制造出虚实莫测的恐怖感。他还改画古典大师的作品，其中改画17世纪西班牙画家委拉斯贵之（Diego Velazquez）《教皇英诺森十世》的名声最大（图8）。

他的作品中的人物，总是蜷缩着置身于空旷中，背景通常是一间什么也没有的卧室或浴室。这

图8 培根 委拉斯贵之的教皇肖像的习作4号
1953年，布上油画，153cm×118cm，
美国爱荷华州 Des Moines 艺术中心藏

这个美术史上的经典形象变成一幅怪异模样：脸色惨白，癫狂绝望，发出孤独的吼叫，如同因在囚笼中的精神病患者。他的身体被截断，面孔模糊扭曲，精神饱受折磨。用大笔垂直绘出的黑色条纹背景，尖利而刻薄，产生从上到下的压迫感。前景的浅黄色和白色，与紫色、黑色形成极不和谐的对比，刺人眼目。这当然是幻想中的形象，不但突破了传统绘画的局限，更暗喻了凄厉悲惨的社会现实，这个冷漠而孤独的现代教皇，是对战后人类痛苦精神的真实写照。

种人与环境的结合，带来强烈的语义模糊性，增添无限烦恼，弥漫无助气息。他说："我曾看到很多失望的人，不管是老的还是年轻的。很可能地，孤独是现代人们最容易体验到的感受。"幻灭与绝望情绪，是欧洲人战后十年里最普遍的心情（图9）。托马斯·艾略特的诗《空虚者》中说："世界是这样毁灭的，世界是这样毁灭的，世界是这样毁灭的，不是轰然而是颓然。"成为此时流传最广的英语诗句。培根作品与战后欧洲社会的整体精神氛围息息相通，也因此被世人所熟知，成为战后英国乃至西方社会里最被推崇的艺术家之一。

阿尔伯托·贾科梅蒂（Alberto Giacometti）
1901—1966年

瑞士超现实主义画家和雕塑家。出生于瑞士，21岁到巴黎，曾在布德尔①工作室学习雕塑，以枯瘦形体为形式特征。战前参加超现实主义艺术运动，早期代表作《早晨四点钟的宫殿》（1933年），是用细木棍搭出笼子一样的立体框架，没有大的实体，空间完全敞开，有鲜明的个人风格。作品中有一位穿长裙而立的年老妇人，据说这与作者的一段经历有关，他说："整整六个月，一小时又一小时地陪伴着一位妇人，她神秘地改变了我的每时每刻。"战争期间他回瑞士避难，战后返回巴黎，造型风格有所改变，被称为"火柴棍"和"曲别针"，即人物形体极端瘦长，表面枯干、粗糙、破碎，像是钢铁废渣。如《森林》中，前边矗立的瘦长人体像腐朽了的枯枝，有脆弱和不堪一击的感觉，相互间也毫无呼应和联系；后边那个从地下冒出来的人头，似乎在无动于衷地看着这一切（图10）。在这样的作品中，物质实体仿佛被外部空间无情挤压，缩小到不能再小的程度；粗糙轮廓与破败质感，带来视觉上的模糊和遥远感，产生不稳定的心理效果。

图9 培根 三联画 –1972年8月
1972年，布上油画，198.1cm×147.3cm，伦敦泰特美术馆藏

与同时代探索形体内部空间的雕塑家不同，贾科梅蒂表达的是外部空间对形体的压迫。他说："轮廓对于我来说从来都不是严密的实体，而更像透明的结构。"存在主义哲学家萨特②对他推崇备至，说他迷恋于这万事万物中的孤独境遇，并致力于描绘这虚无世界。他还是出色的油画家和素描家，画面同样破碎而模糊，充满无数不确定线条，总像是没画完；而人物头部比例也总是很小，用黑线缠绕，周围是渺不可知的巨大虚空（图11）。

贝尔纳·比费（Bernard Buffet）
1928—1999年

法国战后多产画家。创作题材广泛，几乎包括人间一切事物。与贾科梅蒂一样善于描画瘦削形体，平生获奖无数。他出道很早，1947年举办首次个展，次年获得评论大奖，声誉鹊起，极受大众欢迎。他以程式化的写实手法作画，善于用黑色直线勾勒出生硬的物体结构，造型锐利尖刻，有刺扎感，装饰性很强。凄凉的灰色调子，瘦长的人物形象，反映出战后欧洲人因贫困和苦闷产生的孤独心理（图12）。欧洲人很喜欢这种艺术风格，称为"悲惨现实主义"。他为家人和朋友绘制肖像，为教堂绘制描写基督的作品，描绘世界各大城市的景象。他还以马戏、斗牛、船舶、法国大革命为题材，对风景、静物、花卉和动物题材也多有涉猎，他还为文学作品绘制插图，为戏剧设计布景和服装。但他成名后作品多为商业订货而作，风格化和装饰性太过突出，内在表现力不强。晚年因患帕金森综合症不能画画，竟自杀身亡。

1.4 无定形艺术

艺术本质是感性认识和生命体验，返璞归真是人类永恒的美学理想。在20世纪前半叶的现代艺术中，许多艺术家已经自觉寻求原始立场，摈弃理性指导，以"无意识"为基本创作手段。二战之后，巴黎画坛上曾一度出现几何抽象之风，手法冷静、机械，试图复苏蒙德里安的新造型主义，但很快被新潮流所取代。这个新潮流，就是"无定形艺术"（Art Informal）。

无定形艺术是一个覆盖面宽广的运动，主要包括肌理制造和笔法表现两个倾向，强调自发、随

图10 贾科梅蒂 森林（局部）
又名《7个身体和1个头像的组合》，1950年，着色青铜，
57cm×61cm×49.5cm

图11 贾科梅蒂 男人的头
1951年，布上油画，73.3cm×60.3cm，私人收藏

图12 比费 肉店的青年
1949年，布上油画，200cm×300cm，
日本静冈比费美术馆藏

第一章 战后新版图　11

意和偶然性，反对任何先入为主的意念。它与几何抽象艺术相对立，虽未形成很固定的画派，但却能代表欧洲战后艺术主流。1945年，让·福特里埃和让·杜布菲在巴黎同一家画廊举办个人作品展。批评家米契尔·达比埃（Michel Tapie）评论说，他们的创作呈现出一种前所未有的风格，代表了欧洲战后艺术新动向。

1.4.1 肌理表现

战后欧洲一部分艺术家，以在画面上制作出各种复杂肌理效果为主要创作手法。这种手法既包括在画布上堆积多种物质材料（如沙、泥土、木屑、草），也包括将油画颜料反复厚涂，以增加画面的物质性和触觉感，由此产生强烈的表现效果。

让·福特里埃（Jean Fautrier）
1898—1964年

法国画家，无定形艺术先驱，曾就读于伦敦皇家艺术学院。在二战期间积极参加法国抵抗运动，战争后期在秘密状态下创作组画《人质》和《屠杀》，根据受害者回忆而创作，表现战争期间遭受迫害的人，强调材料的触觉效果，被称为"悲怆的书写符号"。他的工作方法独特，是采用宽阔粗犷的笔触和画刀，如同瓦工抹灰般地在有色画布上堆积厚厚的颜料，画面形象如浮雕般突起，呈现一种仿佛腐烂的肉体效果（图13）。常使用有节制的暖灰色和淡蓝色，中心式构图简单有力，整体面貌朴实沉稳。这样的作品记录了战争恐怖，在形式上也开拓出新手法，部分改变了传统绘画的平面特征。

让·杜布菲（Jean Dubuffet）
1901—1985年

法国艺术家。曾为酒商，自学成材。40多岁后才专心从事绘画活动，对原始艺术有浓厚兴趣，访问过很多精神病医院，被患者的图画所震撼，并

图13 福特里埃 年轻女孩
1942年，麻布上混合材料，尺寸不详

搜集这些图画为创作范本。从1943年开始以儿童手法描绘都市生活，1950年后转为抽象创作，1960年以后则发展到色形布满画面。平生完成几千幅分属于各种系列的作品（图14、15）。

约1945年，杜布菲发明独特技法，是将泥土、油污、沥青、煤、沙子、碎玻璃和铁锈等混合起来，堆砌成厚厚的底子，然后在这个浮雕般的画面上用刮擦砍刺等手法作画，创造出可直接触及的触感画面，被称作"原生艺术"（Raw Art），意指未经训练和出于本能的创作，通常是儿童画、原始艺术和精神病人作品。杜布菲在《原生艺术笔记》中说，这种艺术"包括各种类型的作品：素描、彩绘、刺绣、手塑品、小雕像等等。显现出自发与强烈创造的特征，尽可能少地依赖传统艺术与文化的陈腔滥调，而且作者都是默默无闻、与职业艺术圈没有关系的人"。他认为原生艺术范围很广，

图 14 杜布菲 有男人的路
1944年，布上油画，129cm×96cm，德国科隆路德维希博物馆藏

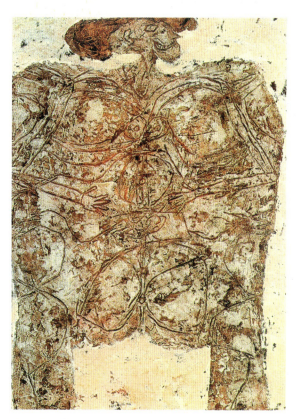

图 15 杜布菲 列·梅塔菲兹克斯
1950年，布上油画，116cm×89.5cm，巴黎蓬皮杜文化中心现代艺术博物馆藏

除了儿童和精神病人，囚徒、社会边缘人士、自学者、主动违反文化或被文化排斥的人，都可成为原生艺术的作者。1960年代后期，他还创作大规模的建筑性环境作品，在纪念碑雕塑和建筑领域，创造出一种仿佛镶嵌花边的、充满新意的大众风格。

杜布菲到处宣扬"原生艺术优于文化的艺术"观点，还通过个人的绘画和文字，表达他对所谓精英文化的轻蔑。他在创作中既不参考过去的艺术，也不参考同时代其他艺术家的作品，这种拒绝接受艺术的精英化、组织性、统一性的主张，以及坚持自发、不加修饰的创作原则，不但对欧洲战后艺术影响很大，而且还预示了后来西方艺术的方向。台湾作家洪米贞在《原生艺术的故事》中说，许多人对杜布菲有异议，他们并不喜欢原生艺术，但原

半人半兽的造型，身体被匆促勾勒的线条分割成若干部分，好像过分关心人体解剖，所画都是臆想中的躯体内部结构。边缘生硬的大块造型，产生一种倔强顽固的风格，以土灰色厚重物质描绘的身体，有凹凸起伏的粗糙触感，再加上灰暗的色调，使画面成为混沌的自然界中的一部分。这种色彩、造型和笔触，都在颠覆传统的绘画美感，丑怪成为重要的表达要素。这当然会刺激观者的眼目和神经，产生不舒服的心理感受。但作者宣称："这是一种我有意保留下来的不舒服。"还说"草率和未完成是绘画的真意所在"。

第一章 战后新版图

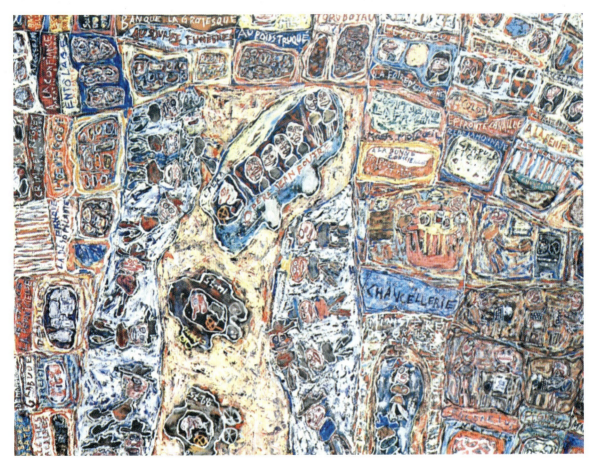

图 16 杜布菲 生意兴隆
1961年，布上油画，165cm×221cm，纽约现代艺术博物馆藏

生艺术教会我们一件事：真正的艺术不一定要展示在美术馆或画廊里，真正的艺术家也不一定去迎合观众口味。艺术需要观众主动去寻找，因为艺术家经常存在于最不为人所注意的幽暗角落里。

无定形艺术的本质，是反理性、反设计、反规则的。不是预先设计好了再画，而是随画随想，意在笔后，即时发挥，率性而为，在画的过程中不断完善。画家在画布上涂抹时产生的灵感，是无定形艺术的根本源泉。这样完成的作品，就不大可能有很规则的形象，但却具有自然流露的鲜活品质，也保留了艺术家个人的鲜明印迹，从而与几何抽象的理性艺术判然有别（图16）。这种印迹既体现在福特里埃和杜布菲的"浮雕"画面上，也体现在另外一些欧洲画家的线条笔法中。以奔放的线条抒情写意，能体现出创作中手势的运动，是无定形艺术的主要手法。

尼古拉斯·德·斯塔埃尔（Nicolas De Stael）1914—1955 年

法国画家。1914年出生于俄国圣彼得堡贵族家庭，十月革命时全家逃至法国，曾就学于布鲁塞尔美术学院，后在荷兰、西班牙、北非等地广泛旅行。曾随法国立体主义画家菲尔南·莱热（Femand Leger）学习，1942年后开始作抽象画，是巴黎战后抽象绘画的代表人物，有很高的国际声望。1940年代末，他致力于刮刀厚涂的抽象结构。1950年

图17 斯塔埃尔 乡下
1952年，布上油画，114cm×146cm，私人收藏

图18 勒鲁瓦 夏
1992年，布上油画，195cm×130cm，法国奥尔良市现代艺术振兴基金会藏

代开始，作品中出现抽象化的运动员、人体和静物等形象，形体被缩减为平面化的色彩斑点。喜用鲜红、蓝色、黑色，画风宁静沉稳，格调舒展大方。越到晚期越接近具象艺术，或者说是一种介于具象与抽象之间的折中艺术（图17）。1955年自杀身亡后，被誉为战后最杰出的艺术家之一。

欧仁·勒鲁瓦（Eugene Leroy）
1910—2000年

法国抽象画家。1930年代初到巴黎，大半生中没有参加过任何大型的艺术活动和展览，只是孤独地从事自己热爱的绘画。多作素描和油画。每确定一个主题后会不断覆盖制作，完成后的作品涂层很厚，层层相叠，极为复杂，制作时间也很长，完成一幅可能要5至10年。这种多层覆盖法，产生了历经沧桑的沉积效果：苦涩凝重、坚忍执著，兼有破坏和成长的力量，产生千锤百炼的成熟美感。代表作《春、夏、秋、冬》（四联画，1992—1993年），气势雄强，笔法遒劲，确有老当益壮之感（图18）。他在漫长艺术生涯中，对大众媒体和主流艺术界毫不关心，也不在意个人名声。正是这种特立独行的艺术追求，在抽象绘画被美国垄断的时代里，维持了欧洲严肃艺术的品格，创造出有深厚审美价值的作品。1990年后，美国的主流艺术界发现了他，在纽约、科隆为他举办了大型画展，使他成了当代西方艺术中的知名人物。

图19 塔皮埃斯 木头和椭圆形上的物质
1979年，木板上综合材料，270cm×220cm，私人收藏

1.4.2 笔法表现

主要通过笔触和线条表达狂放情感，有激情，有力量，与美国同时期的抽象表现主义遥相呼应，也与中国的草书和大写意技法有类似处。其中汉斯·哈同对中国书法有所研究，赵无极更是有中国文化背景的画家，他们的创作都受到了中国传统文化的影响。

汉斯·哈同（Hans Hartung）
1904—1989年

法国笔法表现画家。出生于德国，纳粹上台后去欧洲各地旅行，1935年后定居巴黎，与表现主义画家多有来往，受康定斯基影响较大。早期创作水彩画和抽象油画，战争中他参加外籍军团，负伤后被截去右腿。战后他已50多岁，仍然创作了很多有激情的作品。以线条作画，运笔急速随意，手法奔放痛快，画面上布满敏感和脆弱的成束麦叶状线条，以及由这些线条衬托出来的鲜明色彩渲染，是他成熟期的风格（图20）。哈同对中国书法有研究，其艺术被西方学者评价为"融合东方绘画精神"，但按照中国传统标准，他的线条偏于简单，缺少往来反复之意，不耐看。1960年代后，他使用喷枪、铁笔、宽刷子和滚筒等工具作画，画面色彩转为鲜明艳丽，这种工作方法使他在晚年创造了大量有规律的笔法作品。

安东尼·塔皮埃斯（Antoni Tapies）
1923年—

西班牙抽象表现主义画家。1945年后投身绘画创作，1950年代开始对材料进行探索，受"贫穷艺术"[3]影响，敢于在画面上使用最普通的材料，如泥沙、布片、石膏、纸板、线团、报纸、金属、绳子等，意在突破木板或画布的平面局限，创造出有丰富质感的画面（图19）。据说这种创作灵感，来自于在战争中受破坏的西班牙民居的泥墙。此外他还热衷使用涂鸦式笔法，能与画面材料相和谐。1960年代末期，画面中开始出现具象形象。1980年以后，他将绘画和物体组合在一起，创作大型环境装置作品。他对抽象形式和物质材料的研究，经国内美术媒体介绍后，对当代部分中国艺术家产生较大影响。

皮埃尔·苏拉吉（Pierre Soulages）
1919年—

法国笔法表现画家，自学成材，战后巴黎画派代表人物，作品以黑见长。早年曾服兵役，正式创作始于1947年《黑与白》系列。多使用核桃制成的棕色染料、印刷油墨、柏油，以及未经提炼的各种原始颜料，在白或灰的纸上制作简单有力的线条。后来把画布铺在地上作画，画面上布满大块

图20 哈同 T1956-9
1956年，布上油画，180cm×137cm

图21 苏拉吉 无题
1956年，布上油画，195cm×130cm，私人收藏

黑色笔触。善于通过光滑表面和画刷痕迹制作肌理效果，其独特的暗沉色调深厚动人（图21）。他的画不另起名，是以作品尺寸或完成时间为画名。重视作品幅面，认为尺幅本身是一种语言，不同长宽比例有不同表现功能。既能完成小幅绘画，也能制作巨大的装置作品。

沃尔斯（Wols）
1913—1951年

德国画家、摄影家、音乐家和诗人。战前在巴黎结识一些超现实主义艺术家，但作为敌国公民，二战期间他被关进法国集中营，条件艰苦，心情黯淡，开始素描创作，把个人苦闷用抽象方法表现出来，艺术风格也由此成熟。1945年举办个人展览

作品有粗厚的建筑式结构和重力感，风格方正宽大，刚健有力，运动感强。正面构图的黑色框架以错落方式构成，产生有前后节奏的空间关系，画刀运转产生厚实密集的笔法效果，尤其是能在色层深处透射出明亮光感，非寻常画家所能及。既冲动又沉稳，既阴沉又明亮，既重笔法又重结构，在掌握高难度技法的基础上，作者以融会贯通的艺术功力，将建筑和音乐美感尽收其中。

第一章 战后新版图　17

图 22 沃尔斯 风车
1951年，布上油画，73cm×60cm，德国威斯特发瑞博物馆藏

图 23 赵无极 无题
1962年，布上油画，130cm×160cm，私人收藏

获得成功。他自称业余画家，从不与画廊打交道。沃尔斯的作品虚幻空灵，多偶然的斑点效果，善于使用混乱线条创造连续性笔法，被认为是抽象表现主义开创者之一。《风车》中虽然有较为完整的放射状轮廓，但笔法仍然呈现支离破碎、断裂残缺的意象，可看成是苦闷内心的写照（图22）。

赵无极（Zao wou-ki）
1921年—

华裔抽象表现画家。北京出生，曾在杭州艺术专科学校（现在的中国美术学院前身）学习绘画，早期创作以具象为主。1948年去法国，起初受到保罗·克利的影响，使用抽象符号表达象征意义。1957年后，在美国接触到抽象表现绘画，大为震动，转而以大笔涂抹方式作画。1960年代和1970年代早期作品，多以黑、褐等暗色为基调，画面上有复杂光线和阔大的空间结构，气势雄浑，笔触激烈，有很强的运动感（图23）。1959年后，他的作品以创作日期命名，为的是去除一切画面之外的因素。1970年代中期以后，画面色彩趋于明亮，更侧重对空间和光线的追求，能融会大自然的神采气韵，画面效果越来越平静。1990年代以来，作品内涵日渐深邃，绘画技艺已臻完美，体现出中国哲学特有的天人合一、虚静忘我的精神境界。赵无极是西方华裔画家中艺术成就最高的人，能把中国传统艺术与欧洲非具象艺术融合在一起，是他成功的秘诀。

与上述艺术倾向有相同追求的眼镜蛇画派（CoBrA）成立于1948年，是一个北欧实验艺术团体。画派的名字取自大多数成员所在的三个城市的字头，哥本哈根（Copenhagen），布鲁塞尔（Brussels）和阿姆斯特丹（Amsterdam），这些字头拼合起来是英语的"眼镜蛇"。

眼镜蛇画派是北欧新生代画家团体，追随无定形艺术和原生艺术，视杜布菲和福特里埃为前辈大师，热情地投入到反理性控制的艺术实验中去。他们研究史前艺术、原始艺术和儿童绘画，反

图24 乔恩 醉与死之舞
1966年，布上油画，130cm×200cm，丹麦哥本哈根路易斯安娜现代艺术博物馆藏

图25 阿佩尔 斜倚的人体
1966年，布上油画，190cm×230cm，私人收藏

对几何抽象和立体主义的理性分析。他们的作品充满狂暴笔触、强烈动势和饱满色彩，视觉效果混乱又刺激。该画派的艺术家们联手创作壁画，在上述城市举办一系列展出，还出版过一本杂志，虽然画派在世时间不长，但它对北欧乃至世界艺术都产生了持续影响。该画派中最重要的画家是阿斯格·乔恩和卡雷尔·阿佩尔。

阿斯格·乔恩（Asger Jorn）
1914 — 1973年

丹麦抽象表现画家。长期在巴黎生活。1936年后开始参加巴黎的艺术活动，战后参加了几乎全部前卫艺术活动。激烈反对秩序与和谐原则，成为当时欧洲重要的表现主义艺术家，也是眼镜蛇画派创始人之一。他制作油画和雕塑，其油画色彩浓重，笔法狂放，造型大胆，画面上充斥弯弯曲曲的图形，自称表现"象征主义的动物和植物世界"。对神话和魔法也感兴趣，在绘画中广泛运用各种象征形象和符号，《醉与死之舞》是典型的乔恩式作品，红黄蓝三色交织成热烈的曲线笔法，在画面上奔突涌动，如同生命的热舞（图24）。

卡雷尔·阿佩尔（Karel Appel）
1921年—

荷兰抽象表现画家，眼镜蛇画派的创始人之一。1946年举办首次个展，1950年后移居巴黎，1958年曾为布鲁塞尔世界博览会荷兰馆和巴黎联合国教科文组织办公大楼创作壁画，此后在美国任教多年。他热爱即兴创作，善于使用未经调和的色彩和旋转曲线描绘人物，笔法浓重粗粝，色彩跳跃活泼，风格天真自然，充满内在的暴发性力量（图25）。他说："一幅画不再是颜色和线条的结构，它是一个动物，一个夜晚，一声呐喊，一个人，它是一个完整的个体。"

1.5 意大利战后艺术

意大利艺术有辉煌的历史，受宗教艺术影响较深。战前一度流行风格剧烈的未来主义，但很快瓦解，战后则出现两种趋势：一是抽象艺术的发展，几何抽象、抒情抽象、空间派艺术大行其道；二是具象艺术的回归，被称为战后新现实主义。两种艺术有不同于欧洲其他国家的独立面貌，所用

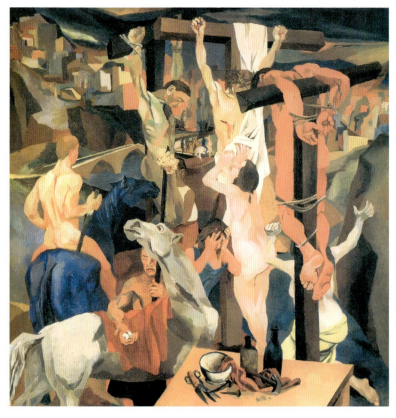

图26 古图索 基督受难图
1941年，布上油画，200cm×200cm，罗马现代艺术博物馆藏

西方绘画史中有无数描写基督钉在十字架上的作品，古图索选择这一题材，旨在借古喻今，是对当时肆虐欧洲的法西斯暴政的艺术回应。他吸收现代艺术的形式手法，在写实基础上大胆夸张变形，作品与毕加索的《格尔尼卡》一样，有力地传达了对血腥杀戮的抗议。但不合基督教常规的造像方式（耶稣形象被遮挡），凶残暴虐的屠杀场面（前景中置放凶器），使这件作品与古代同类作品有很多差异，问世后即引来争论。据说教会不满于扑在基督身上痛哭的裸女形象，曾发布公告禁止神职人员观看这幅作品。

形式语言多与意大利艺术史有关。其中，雷纳托·古图索的手法偏于写实，马里诺·马里尼和贾科莫·曼祖有表现主义倾向，鲁齐奥·丰塔纳则自称是"空间派"艺术。

雷纳托·古图索（Renato Guttuso）
1912—1987年

意大利具象表现主义画家。初学法律，在艺术上受表现主义和毕加索影响，关心社会现实和普通人命运，创作大量反对纳粹暴行的作品。1940年古图索加入意大利共产党，但在艺术上并不接受前苏联现实主义艺术教条支配，而是在继承欧洲传统绘画基础上，吸收立体派的艺术成果，创造新颖独特的风格。对社会现实做出反应，用画笔表达个人对社会重大问题的态度，是他创作的主旨。作品多涉及苦难和死亡的内容，这正是20世纪40年代欧洲社会现实的反映（图26）。二战期间，古图索积极投入抵抗运动，并且在地下状态中继续绘画创作。二战后他参与创立新艺术战线小组，用空间拼合、切割的画风表达社会观念，获得广泛好评。他熟悉艺术史，从古代作品中获得很多创作主题，能把绘画当作社会革新的工具（图27）。从1948年到1977年，他的作品多次参加国际上的重大展览。同时，在当时的社会主义阵营中也颇得好评，前苏联政府向他颁发了列宁奖金④。1950年代末期以后，他多创作裸体、风景和静物作品，画风日趋平静。

马里诺·马里尼（Marino Marini）
1901—1980年

意大利表现主义雕塑家。早年在佛罗伦萨美术学院学习，1930年代时游历欧洲和美国，结识

图 27 古图索 咖啡厅
1976 年，布上油画，282cm×333cm，德国科隆路德维希博物馆藏

很多重要艺术家，战后回到米兰任教，1952 年荣获威尼斯双年展大奖。1945 年以后主要从事青铜雕塑创作，喜用石膏、木料和金属材料，很少用石料。他受古代伊特鲁里亚艺术影响较多。多以马和骑手为主题，塑造痛苦的骑马者形象，使用简洁的放射状造型，通过肢体伸展产生扩张作用，表达人和动物的原始生命力（图 28）。

贾科莫·曼祖（Giacomo Manzu）
1908 — 1991 年

意大利表现主义雕塑家。以表达人物形象为主，战前举办过个人作品展，1938 年后开始致力于宗教题材创作，接受大量公共艺术订单，曾经为梵蒂冈教堂制作青铜镀金大门。他在 1940 年代初期创作了很多耶稣被钉在十字架上的浮雕，受到法西斯分子和教堂双方的指责。典型作品是三角形

图 28 马里尼 骑士
1951 年，着棕色青铜，高 40.7cm，私人收藏

第一章 战后新版图

图29 曼祖 红衣主教
着棕色青铜，高34.3cm，私人收藏

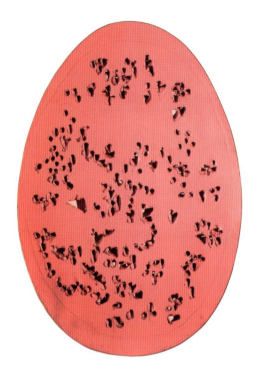

图30 丰塔纳 上帝的终结
1963年，布上油画，178.1cm×123.2cm，私人收藏

的红衣主教系列形象，造型如直立角锥，看上去冷漠无情，十分诡异（图29）。他还创作一些写实风格的人物青铜雕像，与同时代雕塑潮流格格不入。

鲁齐奥·丰塔纳（Lucio Fontana）
1899—1968年

意大利空间主义画家和雕塑家。出生于阿根廷。1947年发表"白色宣言"提出空间主义主张，宣称"追求超过绘画、雕刻、诗、音乐以上的本质与形的变化，追求与新精神一致的、或者是更伟大的艺术"。其典型创作手法，是用刀子在单色画布上划开几道口子，或刺出若干洞孔，制作出真实的物理空间。他以此强调画布作为材料物品的整体实在性，可以直接体验，而不需要形式上的先入为主。《上帝的终结》是在一个粉红色的椭圆平面上，扎出很多小孔；优雅的形状，温柔的色彩，遭到不留情面的刺穿破坏，意味着完美世界的终结（图30）。1950年代，丰塔纳还在一些作品的表面放上彩色石头或玻璃，以增加一种空间透明性的超越感。

1.6 结语

战后至1960年代，美国抽象表现主义和欧洲无定形艺术并行发展，成为西方艺术中最引人注目的现象。这两种艺术的共同倾向是，坚持抽象和个人表现原则，这正是西方现代艺术的主流。本章内容涉及众多流派和艺术家，有下列要点值得注意：

1. 战后欧洲艺术是西方现代艺术的进一步发展。达达主义和超现实主义的影响无处不在，立体主义的拼贴手法被广泛采用，表现主义的激进情绪被进一步发挥。虽然工业材料的使用，使战后西方雕塑出现新面貌，但严格说来，战后艺术的早期探索并没有超出此前现代艺术的范畴。

2. 欧洲战后艺术的重要主题是表现战争创伤。奥斯普·扎特金创作悲怆的城市雕像；弗朗西斯·培根描绘极度扭曲的面孔和肉体；阿尔伯托·贾科梅蒂完成一系列瘦长的可怜形象，表达了这个特殊时期的郁闷、躁动和反常心态。此外，亨利·摩尔有孔洞的抽象有机形体、巴巴拉·赫普沃斯的理性抒情表达、汉斯·哈同和皮埃尔·苏拉吉的自由笔法、安东尼·塔皮埃斯精心构置的混合材料、眼镜蛇画派狂放与激动的色相大联欢，等等，代表了这一时期欧洲艺术家对风格与形式的探索。

3. 让·杜布菲发现了非专业艺术的价值，对西方当代艺术发展有重大贡献。他在艺术中强调原始性、偶然性和随机性的做法，成为此后反文化、反艺术的激进艺术家的先驱，预示了西方艺术的新方向。雷纳托·古图索特立独行的现实主义立场，欧仁·勒鲁瓦与世无争的多层覆盖功夫，都是在艺术潮流外坚持个人独立探索的事例，同样有助于欧洲战后艺术的多元发展。

注释

①安托万·布德尔（Antoine Bourdelle，1861—1929年），法国雕塑家。善于表现英雄人物，作品有夸张起伏的表面，他在巴黎第15区建有工作室，现已成为艺术博物馆。

②让·保罗·萨特（Jean Paul Sartre，1905—1980年），法国作家、哲学家，战后存在主义哲学的代表人物。

③贫穷艺术（Arte Povera）是意大利艺评家杰马诺·塞朗（Germano Celant）在1967年提出的，指运用普通日常物品所创作的立体艺术品。他认为，使用"卑微"材料（如水泥、树枝、报纸等）完成的作品，与使用传统艺术材料（如大理石、青铜等）完成的作品，给人的感觉是不一样的。这个名称通常局限于意大利艺术，但也有许多其他国家的艺术品也都具备贫穷艺术的特征，如过程艺术（Process Art）等。

④在冷战时期，只有少数西方美术家能在社会主义阵营受到欢迎，古图索属于这少数人之一。他先后在莫斯科和东欧一些城市举办大型展览，还在1950年代来中国访问。

第二章 狂乱的挥洒

2.1 抽象表现主义

抽象艺术，在二战之前已有相当发展。其中康定斯基和蒙德里安分别代表了抽象艺术的两极：热情和冷静，有机形和几何形，或者说，是毛边的与硬边的。这两极说到底是人性的两极，所以抽象艺术表达人的情绪，往往比具象艺术更为直接和彻底。战前抽象艺术的成就，都出现在欧洲，没美国艺术家什么事。这是因为19世纪以来的美国画家，一直在模仿欧洲艺术，他们既缺少传统又未能创新。虽然也间或出现一些本土画派，但对美国之外的地区影响不大。这种情况在战后发生了变化。

纽约在二战期间远离战火，又聚集了世界各地的艺术家，成为一个得天独厚的艺术实验场，孕育了此后形形色色的艺术，造就了一个建立在国际化背景上的纽约画派。纽约画派最重要的创造，是抽象表现主义（Abstract Expressionism）。这是一个集西方现代艺术之大成的艺术运动，出现于1945年前后。从形式手法上看，该运动内部包含两个倾向：一个是注重笔触和手势的动作，被称为"行动绘画"（Action Painting），是抽象表现主义的核心；另一个是注重大色块铺陈，被称为"色面绘画"（Color-Field Painter，亦译色域绘画），可看做行动绘画的某种延伸。两种倾向中前者夸张而后者节制，都与战前欧洲抽象绘画和表现主义有渊源。抽象表现主义的出现，标志着美国艺术影响世界的开端，西方艺术中心也由此从巴黎移到纽约。

从艺术史的角度看，抽象表现主义是自凡·高以来，西方艺术追求抽象化、直接性、自动性的探索成果，它的反传统、无形象、偶然、自由、即兴、有动感、有活力、注重情感自由和瞬间表达，体现了美国艺术热情奔放、自由洒脱的精神。抽象表现主义作品有一些共同特征，如画幅大，追求平面效果，以简单手法表现内心世界，等等，它没有形成统一风格，也没有统一组织。此外，它还被广泛应用于对战后雕塑和摄影的描述上，更显得语义模糊，难以准确定义。但无论如何，这是一个二战后迅速成长的美国主流艺术运动，参与者多，持续时间长，与欧洲无定形艺术相呼应，成为统领时代大潮的艺术新宠儿。

2.2 行动绘画

得名于创作者作画时的身体运动，因为只有大幅度地运动身体，才能产生激情澎湃的笔法效果：或流动，或滴溅，或横涂纵抹，或层层覆盖，这些都是作画时身体运动的笔法痕迹。"当其下手风雨快，笔所未到气已吞"，中国古代称赞画家的诗句，也可以用来描述这些注重笔法的美国画家。

汉斯·霍夫曼（Hans Hofmann）
1880—1966年

美国抽象表现主义先驱，教父式人物，众多青年画家的导师。出生于德国，在慕尼黑和巴黎求学从艺，与野兽派、表现主义和立体主义大师均有来往。曾在慕尼黑开办造型艺术学校，学生来自世界各地，教学场面异常火爆。1932年移民美国，在

图31 霍夫曼 海洋
1957年，布上油画，152cm×182.5cm，私人收藏

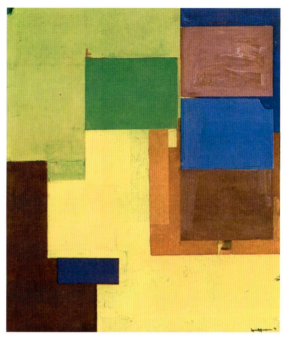

图32 霍夫曼 反射
1962年，布上油画，216cm×188cm，纽约大都会博物馆藏

纽约继续创办艺术学校，同时还在美国多所大学和纽约艺术学生联合学院任教，很多抽象表现主义画家都出自他的门下，整整一代美国艺术家都受到他的影响。

他在创作中向画布上倾倒油彩，以追求动感效果，也用厚色堆积与画框相适应的矩形色块，还创造出爆炸式的大色点。这些都成了后来抽象表现主义的流行手法。60岁才在美国举办个人作品展，作品融构造性与自发性为一体，色形铺陈舒展潇洒，笔法气势连贯，风格凝练厚重，有既强烈又儒雅的难得境界。《海洋》以深沉的蓝色为背景，红黄两色作为活跃因素介入。方与圆、明与暗、生与熟、粗与精、厚与薄、滞与滑、锐利与迟钝、主位与从属，诸多形式要素构成和谐交响，产生饱满响亮的视觉效果（图31）。

作为一个优秀教师，他有清晰的理论系统，但并没有以固定程式去限制学生创作。他说艺术表现媒介是二维的，因此在创作中要将三维客观事物转化为二维表现，才能使客观存在与艺术媒介融合在一起。他在强调平面性的同时也要求深度感，并因此提出重要的"推拉"理论：有意义的不是摹写三维物体，而是力的关系。形和色都意味着运动，创作就是通过色彩和形体构造画面的运动感。运动方向可向画内或画外、不同方向造成力的对比，观者会自然产生心理反应，从而产生艺术效果（图32）。在抽象表现主义运动中，霍夫曼的创作和理论具有开拓性意义，他将自己对欧洲艺术的深刻理解带到美国，启发美国新一代艺术家在此基础上有所作为。

阿什勒·戈尔基（Arshile Gorky）
1904—1948年

抽象表现主义先驱。生于俄国，1920年移民美国。能成功地将超现实主义形象和康定斯基的自由手法结合起来，在欧洲抽象艺术和美国新艺

图33 戈尔基 草木一秋
1944年，布上油画，94.2cm×119cm，华盛顿国家美术馆藏

术之间搭建桥梁。1943年以后的作品最有创造性：线条飞动飘逸，色形流动自然，宛若许多生灵在画面上舞蹈。《草木一秋》以稀释色彩薄涂背景，飞动的片状形体缠绕接连向上，成拱形横贯画面，暗示生命从盛到衰的全过程，到处流淌的色彩意味着时间的流逝（图33）。戈尔基晚年患癌症，又在车祸中受伤，最后自杀身亡。

杰克逊·波洛克（Jackson Pollock）
1912—1956年

抽象表现主义画家。1929年进入本顿①所领导的纽约艺术学生联合学院学习，1930年代后期参加联邦政府的艺术规划工作。在艺术上受到墨西哥现代壁画和超现实主义影响，1940年代中期开始转向，从纽约市区迁往郊区长岛，致力于抽象表现主义创作。他将画布钉在地板上，然后边走边用木棍或有孔木盒，把油漆滴溅到画布上，作画速度很快，身体状若跳舞。这种作画方法的好处，是不需要事先构思，而是在创作过程中自然导出形象（图34、35）。

波洛克说："当我画画时，我不知道我在干什么，只有在完成之后，我才能看到我画了什么。我不怕改变，不怕毁掉作品，一件作品有它自己的生命，我只是想让它显示出来。"对于这种"滴漏"技法，他说这是学习印第安人"沙画"（将染色的沙子漏过指缝洒到地上，组成一种彩色图案）的结果。波洛克说："我对美国印第安人艺术的造型特点印象总是很深。印第安人像真正的画家那样，在捕捉恰当意象方面的能力是比较完美的。在绘画题材的构成方面也有很强的理解力。"向民间艺术和土著艺术学习，已是战前西方现代艺术的成功经验之一，波洛克的艺术实践，进一步证明了这个道理。

评论家哈罗德·罗森堡（Harold Rosenberg）认为，波洛克以身体活动作画的方式，能引起人们对绘画过程的注意。但也有人认为，这种滴流绘画不会纯系偶然，还是要受到经验与思考力制约，波洛克本人也同意这种说法。1950年代的波洛克，工作效率高，作品数量惊人，社会反响强烈。但他总是孤独自处，心情苦闷异常，最后导致酗酒驾车身亡。

图 34 波洛克 蓝色杆条
1953 年，布上油彩、油漆和铝溶液，210.8cm×488.9cm，堪培拉澳大利亚国家美术馆藏

图 35 波洛克 整整五浔
1947 年，布上油彩、铝溶液，129.2cm×76.5cm，纽约现代艺术博物馆藏

"浔"，是水深测量的长度单位，一浔合6英尺或1.829米。以此为题是暗喻滴色的层次很多。一道道的色滴在画布上交错叠加，形成密实而通透的非规则网状效果，这个网线群中潜藏了一个混沌的自然世界：无数钉子、纽扣、钥匙、香烟、火柴棍等，被厚厚的颜料所覆盖，由此形成特殊的深度。该画以蓝绿色为主调，制作过程是先大面积滴洒，然后在局部添加深浅不同的绿色，再添黑色油漆，最后使用铝漆，还在个别地方添加醒目的白色和无光泽色彩。完成后的作品，深厚幽暗，却并不沉闷。

第二章 狂乱的挥洒

图36 德库宁 女人和自行车
1952—1953年，布上油画，194.3cm×124.5cm，
纽约惠特尼美国艺术博物馆藏

《女人和自行车》是德库宁系列《女人》作品中形象较易辨别的，但画面中的凶恶面孔和狂怪笔触，还是能让人产生视觉上的不适感。画面中最突出的形象，是女人硕大的胸部和瞪圆了的眼睛，呈现出肉体的实感和精神的疯狂。飞动凌乱的线条，鲜活跳跃的色彩，围绕着这个肉感的形体，产生分崩离析的效果。位居画面中心的一抹红色，与周围白色、肉色和绿色相呼应，暗喻人的野性和原始生命力。德库宁曾说过："我观察她们，她们看起来大喊大叫，而且粗野。"这件作品表达的正是这样的感受。

威廉·德库宁（Willem De Kooning）

1904—1997年

抽象表现主义画家。生于荷兰，曾在鹿特丹美术学院学习艺术，23岁乘船偷渡到美国。开始时从事商业美术和壁画创作，1930年以后开始抽象绘画创作，1940年代中期达到高峰，获得国际声誉。1952年前后更因创作系列妇女像而名声大噪（图36）。这是以近乎完全抽象的手法完成的人物写生，兼有恐怖和香艳两种要素。扭曲变形的女人体粗野放荡，与背景空间混杂一体，率意挥洒的笔触，强烈刺激的色彩，蕴含着沛充饱满的情感（图37）。作品展出后引起争议，德库宁说："一些艺术家和批评家因为我画了'女人'而攻击我，但我觉得这是他们的问题，不是我的问题。我真地一点也没觉得自己是一个非客观画家。"1950年代晚期和1960年代早期，他使用狂暴的笔触和明亮的色彩，完成大量抽象绘画和拼贴画，作品中出现前所未见的优雅情调。

罗伯特·马瑟韦尔（Robert Motherwell）

1915—1991年

抽象表现主义的组织者和理论家。曾在斯坦福和哥伦比亚大学学习美学，倡导自发性创作，建立了系统的抽象表现主义理论。24岁时举办首次个人作品展，此后去欧洲旅行。对二战中西班牙人民英勇抗击法西斯的行为感触很深，随即创作了以西班牙战争为背景的系列作品：纵向条纹间的黑色或白色，大块笔触，几何化的团块结构，椭圆形的彩点，有纪念碑式的厚重。他说黑色表示死亡

图37 德库宁 无题12号
1982年，布上油画，177.8cm×203.2cm，私人收藏

图38 马瑟韦尔 西班牙共和国的挽歌34号
1953—1954年，布上油画，203cm×254cm，美国纽约州布法罗市 Albright-Knox美术馆藏

和焦虑，白色代表生命的复苏。《西班牙共和国的挽歌34号》是系列作品之一：并列的纵向黑色条块垂落下来，如葬礼上黑色幔帐，位于中间的黑色椭圆形无比沉重，触目惊心，如同生命的休止符（图38）。西方的批评家说，马瑟韦尔把斗牛术融进画中，将斗牛的暴力转化为一种形式。1967年之后，马瑟韦尔开始创作巨幅色面绘画。

弗朗兹·克兰（Franz kline）
1910—1962年

美国抽象表现主义画家。采用书法表现方式作画，早年以描绘城市风景为主，手法写实，1948年受到德库宁影响，转为抽象创作。他的很多作品是对小幅素描的放大，画风独特，气势过人，长期使用黑白两色作画，1957年后才开始制作彩色作品。主要制作手法是使用廉价的油漆和刷子，在画布上刷涂粗黑的直线，并运用身体动作，使笔法痕迹有明显的运动感，枯涩的飞白效果使他的直线并不死板。《纽约，N.Y》以垂直线和倾斜线结合，组成建筑式结构，画风粗犷强悍，有挺拔向上的运动趋势（图39）。

图39 克兰 纽约，N.Y
1953年，布上油画，201cm×128.5cm，美国纽约州布法罗市 Albright-Knox美术馆藏

第二章 狂乱的挥洒

图40 托布利 来自帕纳索斯山的第一部分 1961年,纸上综合材料,70cm×100cm,私人收藏

塞·托布利(Cy Twombly)

1928年—

美国抽象表现主义画家、自由作家。1951年举办首次个人展览,1957年后去欧洲旅行并定居罗马。习惯在白色或黑色底子上使用多种材料作画,铅笔、粉笔都很常用。典型手法是在大幅画面上随意涂抹一些纤细线条,还伴有数字和词语,体现出一种似乎玩世不恭的写意态度。1976年后还从事雕刻艺术。《来自帕纳索斯山的第一部分》有淡雅的格调,流动连贯的红色粉笔线,浮现在琐碎的黑色铅笔线之上,犹如即兴的弦乐二重奏,散发出轻快流畅的乐音(图40)。

阿道夫·戈特利布(Adolph Gottlieb)

1903—1974年

美国抽象表现主义画家。与其他艺术家不同之处,是作品中常有自然或人的形象,并非纯粹抽象图形。他曾在1937年后去往亚利桑那州的偏僻荒漠,潜心研究印第安艺术,还受到弗洛伊德学说影响,在1940年代早期创造象征图式表达神秘感:使用线条分割和平涂形状将画面填满,如集装箱并置,自称是"文化的储存"。《魔法集成》是这一时期的代表作,矩形分割建立垂直排列的画面秩序,面具、道具、象形符号,充斥其间,宁静而神秘,淡紫色调增添了抒情气息(图41)。作为一个好学深思的艺术家,他对艺术有深刻理解,还提出几点有关绘画的信条:"1.我们认为艺术就是进入未知世界的冒险,只有那些敢于冒风险的人才能够探索它。2.在此,想象力是无拘无束的,它强烈反对雷同的感觉。3.艺术家的职责就是让观众用我们的方式,而不是用他的方式观察世界。4.我们注重用简单的方式表现复杂的思想。我们用大的规格,是因为它给人毫不含糊的强烈印象。我们希望重申绘画的平面性,是为了消除幻觉,重申真实性。5.在画家中,有这样一种普遍的看法,认为只要画得好,画什么并不重要。这是学院派的教条。好的画什么也没有画,这是不可能的。我们强调主题的重要性,而且只有那种悲剧性的、非时间性的题材才是有效的。这就是我们强调与原始古典艺术精神上的相似性的原因。"

1950年代以后,戈特利布转向纯抽象表现,

图41 戈特利布 魔法集成
1945年，布上油画，121.9cm×91.4cm，纽约 Adoph&Esther Gottlieb 基金会藏

图42 戈特利布 天体
1964年，布上油画，230cm×152.4cm，美国达拉斯艺术博物馆藏

制作各种变体，画面中经常出现两种形象：上边是红色的圆或椭圆形，像是太阳或火球，下边是黑色的交叉四散的放射形，像是物体爆炸。人们称这样的作品为"宇宙风景"和"爆发"（图42）。

琼·米切尔（Joan Mitchell）
1926—1992年

美国抽象表现主义女画家。1951年举办首次个人作品展览。在创作中使用草书手法，线条布满画面，笔触短小交错，色彩鲜艳，气势流畅，表达出自由和激动不安的心情。经常分成几块画板完成作品。1959年后定居巴黎，画风有改变，开始使用抽象色块作画，富于诗意，能表达自然的生命力，抽象图形中仿佛有风景和植物的影子。《向日葵》上并没有直接的向日葵出现，但却以轻松笔法和明亮光感，隆起的、团状的、滚动的视觉形象，表现植物在阳光下蓬勃生长的快乐景象（图43）。

萨姆·弗朗西斯（Sam Francis）
1923—1994年

美国抽象表现主义画家。早年学习心理学和植物学，二战期间是美军飞行员。由于脊椎受伤，在康复期间学习绘画。1950年开始以巴黎为基地，在日本、瑞士和美国承接壁画工作，1961年后回到美国。在创作中受到田园画风影响，自然气息浓厚，画面上多是透明晕染的彩色斑点和线条。他有时用滴色和泼溅手法，将鲜艳色彩布置在画面边缘，中央留出大片空白；有时制作斑驳跳跃的画面，展现自由随意的即兴效果。《白色时光》是以空白为主的作品，只在画面边缘上有红黄蓝三原色的流淌线条（图44）。由于大面积的空白和平涂手法，他也被看成是色面画家。

第二章 狂乱的挥洒　31

图 43 米切尔 向日葵
1991—1992年，布上油画，280cm×400cm

图 44 弗朗西斯 白色时光
1963—1964年，布上油画，251cm×193cm

2.3　色面表现

与行动绘画的笔法表现相比，色面绘画更注重色彩与平面的结合，强调画面结构的合理性，追求建筑般的大尺度和平直效果。也被称为"后绘画性抽象"（Post-Painterly Abstraction），这个名称来自于艺术批评家克莱门特·格林伯格（Clement Greenberg），1964年，他在洛杉矶美术馆策划了同名展览；还被称为"系统绘画"（Systemic Painting），这是另一个批评家劳伦斯·阿洛威（Lawrence Alloway）的说法，1966年，他在纽约古根汉姆美术馆策划了同名展览。这些展览造成了平涂色块画法在1960年代的流行。

虽然批评家们有不同命名，却并不影响人们对作品的理解，因为最终能确定作品属性的，是作品本身。色面绘画在1950年代中期到60年代末期流行于美国，其图像特征是以大面积的几何形覆盖画面，排斥空间幻象与动态笔触。这种艺术与行动绘画也有关联，是波洛克布满色滴的画面开创了绘画的整体平面性，德库宁也同样构造平面效果。研究者们通常认为，色面绘画来自两个源头：一个是抽象表现主义中的行动绘画，另一个是极少主义。以大面积平涂色面完成作品，是行动绘画的延伸；将整个画面看成单一物理平面，是极少主义的原理。所以，在不同研究中，一些色面画家可能列入抽象表现主义行列，也可能被看成极少主义成员。

图45 纽曼 组合3号
1949年，布上油画，182.5cm×84.9cm，纽约现代艺术博物馆藏

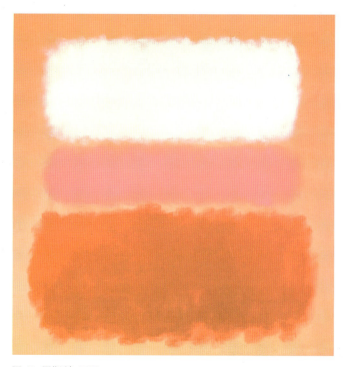

图46 罗斯科 无题
1957年，布上油画，143cm×138cm，私人收藏

巴内特·纽曼（Barnett Newman）

1905—1970年

美国抽象表现主义和极少主义画家，色面绘画开创者之一。知识渊博，曾从事植物学和鸟类学研究，在艺术分析、评论和艺术史方面也颇有造诣。他对艺术既执著又困惑，尝试过自动画法，还毁掉过一些自己的作品。1948年后形成个人风格，1950年举办首次个人作品展。追求形而上的艺术，创造出一种有强烈精神指向的图式：在单色巨大画面中，有力量的粗厚直线以垂直或水平方式通过。他说："形是有生命力的东西，是抽象的复杂思想的载体，凝固着人们在未知世界的恐怖面前所经历的惊心动魄的体验。"《组合3号》在平整的暗红背景上设置明亮的垂直线，顶天立地一气贯通，雄强的力量，生长的姿态，构成高傲自尊的精神意象，还被认为是男性力量的表达（图45）。他的另外一些水平结构的画面，则被认为是女性力量的表达。

马克·罗斯科（Mark Rothko）

1903—1970年

抽象表现主义画家，色面绘画开创者之一。生于俄国，来美国后在耶鲁大学和纽约艺术学生联合学院学习，1948年发展出独特的抽象风格。画面尺幅很大，有两个或三个长方形摆放其中，这些方形的边缘看上去模糊不清，也就不再有生硬感，再加上和谐质朴的色彩，画面极为抒情。能以如此简练的形色，营造出深沉的精神空间，是罗斯科的可贵之处。《无题》是他的代表作之一，边缘模糊的三个长方形并置于平涂背景上，蓬松的白色，稀薄的粉色，浓厚的深红色，传递了温和气息和虚实莫测的神秘感（图46）。但他后期作品沉郁不舒，色彩暗淡晦涩，传达出内心的苦闷。最后竟自杀身亡。

第二章 狂乱的挥洒

图47 弗兰肯萨勒 山和海
1952年,布上油画,220.6cm×297.8cm,华盛顿国家美术馆藏

海伦·弗兰肯萨勒(Helen Frankenthaler)
1928年—

美国抽象表现主义女艺术家。少年时跟随墨西哥绘画大师塔马约(Rufino Tamayo)学习绘画,1950年见到波洛克和德库宁,大受启发,转为抽象表现主义创作。1952年创作《山和海》,在没涂过浆的粗棉布上使用稀薄的颜料作画,取得特殊渗化效果(图47),被称为"渗透法"(The Stain Technique),影响了后来很多画家。

大面积的单色背景,上边添加细小线条,造成空间和体积的强烈对比,是她的作品特色。流畅的笔迹和鲜明的色相,产生一种柔和的感人效果。她说:"在整个绘画史上一直存在着机会和冒险。不论你创作绘画的过程是优美的,还是痛苦的,创作中机会和冒险这个问题总是存在着,不论你用的是什么方法。人们希望每一幅画都是一个新的开端,一种新的体验。我的观点和绘画,最近被人们拿去和日本相扑作比较,这使我很吃惊(我既不参禅,也无东方倾向)。但我能理解这个比喻。绘画创作和相扑一样,人们竭尽全力准备着,聚集了所有的力量、智慧去拼搏:精神的、情感的、理智的和体力的。往往就在那么一瞬间,结果出来了,那是碰撞的火花。"她的这番话,使我们能了解这类创作的即兴特点和长期准备的坚忍性。《塔希提岛》是在翡翠般的绿色背景上添加白、黑、橙色细小线条,通过质感各异的描绘手法和空间安排,描画出大西洋上这个美丽海岛的透明与纯净(图48)。

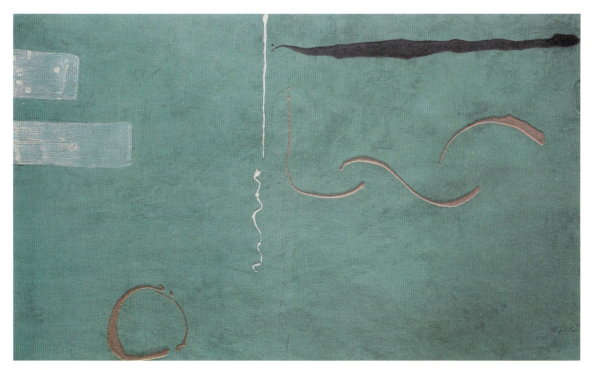

图 48 弗兰肯萨勒 塔希提岛
1989 年,手工制作的纸上混合颜料,81.2cm×137.2cm

莫里斯·路易斯(Morris Louis)

1912—1962 年

美国抽象表现主义画家。战后曾一度热衷超现实主义的自动技法[②],创作出一批侧重笔法表现的抽象作品。1953 年,访问弗兰肯萨勒的画室后大受影响,导致风格突变,开始在铺在地面上的、未上底色的棉布上浸染颜料,产生柔和自然的晕染效果(图49)。这种非画笔的制作方式,后来成为色面绘画里一种特殊类型,被称为"染色绘画"(Stain Painting),代表人物是他和弗兰肯萨勒。从1954 年开始到1962 年去世,他共创作了四个系列的染色作品,沿画布两侧倾斜流淌或在中心垂直下落的彩色线条,是这些作品中的主要形象。

图 49 路易斯 彩虹
1954 年,布上丙烯,205.1cm×271.1cm,私人收藏

第二章 狂乱的挥洒

图50 斯蒂尔 无题
1951年，布上油画，274cm×235cm，华盛顿国家美术馆藏

克莱夫德·斯蒂尔（Clyfford Still）
1904—1980年

美国抽象表现主义画家。初学艺术史、哲学和文学，1943年在旧金山举办首次个人作品展，1945年移居纽约。他在创作中有意拒绝欧洲艺术和其他画家的影响，尽量减少绘画的偶发性和自动手法，追求平静精神的表达。纵向的边缘有破碎缺口的大面积色块，是他的作品中的主要形象。这种垂直缺损的视觉效果，使他的画面如同一面长年经受雨水冲刷的旧墙皮，有一种沧桑感（图50）。1950年代末期之后，他对于黑色表现很入迷，几乎与世隔绝地创作出一些满幅黑色的作品。

2.4 当代抽象雕塑

抽象雕塑与绘画不同，在西方国家里，它一直是城市环境的主要组成部分。它与城市规划、环境设计、现代建筑，特别是大型公共建筑（如学校、图书馆、歌剧院、政府大楼、商业设施、购物中心等）联系紧密。由于使用功能的要求，西方当代抽象雕塑的发展一直比较平稳，从1960年代至今，没有出现过多变化。从形式上看，西方当代雕塑多采用大型工业钢材构件制作，风格粗壮有力，气势夺目。还有一类是受波普艺术影响，色彩鲜明，形式活泼，花里胡哨，有儿童用品特征。

马克·迪·苏维罗（Mark Di Suvero）
1933年—

美国雕塑家。出生在上海，二战爆发前全家移居美国旧金山。1953年开始油画创作，并进入高校学习雕塑和哲学。1957年到纽约，利用旧建筑的废料，创造他称为"立体派的开放空间雕塑"。1960年，因电梯事故身体致残，坐在轮椅上的他，在60年代使用电焊完成了他的第一件不锈钢作品，展出于纽约的画廊。此后，他熟练使用活动起重机、焊枪和喷灯，甚至自己购置起重机，开始从事他的大型钢铁雕塑创作。至今已完成800多件巨型钢架雕塑，遍布欧美各大城市。他的作品具备金属结构的力量感和空间张力，能打破城市空间的沉闷和死板，其特有的直指上天的样式，成为大众欢迎的公共艺术样式。《今夕何年？（致玛丽安娜·穆尔）》是他为美国现代著名的女诗人建立的精神纪念碑，标题暗示诗句，在厚重的三角形钢架结构中，还悬吊一个V形工字钢，仿佛一只飞鸟在蓝天中展翅欲飞（图51）。另一件《召集》是典型的水平与倾斜结构组合，状若米字的简洁手法有刚直的力量（图52）。

阿诺多·波莫多洛（Arnaldo Pomodoro）
1926年—

意大利雕塑家。原为金银首饰匠，善金属工艺，后来在他弟弟的影响下开始抽象雕塑创作。1950年代末去美国。在创作中将欧洲传统和美国

图51 苏维罗 今夕何年？（致玛丽安娜·穆尔）
1967年，着色金属，约40ft×40ft×30ft，重约18t，美国华盛顿

图52 苏维罗 召集
1982年，涂色钢材，位于美国威斯康星州米尔沃基市艺术博物馆前

的现代方法融为一体，以历史运动、社会压力和腐蚀为主题，通过石膏翻模、青铜铸体并抛光的方法，创作了许多立柱体、球体等抽象雕塑作品。既能体现工艺加工的复杂性，也往往富含人生哲理。他所创作的一些浮雕柱，酷似抽象的图拉真纪念柱[③]，旋转造型与开裂的外表相结合，体现出生命的韧性和强悍（图53）。1962年后开始制作有抛光表面的球体和圆盘，开裂的表皮里露出内部的复杂结构，光华完美的球体表面与含混晦涩的器官形式同时出现，传达出特殊的生命感受（图54）。

爱德华多·奇里达（Eduardo Chillida）
1924—2002年

西班牙抽象雕塑家。初学建筑，1947年开始雕塑创作。1950年代后开始继承西班牙巴斯科地区铁匠师傅的传统（该地区具有建立在打铁技艺基础上的造船业，在19世纪曾创造巨大财富），创

图53 波莫多洛 新千年（局部）
2000—2002年，青铜，21m×7m，意大利罗马体育馆前

图 54 波莫多洛 球体 6 号
1963—1965 年，电镀青铜，114.2cm × 118.1cm × 121.0 cm，
华盛顿 Hirshhorn 博物馆和雕塑公园

  《球体 1 号》表面光洁明亮，但几处不规则的裂口，暴露出内部参差不齐的复杂结构。像打开的腹腔，给人一定程度的不适感。《球体 6 号》，是开裂大球体中包含一个开裂小球体，大小球体中都有相似的犬牙交错的零件。这些作品都让人联想到生物体的构造和生命演化过程，富于诗意和哲理，仿佛将完满与破坏同时呈现出来，让人思考社会、历史与生命的本质，以及事物表面效果与内部构造的关系。

图55 奇里达 风的梳子
1977年，钢铁，每个215cm×177cm×185cm，西班牙圣塞巴斯蒂安 Dibistua 海湾

图56 奇里达 赞美地平线
1989年，混凝土，西班牙奥维亚多省

几个巨大的钢铁梳子伫立海边的悬崖绝壁上，如张开的巨手，面对大海。粗厚的钢条扭曲成形，与岩石融为一体，迎接扑面而来的海风和汹涌的海浪。位于海湾风口处的这个钢铁雕塑，在风浪的长期侵蚀下已锈迹斑斑，更增加了作品的历史厚度，它以毫不畏惧的姿态挺身而立，仿佛是人类与自然格斗的冲锋号角。让海风顺从，让海浪低头，这是人力与自然力的互动景观。这样的作品超越了一般的美化和装饰作用，称得上是感天撼地的英雄史诗。

作巨型锻铁作品，被西班牙人称为"铁人"。他在创作中大量使用粗厚的方棱铁条，也使用木材、大理石、花岗岩和雪花石，能探索人与空间和自然的关系，还受到海德格尔④哲学的影响，注重表现虚空的物质现象。感情充沛，想象力丰富，形式虽弯曲却刚烈，赋予他的作品以坚韧的美感。他在世界各地完成了一些宏大的公共设计，其中最著名的是《风的梳子》和《赞美地平线》，都是尺寸巨大的钢铁与混凝土作品（图55、56）。

除了上述艺术家和作品，当代抽象雕塑还有一些受到波普艺术影响，虽然也使用金属材料，却不以几何造型为主，而是制作出类似植物或动物的活泼形象，再加上花哨的颜色，成为当代公共空间中轻松生活的点缀品。如美国雕塑家乔治·苏加曼（Geroge Sugarman，1912—1999年）创作的哥伦比亚广场雕塑，体积不算小，但造型通透活络，像展翅飞翔的蝴蝶，单纯的橙色和淡蓝色明朗轻快，为钢筋水泥环境增添轻松的视觉效果（图57）。另一位美国雕塑家艾伯特·佩利（Albert Paley，1944年—）创作的《奥林匹亚》，有放射状的金属结构设计，零散随意的造型，创造出类似胜利女神展翅飞翔的昂扬式样，只使用单纯的红黄蓝三原色，同样产生欢快活泼的视觉效果（图58）。

2.5 结语

欧洲的抽象艺术在战前已有非凡成就，但战后的美国凭借强国锐气和人才条件，在1950年代

第二章 狂乱的挥洒　39

图 57 苏加曼 哥伦比亚广场雕塑
年代不详，涂色金属，70cm×1675cm×1379cm，美国俄亥俄州辛辛那提市

别开生面，创造出激情澎湃的抽象表现主义艺术，一跃成为世界艺坛中的巨无霸，也为后来的艺术大变革奠定了深厚基础。本章介绍这个运动的过程和代表人物，还涉及当代抽象雕塑的情况，计有如下要点：

1. 抽象表主义艺术有自由奔放气息，这是美国文化特色之一。汉斯·霍夫曼不但技艺精熟，作品纯熟老到，还以其非凡教育才能引领一个时代的艺术潮流。杰克逊·波洛克开创滴流画法，凸显当代绘画中身体运动的作用。威廉·德库宁挥洒狂野笔触，爆发出原始的生命力。还有巴内特·纽曼的垂直线条和马克·罗斯科的毛边色面，也呈现出无法遏止的雄强之力。抽象表现主义艺术的强项是对速度、力量、气势和个性的表达，所以人们常把抽象表现主义看成是男性艺术。

2. 在后起的抽象表现主义艺术中，海伦·弗兰肯萨勒和莫里斯·路易斯的染色技法堪称一绝，它代表了抽象表现主义运动中由激烈转为平和的新风尚，重视乐观效果和轻松趣味，也预示了后来西方艺术中审美观的转变。在西方当代抽象雕塑中，马克·迪·苏维罗的参天巨构，爱德华多·奇里达的钢铁大手，也是抽象表现主义精神在雕塑中的延伸，同样表达了人的意志力和表现力。

3. 1960年代以后的西方抽象艺术，虽然不再像1950年代抽象表现主义那样声势浩大，但作为一种当代艺术形式，仍然在不断发展中，也出现很多新样式。尤其是抽象雕塑，早已超越传统架上雕塑的局限，成为当代公共艺术的一种主要形式，在美化城市生活环境中发挥重要作用。其中许多大型钢铁作品，成为工业发展时代的精神纪念碑。

图58 佩利 奥林匹亚
1990年，涂色金属，9.1cm×3.7cm×2.4cm，美国亚特兰大市奥林匹亚中心

注释

①托马斯·哈特·本顿（Thomas Hart Benton, 1889—1975年）美国画家，注重表现美国本土文化特征，1932年曾为纽约惠特尼美国艺术博物馆创作知名壁画《都市活动》。

②西方超现实主义艺术流行于1920至1930年代，其创作手法中有"自动技法"，追求偶然效果，如通过拓印获得花纹和质感、把沙子随意洒在画面上，等等。

③图拉真纪念柱是古罗马的一个纪念碑建筑，柱上有盘旋而上的饰带浮雕，记录图拉真皇帝率部征伐达契亚的过程，刻画人物约2 000个。

④海德格尔（Martin Heidegger, 1889—1976年）是德国现象学和存在主义哲学家。其哲学思想充满了现实关怀和人文精神，对当代西方思想界有重大影响。

4. 中国古代也有抽象艺术传统（如书法和图案），成就很高。但明清以来的中国艺术过于偏重文人趣味，虽然也不失为一种格式，但总是器局狭小，难以在大众文化时代实现由古至今的转型。从这个角度看，西方的一些抽象表现作品尽管看上去很简单，但那种蓬勃朝气和原始生命力的传达，还是能够给我们以震撼和启发。

第三章 俗世的盛宴

3.1 通俗文化时代

俗和雅的分歧，是人类文化固有现象。到了20世纪五六十年代，这个分歧演变成艺术史上的一次巨大革命。

古典的绘画、音乐和舞蹈，都是高雅艺术，出现在宫廷、贵族宅邸和豪华剧场中，为上层社会所拥有和享用。大众文化是俗文化，最早出现于19世纪的西欧都市里。有插图的报纸、电影、爵士乐、流行音乐、收音机、游乐场、广告、漫画、侦探小说和电视，能以粗浅形式和世俗趣味，赢得普通市民的欢心，成为大众生活的重要组成部分。但这些事物不合于贵族阶层的欣赏口味，也因此不能成为社会文化的主流，这种情况一直延续到20世纪前半期。

盛行于20世纪前半期的西方现代艺术，是精英主义产物，艺术家为艺术而艺术，远离通俗文化和大众日常生活。但到了1960年代，这种情况开始转变。1962年，纽约出现两个重要展览，一个是古根汉姆美术馆的"六画家展"，展出美国6位年轻艺术家的具象作品；另一个是西德尼·贾尼斯画廊举办的"新写实主义者"展览，展出了包括欧洲艺术家作品在内的当代艺术（图59）。这两个展览中都出现大量日常生活物品，还有用拼贴的方法将实物与绘画结合的作品，受到了观众的热烈欢迎。一些代表作登上《时代》《生活》和《新闻周刊》封面，成为社会关注的焦点，波普艺术也因此在美国迅速走红。评论家阿洛威称这些作品是"波普艺术"（Popular Art），也就是通俗和流行艺术。而纽约的画商们，素来留心顾客的接受口味和艺术风潮，他们立刻开始介绍和收藏这些作品，使这种新艺术如旋风般席卷美国画坛。

3.2 波普艺术起源

波普艺术在1960年代大成于美国，起源却是在1950年代的英国。二战期间，英国各大城市遭到纳粹德国的狂轰滥炸，损失惨重。所以，战后英国虽然是战胜国，但在经济上十分困难，战时实行的食物、燃料、住房和其他生活必需品的配给制，在战后一段时期内仍未取消，国民生活十分艰苦。战后成长起来的英国年轻一代，很向往美国的丰厚物质生活，并由此热衷于娱乐文化。

1953年，伦敦出现了一个松散的艺术团体——独立艺术家集团。这是一群青年艺术家、批评家和建筑师的业余组织，他们经常在一起聚会，讨论内容都是大众艺术话题，如电影暴力镜头、汽车新样式和大众传媒的作用，等等。他们对城市里的流行文化感兴趣，羡慕美国社会，并很快举办了一个名为"生活与艺术平行"展览，展出许多日常照片和实用物品。后来还多次举办类似展览，展品杂七杂八，包括了从电影、广告、科幻小说到流行音乐等内容。1956年，独立集团成员理查德·汉密尔顿创作了一幅比普通杂志略大一点的拼贴画，名为《是什么使今日的家庭如此不同？如此有魅力？》，展出后一举成名，这幅画在后来被视为西方波普艺术的开山之作（图60）。

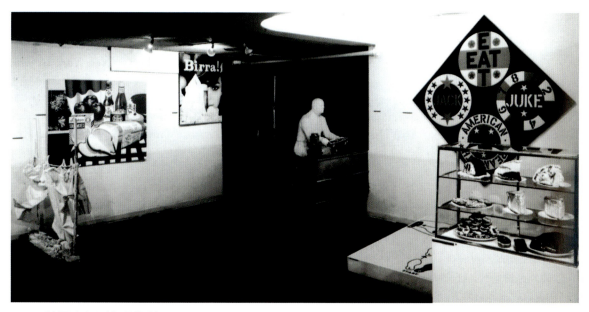

图59 "新写实主义者"展览现场
1962年,纽约西德尼·贾尼斯画廊

图60 汉密尔顿 是什么使今日的家庭如此不同?如此有魅力?
1956年,纸上拼贴,26cm×24.8cm,德国图宾根美术馆藏

《是什么使今日的家庭如此不同?如此有魅力?》是当时流行杂志上各式形象的集中展示:一个肌肉强壮男人和一个性感女人,室内大量的物质生活用品,电视、录音机,放大的连环画封面,吸尘器广告,电影明星海报,等等。男人手里拿着一个巨大的棒糖,糖上有POP字样。这个POP既是英文Lollipop(棒糖)的结尾,也是"Popular"(流行、时髦)的缩写。用传统眼光看,这幅画俗气,花哨,装腔作势;拼贴、挪用现成印刷图像,也不能算真正的"创作"。但是人类艺术史和社会史一样,经常没有规则。大风起于青萍之末,20世纪艺术史上的划时代转折,就是从这幅画开始的。

第三章 俗世的盛宴 43

理查德·汉密尔顿（Richard Hamilton）
1922年—

英国波普艺术家。自学成才，14岁小学毕业后就从事广告工作，同时在艺术学校读夜校。后来他成为讲授设计课的教师，所以很注重从实用角度考虑艺术价值。他在1957年说他追求的艺术是流行的，短暂的，可消耗的，廉价的，大量生产的，年轻的，机智的，性感的，耍花招的，有魅力的，大企业的。这些说法在后来被看成是波普艺术的准则。他的创作涉及摄影、行为表演、工业设计和大众文化产品，还受杜尚影响制作现成品艺术。如《勒克斯50》（1979年），是一个涂了油彩的录音机；《烟灰缸》（1979年）是一个印有汉密尔顿英文名字的玻璃烟灰缸。1970年代后创作环境艺术和肖像画，1980年后的作品涉及政治内容，制作手法是将新闻图片或数码图像加工放大。

独立集团成员不少，除了汉密尔顿，其他作者的波普趣味并不浓厚，艺术成就也不显著，这可能也是美国波普艺术后来居上的一个原因。但对新一代英国艺术家来说，使用具象手法表现日常生活已成风尚，世俗趣味、生活日用品和多元表达方式，越来越多地出现在这一时期的英国艺术中。彼得·布莱克（Peter Blake，1932年—）善于运用杂志、消费品、广告和连环漫画手法表达日常琐碎趣味，画面构成多横平竖直，风格或偏于严肃，或故作幼稚状，流露出明显的怀旧情感。1981年后，更以自己熟悉的人为主要创作题材。《闺房的门》是一个假门，上边粘贴着从流行杂志上剪下来的明星照片，反映了普通女子的日常生活趣味，传递出私人化的生活气息（图61）。长期在英国工作的美国画家罗恩·基塔伊（Ron Kitaj，1932年—），也反对流行的抽象艺术，但对大众日常生活兴趣也不大。他的创作主题来自传统图像

图61 布莱克 闺房的门
1959年，板上拼贴，121.9cm×59.1cm，私人收藏

图62 基塔伊 俄亥俄州人
布上油画和粉笔,183.1cm×183.5cm,纽约现代艺术博物馆藏

图63 琼斯 人体家具之一
1969年,玻璃钢着色,综合材料,德国科隆路德维希博物馆藏

和文学内容,常把一些诗歌片断组合入画。1970年以后,使用暗喻和象征手法表现复杂形象和心理活动,画面构成单薄纤弱,风格近似插图,在波普艺术潮流中也算别具一格(图62)。

1961年是英国波普艺术发展的重要时期,这一年举行了"当代青年艺术展",这是英国战后画展中最为轰动的一次。在这次展览中,一批皇家艺术学院的年轻学生脱颖而出,其中最重要的是艾伦·琼斯和大卫·霍克尼。

艾伦·琼斯(Allen Jones)
1937年—

英国波普艺术家。在伦敦皇家艺术学院毕业后曾去美国旅行,创作中有明显色情倾向。他的早期创作包括公共汽车、飞机、模特等题材,后来以女性的大腿、胸罩、吊袜带、高跟鞋等性感题材作为表现内容,画面艳丽光滑,似有恋物心理。1960年代初创作"两性人"绘画,是对男女两性身体的变形和重组。1960年代晚期,他制作了一系列塑胶女人体,用于家具支架,放置在皮毛垫上,仿佛受虐用具,有明显的色情表现,引起西方女权主义者的强烈不满,他只好以古希腊建筑中的女像柱为例替自己辩解(图63)。《舞者》是表现两性同体的大型雕塑,构造轻巧,风格明丽。作者受到尼采和弗洛伊德等人的影响,以镂空图案手法将男人和女人的身体组合成三维形体,以隐喻人类灵魂的统一(图64)。

大卫·霍克尼(David Hockney)
1937年—

英国著名波普艺术家。1962年在伦敦举办首次个人作品展,获得显赫名声。1963年后移居美国,迷恋热带生活环境,多以自己和朋友们的私人生活为表现内容,作品有自传性质。室内景象,淋

第三章 俗世的盛宴　45

图 65 霍克尼 大水花
1967年，布上丙烯，243.8cm×243.8cm，伦敦泰特美术馆

霍克尼的代表作。画面上是典型的美国南方的室外游泳池景观，池水、房子、树、跳板均以平涂手法绘出，唯有那飞溅的水花，被表现的层次微妙、形态优雅，如同快乐的生命舞蹈。水花，是作品的唯一主题，作者以大面积的、几何形的平涂背景衬托水花的有机形态，让瞬间运动形象与凝固静止形象相对比，通过对充满性灵的自然现象的精美再现，传达了宁静平和的休闲气息，这幅作品是享受阳光与自然的生活象征。

图 64 琼斯 舞者
1987年，金属着色，高 3m，位于伦敦桥棉花心房（Cottons Atrium）

浴，游泳，旅行，是最常见的表现题材。他持续描绘加利福尼亚的游泳池和水花，使用稀薄色彩平涂形象，笔法纯熟流畅，色彩鲜明大胆，也能以抽象图案式的强烈色彩与笔法创作大幅风景（图65）。1978年后开始尝试摄影作品，使用宝丽莱（Polaroid）相机拍摄同一对象的不同局部，再拼合成新的图像。由于镜头变形以及人工操作的影响，不同局部照片的对接，会出现重叠错位，由此产生特异的视觉效果（图66）。这种独特的形式，被人们称为"霍克尼式"拼贴。霍克尼成名很早，被誉为神童，其生活方式和服饰打扮也与众不同。他与美国的安迪·沃霍尔一样，是大众文化时代里的明星艺术家。

总地说来，英国波普艺术中色情成分较多，琼斯是这方面的代表。另外，英国波普艺术也涉及政治题材，汉密尔顿1980年以后的作品，就有撒切尔首相、北爱尔兰和海湾战争的题材（图67）。这些，都使英国波普艺术与后来的美国波普艺术相比，不但有严肃的气息，还有复杂诡异的感觉。

图 66 霍克尼 加利福尼亚高速公路,1986 年 4 月 11—18 日
1986 年,照片拼贴,198cm × 282cm,艺术家自藏

图 67 汉密尔顿 状态
布上油彩和混合材料,单幅 200cm×100cm

第三章 俗世的盛宴

3.3 美国波普艺术

美国波普艺术出现在1960年前后。它的产生和骤然兴旺，有几个原因：一是英国同行的前期创造，为新艺术出现做好了铺垫；二是美国商业消费的社会背景，为流行艺术提供了丰富的视觉资源；三是美国公众和收藏家对波普艺术的喜爱和支持，使这种艺术有持续发展空间；最后，还有一个原因，是新一代艺术家对抽象表现主义长期统治美国画坛的逆反心理。

作为社会主流艺术形式，抽象表现主义持续发展十几年，影响遍布全世界。虽然这种艺术是即兴的、自由的，但它也是贵族的、形而上的，而且过于强调精神的纯粹，致使形象晦涩难懂，含意曲折费解，脱离大众欣赏口味。而波普艺术的成功，否认了艺术与神秘意境和深奥思想的必然联系，它是这样通俗和简单，创作和欣赏都没有任何神秘色彩。人们视波普艺术为快餐、速溶咖啡和娱乐大片，而不是承载深刻思想的物质载体。美国波普艺术家以商业文化形象和日常物品为主要题材，热衷于表现各种流行的消费对象，如广告、商标、影视图像、封面女郎、歌星影星、快餐、卡通漫画等，使用具象描绘、拼贴或复制方法完成制作。在视觉形式上，终结了此前现代艺术特有的平面属性，引导出新的多元手法的方向。

美国波普艺术最早出现在两位先驱人物的作品中，他们是罗伯特·劳申伯格和贾斯珀·约翰斯。此二人是战后美国最引人注目的艺术家，是从抽象表现主义向波普艺术过渡的转折人物。他们的共同作用，是通过多种艺术实验，颠覆了抽象表现主义的纯精神价值，确立了日常事物在艺术中的地位。

图68 劳申伯格 黑色市场
1961年，混合绘画，画布、木头、金属、油彩，152cm×127cm，德国科隆路德维希博物馆藏

罗伯特·劳申伯格（Robert Rauschenberg）1925—2008年

美国波普艺术家。与同时代的许多美国艺术家一样，是在抽象表现主义光芒笼罩下成长起来的。曾在堪萨斯艺术学院、巴黎朱利昂美术学院、黑山艺术学校和纽约艺术学生联合学院学习，受到老师约瑟夫·艾伯斯（Josef Albers）的巨大影响。早期创作单色绘画，1950年代中期以后拼贴印刷品或照片，继而发展为巧妙利用废品，制作方法是在画布上固定各种现成品，再覆以抽象表现主义的色彩和笔法，这被称为混合绘画（Combine Painting）。鸟和其他动物标本，新闻图片，以及吊桶、椅子、帽子、枕头，这些城市生活的废弃物，都是他常用之物（图68）。他说："没有不好的主题。一幅画的创作中，一双鞋、木材、钉子、香精、油彩是和画布一样起作用。"他的成名作《床》，就

图69 劳申伯格 土耳其宫女
1955—1958年，木头、织物、铁丝、玻璃、纸、照片、金属、软垫、母鸡标本、4个灯泡，205cm×58cm×58cm，德国科隆路德维希博物馆藏

图70 劳申伯格 组合字母
1955—1959年，混合绘画106.7cm×160.7cm×163.8cm，瑞典斯德哥尔摩现代艺术馆藏

一头山羊标本、一个废弃轮胎和一块木制平台，平台上散落着网球、橡胶脚后跟、衬衫衣袖以及从杂志报纸上剪下的废照片，被一些大笔触的颜料所覆盖。这样的作品要表达什么意思？它既不是雕塑，也不是画，只是一种物体拼合。据学者研究，头上涂有五颜六色斑点的山羊标本，是古希腊神话中森林之神萨提儿的形象，这个形象在古典绘画中经常出现，呈半人半羊状，贪淫好色，代表人的原始冲动。让它穿过轮胎，意在表达某种与男性同性恋有关的内容。这样的题材在当时仍属禁忌，作者以粗俗手法加以表现，并将作品设计成庄严不苟的雕塑样式，似暗含调侃与取笑之意。

是从邻居家找来的床、枕头和被褥，他所做的只是以抽象表现手法在上边泼了一点颜料，似有调侃之意。另一件《土耳其宫女》是在柔软坐垫上矗立起一个贴满人体绘画的方盒子，盒子上方是一个母鸡标本。法语里对高级妓女的称呼是"豪华的母鸡"，所以这件作品被认为是表现妓女之作（图69）。

大量使用生活废品，还能在某种程度上接近传统样式（绘画多平面矩形之物，立体作品有雕塑形态），是劳申伯格作品的形式特征（图70）。1960年之后，他还大量使用丝网印刷术，制作个人笔法与印刷图片相结合的作品，以复制图像的方法传递时代信息。

贾斯珀·约翰斯（Jasper Johns）
1930年—

美国抽象表现主义和波普艺术家。曾担当商店装饰师，1958年举办首次个人作品展。与劳申伯格的相同之处是，在创作中结合抽象表现主义与现成品，两人还曾合用过一间画室。但他的创作不像劳申伯格那样多元化，而是致力于单独而平凡的形象，一排数字、靶子、美国国旗、美国地图、字母和数字，是他反复表现的对象（图71）。约翰斯认为在大多数情况中，含义丰富的形象容易被误解和错用，所以他选择公众最熟悉的物象，因为这些形象没有被误读的可能，从而实现他的"绘画

第三章 俗世的盛宴

图71 约翰斯 三面国旗
1958年,布上蜡画,78.4 cm×115.6cm×12.7cm,纽约惠特尼美国艺术博物馆藏

图72 约翰斯 两个啤酒罐
1960年,着色青铜,14cm×20.3cm×12cm,德国科隆路德维希博物馆藏

就是它本身,而不是任何其他物体的再现"的创作目的。

他还通过复制手段创作雕塑品,其中最著名的是用铜复制了两个啤酒罐(图72)。这样的创作表达一个疑问:消费品与艺术品有什么区别?这种大量仿制商品的手法,后来成为波普艺术的主要创作手法。但约翰斯本人的这次创作纯属偶然,他说:"当时我正在用小物件制作雕塑——手电筒和电灯泡,然后发生了这样一件事,德库宁不知怎么被我的经纪人弄得很恼火,他说那个狗东西,你给他两个啤酒罐他也能卖出去。我听了这句话就想,多好的雕塑——两个啤酒罐,这似乎完全适合我的口味,因此我就做了——然后我的经纪人就卖掉了它们。"

除了上面两位艺术家,理查德·林德纳(Richard Lindner,1901—1978年)也被认为与波普艺术的早期发展有关。他是德国人,曾经是慕尼黑一家艺术出版社的负责人。希特勒上台后他流亡巴黎,1941年来到美国,为美国一些商业杂志作插图,1948年成为美国公民。1950年后才正式从事绘画创作,以程式化手法表现某种概念式生活,以表现女性为主,创造出一种穿紧身衣的女性造型。制作手法是平涂中略施阴影,形体边界清晰,色彩光鲜耀眼,画面气息冷漠,许多作品有色情意味。但他本人否认与波普艺术有关系,他说:"我的人物是来纽约旅行的人的印象。在美国,我是唯一这样画的人。我不属于任何运动,不属于波普,也不属于任何其他流派。我是一个游客,到美国观光,什么都看。"《相会》表现人们在室内聚会,但相互之间没有交流,各自表情麻木,姿态机械。前景突出女人肉体丰腴,仿佛是这个沉闷空间中的色情展示物。画面色彩虽然很鲜亮,但过分整齐的造型给人一种机械的冰冷感(图73)。

安迪·沃霍尔(Andy Warhol)
1928—1987年

美国波普艺术代表人物。作品主要包括两部分:超市里名牌产品和大众喜爱的明星,创作手法是重复排列复制图像。他在匹茨堡卡内基学院学过图案设计,画过商业插图,布置过橱窗展览,设计过鞋样和贺卡,并且因为鞋的广告设计而获

图73 林德纳 相会
1953年，布上油画，152.4cm×182.9cm，纽约现代艺术博物馆藏

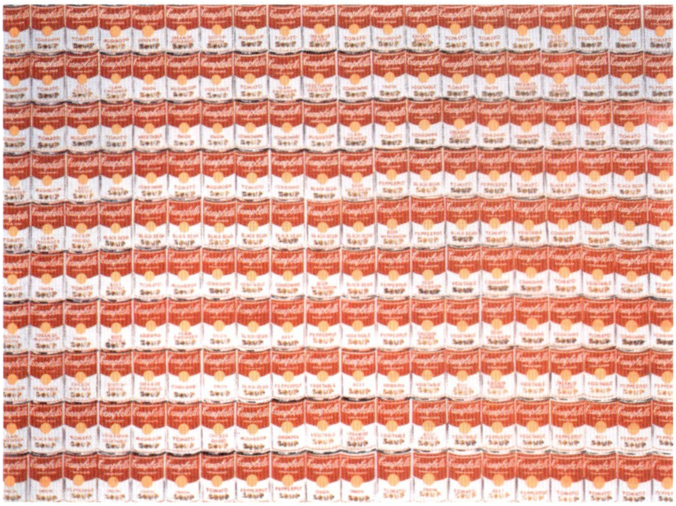

图74 沃霍尔 200个坎贝尔汤罐头
1962年，布上丙烯，182.6cm×253.7cm，华盛顿国家美术馆藏

看上去很像超市货架，一排排很整齐，除了是待售商品，也没什么特殊寓意。机械死板，秩序井然，空洞华丽，传递了商业消费时代的精致与冷漠。除了这些商品形象，作者还以同样的手法复制大量的大众明星形象，此后还把这样的明星扩大到政治人物。在这些作品中，现实中的一切都成为没有区别的视觉元素，都成了视觉消费的对象。当这种消费以一种平均化、雷同化、重复化方式而展现时，现实生活贫乏枯燥、毫无诗意的属性，也就蕴含其中了。

奖。他在创作上坚持走商业路线，不追求个性，复制的消费品图像成为他的作品的重要特征。1962年他复制众多的坎贝尔牌汤罐头和可口可乐瓶子的图像（图74），制作将很多洗衣粉盒子堆积起来的雕塑；1965年后他从事电影制片，拍摄重复单调有催眠效果的电影。1970年代以后，他放弃手工制作，用丝网印刷方法大量制作名人肖像和新闻事件作品，其中有玛丽莲·梦露、猫王和毛泽东（图75）。他故意使用粗糙手法制作这些图像，并且无限制地排列它们，暗示出大众传媒时代里，任何明星都只是一种商业消费元素。

作为消费社会的热情赞美者，他是位成功的商业艺术家。复制手段，是他成功的基础。他说："毕加索去世的时候，我在一本杂志中看到他一生有4千个代表作，我想，那好，我可以在一天里做到。于是，我就这样做了。"这种图像复制术，改变了手工时代原作至上的艺术观念。对商业物品和名人肖像等同处理，去除了偶像崇拜的社会意义。将日常用品作为最重要题材，提升了普通物质生活的意义。

图 75 沃霍尔 25 个彩色玛丽莲
1962年，布上丙烯，209cm×170cm，美国达拉斯市 Fort Worth 现代艺术博物馆藏

图76 利希滕斯坦 一个女孩的图画
1965年，布上绘画，152cm×152cm，德国科隆路德维希博物馆藏

图77 利希滕斯坦 笔触
1987年，着色铝材，9.1m×5.2m×2.3m

罗伊·利希滕斯坦（Roy Lichtenstein）
1923—1997年

美国波普艺术家。早年从事抽象表现主义创作，1960年后开始波普艺术创作。从漫画和连环画中获得灵感，将这些原本很小的图画放大到画布上；色彩鲜艳平涂，线条精确华美，并不怕麻烦地将放大的印刷网点也描绘出来；画面内容以多愁善感的爱情故事和火爆战争场面为主（图76）。与沃霍尔的粗陋复制不同，利希滕斯坦的复制华美整洁，追求商业艺术特有的精品趣味。他还用这种方法重画毕加索、马蒂斯、莫奈等人的作品，同样取得新奇优美的效果。1980年代，他用这种方法创作公共艺术作品，其中有用线条仿制的抽象表现主义的笔触，他将这样的笔触做成巨大的雕塑，以表达对已经不是画坛主流的抽象表现主义的嘲讽（图77）。

汤姆·韦塞尔曼（Tom Wesselmann）
1931—2004年

美国波普艺术家。早年从事电影广告和电视杂志等商业美术创作，1961年后从事波普艺术创作。创作题材以女人体为主，有强烈的装饰感，经常将现成品与绘画混合使用，布置出有真实物体的女性生活环境。他的女人图像中只突出红唇、乳房和阴毛，其余部分一律平涂成剪影，充分表现出在商品社会中，女人身体是消费文化符号的现实。最知名的作品是《浴室》和《伟大的美国裸女》系列，卧室和浴室的背景，裸体女人的慵懒姿态，仿佛是一种窥视的图像（图78、79）。1970年代以后，他将这类作品中的细节格外放大，创作出一些表现吸烟女人的红唇、手指和香烟的特写图像。

第三章 俗世的盛宴　53

图78 韦塞尔曼 浴室3号
1963年，布上油画，塑胶、现成品，213cm×270cm×45cm，德国科隆路德维希博物馆藏

图79 韦塞尔曼 伟大的美国裸女57号
1964年，板上合成颜料，121.9cm×165.1cm，纽约惠特尼美国艺术博物馆藏

詹姆斯·罗森奎斯特（James Rosenquist）
1933年—

美国波普艺术家。早年是纽约广告艺术家和牌匾画家，1960年后参加波普艺术活动，善于通过写实的片断，拼贴出丰富的画面，俗艳而活泼（图80）。他说："绘画不是那种人们可以在流水线上生产的东西。这就像一种麻醉剂，总要大剂量才能产生效果。"为此他吸收商业展示手法，把作品分绘在几块画板上，环绕展厅布置以产生环境效果，有时候还会配点烟雾效果。代表作之一《F-111》内容深厚，尺幅巨大，展出时布满展厅（图81）。F-111是美国在越南战场使用的一种轰炸机的名字，作者在描绘这种战争武器的同时，还同时描绘了象征美好生活的蛋糕、鲜花、雨伞、吹风机和小女孩。将这样两种完全不同的形象并置表现，既表达了两种对立并存的社会现实，也有反对战争的寓意。

图80 罗森奎斯特 玛丽莲·梦露1号
1962年，布上油彩和瓷釉喷绘，236.2cm×183.5cm，纽约现代艺术博物馆藏

图 81 罗森奎斯特 F-111（局部）
1964—1965 年，布上油彩和铝材，120cm×1032cm，纽约现代艺术博物馆藏

克拉斯·奥登伯格（Claes Oldenburg）

1929 年—

美国波普艺术和行为艺术家。出生于瑞典的斯德哥尔摩，才能广泛，想象力丰富。24 岁时成为美国公民，就学于耶鲁大学和芝加哥艺术学院。早期受抽象表现主义影响，1958 年后开始从事雕塑创作，是美国偶发艺术的创始人之一，创作了许多重要的行为表演和多媒体作品。1960 年以后，创建艺术工厂和商店，用涂色石膏制作酷似原物的冰淇淋、三明治和蛋糕。此后，又使用软质材料，精心摹制人们熟悉的物品，将原本硬邦邦的抽水马桶、脸盆架、打字机、乐器和散热器，做成软塌塌的样子（图 82）。从 1960 年代中期开始，将日常用品极度放大，制作出高大的城市公共作品，题材包括口红、铅笔、火柴、羹匙、望远镜、铲刀、羽毛球等（图 83）。这类雕塑尽管是形象普通平易，但由于尺寸巨大，仍能产生一种超现实感，与周围环境也十分和谐。他在《我追求一种艺术》中，表

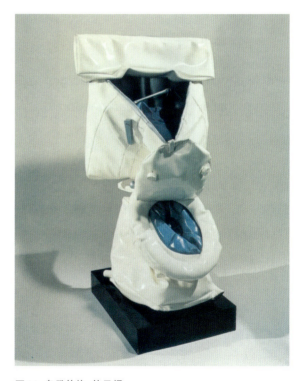

图 82 奥登伯格 软马桶
1966 年，金属和着色木质底座上木头、塑料、丝棉、金属线、树脂玻璃，144.9cm×70.2cm×71.3cm，纽约私人收藏

第三章 俗世的盛宴

图83 奥登伯格 种植铲
2001年，不锈钢、铝和玻璃纤维，美国密歇根州Grad Rapids市迈尔雕塑公园

图84 奥登伯格 卧室全景
1963年，木头、塑料、金属、人造皮毛、布和纸，300cm×650cm×1524cm，渥太华加拿大国家美术馆藏

述他的追求：我追求一种艺术，它是政治的、色情的、神秘的，而不是一屁股坐在博物馆里。我追求一种艺术，它自由生长而全然不知自身是一种艺术，一种从零为起点的艺术。我追求一种艺术，它将自身纠缠于日常的废物之中，然后从里面浮到表面。我追求一种艺术，它模仿人类，它是喜剧性的，如果必要，它是狂暴的，或者任何可能的形式。

他的石膏着色食品、软雕塑和巨大的日用品雕塑，改变了人们的审美成见，激活了人们对日常生活的审美体验，代表了美国波普艺术的立体造型成果（图84）。1970年以后，他还绘制城市建筑设计图，致力于"将景色与物品结合起来"。

罗伯特·印第安纳（Robert Indiana）
1928年—

美国波普艺术家。创造特殊形式的字母形式，是一种有文字标记和数字符号的几何形象。他将这些符号印在画布、建筑物和木板上，产生对称的标志性视觉效果。他的一部分作品传达政治内容，更多的作品来自文学意境和个人经历。《吃和

图85 印第安纳 吃和死
1962年，布上油画，两联，182.9cm×152.4cm，私人收藏

死》通过红黑两种色彩表达特定人生感受，红色显示生之浮躁，黑色暗示死之无情，黑体字形冷漠而机械，表现出生活的平庸和无奈（图85）。这种以文字形式表达思想的手法，预示了后来概念主义艺术的出现。

波普艺术家虽然再现了工业产品和日常消费品的图像，但是这种再现却没有情绪渲染的目的，而是相反，表现出无动于衷和机械复制的冷漠，这其中也许蕴含着他们对商业社会的某种负面评价。

图86 鲁沙 有八个聚光灯的大商标
1962年，布上油画，170cm×339cm，
纽约惠特尼美国艺术博物馆藏

图87 迪波 甜点
1961年，布上油画，61.3cm×76.5cm，
纽约潘威伯公司藏

同时，为了区别抽象艺术中容易出现的那种激情、浪漫，以及搔首弄姿和故作深刻的恶习，波普艺术家也会有意选取最平淡无奇的视觉对象加以描绘。美国西海岸的波普艺术家爱德·鲁沙（Ed Ruscha，1937年—），从1953年开始，以死板的几何式招贴画法，大量描绘日常生活中的工业化事物（图86）。1975年后，在空旷的大幅风景画上用大写字母书写文字。他说："在加利福尼亚的公路上，我发现了加油站的重要性。我选择他们，不是因为他们看上去很流行，而是因为它们有角度、形状和颜色，就像树一样。"这个看法传达了波普艺术家对现实生活的某种形式主义态度。维讷·迪波（Wayne Thiebaud，1920年—）是一位曾经做过卡通画家和广告设计师的波普艺术家，1960年后以描绘肖像、食品静物和风景为主，1973年后还绘制了一些城市景象。他的最佳作品是描绘糕点店玻璃柜台里的蛋糕和甜点，如此简易的题材消解了传统艺术的崇高感，让艺术的根基落实在日常感受而非深奥玄想中。《甜点》的表现对象是那么常见，构图和造型也很普通，加上有意使用粗率笔法，仿佛一幅漫不经心的写生习作，将日常生活里的平凡感受以平凡的手法表现出来（图87）。

第三章 俗世的盛宴 57

3.4 挪用艺术

兴起于1960年代的波普艺术，到1980年代即成经典，被各地博物馆和画廊广泛收藏。波普艺术也失去其原始推动力——对主流艺术的反叛，转而以新主流身份，成为商业销售的卖点。随着老一代波普艺术家的相对沉寂，新波普艺术开始成长。这些人继承波普艺术传统，继续混淆艺术与生活、专业与非专业，原创与复制的差别。其中对挪用手法的使用，更达到登峰造极的地步，使之成为西方当代艺术中的成熟创作方法。

1960年代的波普艺术，开始大量使用挪用手法，前述安迪·沃霍尔的《坎贝尔汤罐头》和贾斯珀·约翰斯的《啤酒罐》，都是巧妙挪用商业产品的结果，他们也理所当然地成为挪用艺术（Appropriation Art）的先驱和教父。这种手法在1980年代以来再次流行，且发展气势远远超过1960年代。虽然从古至今，艺术都讲究创造，这个创造主要是指"原创"，否则，会被视为无意义和无价值。但这种规则在当代艺术中受到挑战，临摹、模拟、复制、借用、挪用，都成了有价值的艺术手段，艺术家可以直接搬用艺术史、广告、媒体乃至其他艺术作品中的现成图像，制作出属于自己的作品。这样的手法当然源自杜尚的"现成品艺术"，但更为晚近的挪用艺术，不是将现成品搬过来直接应用，而是将现成图像再重新绘制或拍摄一遍，然后堂而皇之地成为新作。这就进一步颠覆艺术的原创性原则，也挑战一切艺术史的逻辑性排序。由此可见，西方当代艺术家们不但要抹平生活与艺术、专业与非专业的差别，还要抹平原创与复制、原作与摹本的差别。面对这样复杂的现象，美术批评家们也是各抒己见，难以形成共识。

3.4.1 直接挪用

这是挪用艺术中最典型的手法，包括设置现成品、翻拍照片、重绘原作、模糊仿真等手法。艺术家们的挪用对象不仅是各种广告、电视和消费品图像，还包括整个美术史上的经典绘画、摄影和前辈波普艺术家的作品。这些人所共知的作品，稍加改动后就变成了当代新作，出现在大大小小的展览会上。

谢丽·列维娜（Sherrie Levine）
1947年—

美国女艺术家。以复制和加工名家摄影、绘画为能事，是名副其实的照搬和挪用。但在模仿中，她有时会使用不同于摹本的材质或媒介，这样会与原作有微小差别。1979年，她翻拍爱德华·韦斯顿（Edward Weston）的摄影作品《尼尔的躯干》，这是摄影家给他儿子拍的系列裸体照片；1982年第7届卡塞尔文献展上，她又翻拍摄影家沃克·埃文斯（Walker Evans）的两幅作品。她翻拍的对象都是众所周知的经典图像，所以，作品展出后引起很多批评。但她不为所动，说："我对制作那些有光环的经典作品很感兴趣，对我而言，与原作不同的新作品有独立艺术价值，否则，纯粹的拷贝是没有意思的。"她正是通过复制行为，对现代主义艺术推崇备至的"原创性"提出质疑。

在机械复制时代里，摄影技术带来大量精确复制作品的可能性，所谓原作除了与作者署名权有关，已经失去了独一无二的存在价值。影像挪用艺术的流行，一方面质疑原创性神话，另一方面质疑机械复制技术，因为通过机械生产的艺术品（如摄影、录像、电影），本来就是复制的结果[①]。但列维娜在1980年代后又开始复制绘画，用水粉临摹凡·高、西斯莱和康定斯基等人的作

图88 列维娜 佛
1996年，铸铜，48cm×41cm×36cm

图89 彼德罗 重现《蓝色杆条》绘画（原波洛克作品）的表演现场，纽约

品，对杜尚的《泉》和《大玻璃》也进行改换媒介的复制（图88）。绘画作品可不是机械制作的结果，这种对绘画作品的拷贝和挪用，是否还有独立艺术价值呢？如果有，它与原作的价值是否一样呢？这些问题，只能留待艺术史去检验了。

麦克·彼德罗（Mike Bidlo）
1953年—

美国艺术家，纽约"东村艺术"②的代表人物。此人使用极端的挪用技术，以不同方式质疑"原创性"概念。通过改变原作物质材料或制作手段的方法，将他人的名作转换为自己的"创作"，导致艺术史的整体秩序出现混乱。从1993年到1997年，他创作了5 000张各不相同的素描《泉》，主题形象只有一个，就是杜尚的那个小便池。他临摹毕加索、马蒂斯等人的作品几可乱真，却又作为个人创作用于展览和销售。1982年，他还在纽约的一所小学校里，通过表演和装置手法，重现波洛克的大幅滴溅绘画，并由此在艺术市场上走红（图89）。

此后他继续临摹众多艺术家的作品，曾在一个展览里重现了沃霍尔的生产车间场景（1984年）。他的这些逼真仿作，带来一个疑问：对于观众而言，无法从视觉上区分毕加索的原作和他的仿作，也无法区分杜尚的现成品和被仿制的现成品。那么，原作和仿作的区别在哪里呢？显然不是在视觉观赏领域，而是在博物馆、画廊、艺术品拍卖会和美术史的秩序里。换句话说，只有这些意在建立等级的商业与文化秩序，才会格外看重原创与模仿、原作与非原作、真品与赝品的差别。西方的挪用艺术正是在这一点上，深刻地嘲讽了艺术史和艺术市场规则。所以，彼德罗说："模仿是一种很好的学习方式。大多数人模仿他们喜欢的东西，但从不去考虑其中涉及的讽刺性因素。"

西格马·波克（Sigmar Polk）
1941年

德国艺术家。出生于东德，随全家移居西德后，就读于杜塞尔多夫美术学院，曾与杰哈德·里

第三章 俗世的盛宴

图90 波克 小兔子
1966年，布上丙烯，150cm×100cm，华盛顿 Hirshhorn 博物馆和雕塑公园藏

图91 普林斯 无题（牛仔）
1982年，照片，69cm×102cm

希特一起创建"资本主义现实主义"。他从美国波普艺术中获得灵感，运用丝网印刷术、捡到的东西和复印技术进行创作，并且使用新闻纸和印刷油墨作画，创作手法丰富多样。从1970年起，开始以摄影图像作为油画主体形象，以古典绘画作为摄影主体形象，或者将挪用的照片人物与抽象图形并置在一起。其中最有影响的，是将翻拍的旧印刷照片，在画布上放大摹写，有意制造其中粗陋的印刷网点，创造出模糊不清、似是而非的图案效果（图90）。还以简单随意的手法，在廉价的、预先印有图像的现成织物上作画。

理查德·普林斯（Richard Prince）
1949年—

美国艺术家。1980年代，他在《时代与生活》杂志从事剪报工作，有机会接触大量杂志。剪完文章后，印刷品上还能剩下各式各样的新闻和广告图像，使他发现了"重新复制"的可能。于是他选择杂志上的广告照片和其他图像，不加修饰地重新翻拍。在拍摄过程中发现，镜头角度的微小变化即可改变原有画面的细节和色彩，从而产生新的视觉效果。他从1980至1987年完成的《牛仔》系列，是对遍布世界的万宝路香烟广告的复制，但经他翻拍后，原来十分精美的图像变得粗陋简单（图91）。这是因为他故意不将相机焦距对实，只保留基本图像轮廓，从而获得了毫无精致优雅可言的画面。这样似真非真的复制，表明作者不打算精确模仿广告。有评论认为，普林斯用这种方式终结了波普艺术对于广告和消费社会的敬意③。此后他还将这种粗糙之作印在大幅画布上，似乎是制作商品图像的低级替代产品。

图92 斯泰因巴赫 传统的吸引力
1985年,木制塑料膜板货架、棉线、橡胶、尼龙、运动鞋、聚酯、塑料、金属灯、鹿蹄,97cm×168cm

哈姆·斯泰因巴赫（Haim Steinbach）

1944年—

美国装置艺术家。出生于以色列,早期曾从事极少主义和环境艺术创作,1970年代晚期开始创造"超市派"艺术,即以超市中商品陈列的方式摆放现成品。他在搁板上陈列来自朋友或跳蚤市场的日用品,将仿真制作的商品与新几何派④的精确构成相结合,以表现当代消费文化与精神事物的联系。1983年后确立标准货架规格：V形（侧面看倒三角形）搁板,用有塑料表面的胶合板制作,上边精心摆放着从商店里买来的日用品,如袋装玉米片、矿泉水、不锈钢水壶、运动鞋、电吉他、玩具熊、啤酒杯,等等（图92）。1990年代后,作品规模扩大,使用钢铁制作的大货架,还将日用消费品与从博物馆借来的古董一起展出,如让新篮子与旧灯具为邻,健身鞋与传统绘画并列。杜尚认为展出环境是艺术品的核心要素,早期波普艺术家让日常消费品以艺术形式出现；而斯泰因巴赫更进一步,让日用百货在货架子的形式中出现,真正实现了生活与艺术完全一致。

3.4.2 间接挪用

将不同来源的图像拼合一处,是波普艺术的常规手法,但是大卫·萨勒的拼合不但包括现成图像,还包括了各种不同的制作方法。杰夫·昆斯等人则致力于制作有复制效果的原创作品,即模仿已有大众产品的样式制作新产品,这样的挪用有隐蔽的原创性。阿朗·麦克柯罗姆用低劣材料仿制艺术品外观,是对艺术品内在价值最尖锐的嘲讽。

图93 萨勒 燃烧的矮树丛
1982年，布上丙烯和油彩，
234cm×300cm，伦敦 Saatchi
收藏

这幅作品综合来自电影剧照中的不知名女人图像、几何图案和色情杂志的涂鸦广告。组合这些图像的原理没有逻辑叙述性，只有有意的模糊不清的图像品质，仿佛是作者匆忙间完成的一个自由联想的习作。标题则是一语双关，包含了俚语中的性含义和上帝启示摩西的圣经故事。在这幅作品中，当代文化图像与传统风格相碰撞，象征主义、表现主义、写实主义和波普艺术共同构成混合画面，体现了当代艺术的折中态度。也正是这种碎片式的组合，使美术史的图像序列规则不复存在。

大卫·萨勒（David Salle）
1952年—

美国新表现主义画家。在创作中受到电影中特写镜头、移动摄影、叠印效果和蒙太奇的影响，善于在同一幅作品中拼合不同来源的图像，以及不同来源的手法（图93）。1970年代晚期去欧洲旅行，受到德国新表现主义的感染。1981年在纽约一家画廊举办首次画展，随即成为美国1980年代回归绘画潮流⑤中的突出人物。1983年后他开始在大幅画布上作画，将卡通、新闻照片、草图、油画名作、电影剧照和色情图像重叠或并置，其中以色情场所中的裸体女像居多，画面效果有整齐并置和模糊混杂两种类型，还经常以多折画屏的方式并置不同内容的图像，仿佛将几个互不相干的电视频道同时播放，通过偶然的关联产生费解效果。

杰夫·昆斯（Jeff Koons）
1955年—

美国1990年代波普艺术的代表。曾在华尔街证券交易所工作6年，还当过纽约当代美术馆的推销会员，第一件作品就是用当经纪人的收入完成的。1985年在纽约东村举办展览，展出放在液体中的篮球、救生艇等现成物仿制品。1991年是他艺术的巅峰时期，他与艾伦娜·斯泰勒（Ilona Staller）结婚，该女子是意大利色情电影女星，昆斯即以此为题材，创作出《天堂制造》系列作品，其中有大量做爱照片，还不厌其烦地将其中细节放大成许多独幅画。1992年，他以花草植物为材料，修剪成高12米、重40吨的《小狗》，放置于18世纪古堡前（图94），参加第9届卡塞尔文献展，获得广泛好评。这个作品的另一个版本被放置在西班牙毕尔巴鄂古根汉姆美术馆前。

他仿制商店中的商品、广告和流行文化消费品，特别喜爱粗糙的工艺品，因为在这些物品上，最能体现世俗审美趣味。他创造的装饰品和公共雕塑，色彩俗气，质感光滑，有强烈反光。他创作的装饰物和纪念品，被熟练的欧洲工匠当作木雕和瓷器制作出来（图95）。他比较知名的作品有有机玻璃罩中的电动吸尘器、悬浮在玻璃缸中的篮球、与

图94 昆斯 小狗
1992年，花木植栽、土、木头、钢铁，12.4m×8.3m×9.1m，德国 Arolsen 城堡

影星妻子做爱的瓷或玻璃的模拟像、不锈钢的儿童玩具小火车、巨大的粉红色不锈钢"钻石"雕塑等。

在大众传媒和艺术功能转型的时代里，他执著追求"沟通大众"的目标，以陶醉、好奇和玩笑的态度表现当今商品社会，巧妙汲取广告、销售和娱乐行业的视觉表达方式（图96）。同时，他又有极高社交才能，总是能说服收藏者预先支付制作费，因此他被称为"战利品艺术家"。在实际创作中，他也只是出出主意，产品则由工人完成。他的作品在艺术市场上一直位居天价，与他深谙市场规则，善于与富商大贾打交道有关。

扩展达达和杜尚的体系，整合极少主义和波普艺术，昆斯所呈现给观众的，都是传统美学观所不能认可的日用品。昆斯使用熟悉和不熟悉的肖像去创造拼贴画，并像写实油画那样描绘。这些作品让人联想到广告图像和招贴板，还有罗森奎斯特的时尚描绘风格。研究者们认为杰夫·昆斯的作品，真正把握了从1980年代起，富裕社会里不可抑制的消费恋物风气。对于他在艺术市场上的成功，美国《艺术新闻》（Art News）杂志曾经刊载过专门的剖析文章[6]，指出他的艺术销售策略有以下要素：1.作品要大，大到能和豪门宅第相称；2.作品质感要好，好得让人想情不自禁抚摸，只好买下它；3.作品要亲切打动人心，尤其要打动富商和贵妇名媛的"浮华的孤寂"。4.制造话题，让自己

图95 昆斯 熊和警察
1988年，彩色木雕，高215cm，私人收藏

似乎是手工艺品的放大：一头穿着条纹衫的棕熊，一只爪子抓起警察胸前的哨子，另一只爪子搭在警察肩上，似乎正在和警察说什么，身穿制服的警察仰脸看着这个大家伙。这个过大的俗气雕塑是昆斯作品的典型风格，趣味与手法都与传统美术不同。对平凡物体的再评价和价值转换，意味着20世纪消费文化观的登场。与杜尚和沃霍尔的现成品一样，昆斯作品也经常是批评争论的题目，其中涉及如何看待艺术中的原创和原作者问题。昆斯认为艺术效果来自反讽和世俗化处理，这样能让作品对观众产生最大的吸引力。

第三章 俗世的盛宴

图96 昆斯 嘴唇
2000年，布上油画，120in x 172in，德国古根汉姆博物馆藏

　　昆斯的绘画能借鉴艺术史上的经验，这件作品连接起波普艺术、超现实主义和抽象表现主义，表现一个由自由旋转和空中漂浮构成的白日梦：天女散花般的玉米粒，娇润欲滴的红唇和随风舞动的金色长发，一只有睫毛的大眼睛让人想到达利、恩斯特和马格利特。环绕在背景上的飞溅的果汁，也让人看到了波洛克式行动画派的影子。他以娴熟的绘画技巧和充沛的想象力，创造出一个融合幽默与幻想的混血儿，构造出一个仿佛与地心引力相抗衡的美妙梦境。

图97 麦克柯罗姆 石膏代理品
1982—1983年，石膏铸件上釉彩，装置展示，纽约Marian Goodman画廊藏

成为注目焦点，名人的东西总有人抢着要。5.与其把自己当艺术家看，不如把自己当广告明星用。

阿朗·麦克柯罗姆（Allan McCollum）
1944年—

　　美国装置艺术家。能结合极少主义和抽象艺术，通过仿造艺术品的手法，创造出有嘲弄意味的作品。他用表面涂色的石膏仿造古代艺术品，如花瓶和单色绘画，甚至仿造动物的骨头，惟妙惟肖，几可乱真。1970年代晚期创作知名系列作品《替代油画》，是用石膏制成的画框，中间的画面只是一块黑色平涂矩形。他把这些东西成千上万地陈列摆放在博物馆中，让看上去高贵和稀有的事物，呈现出廉价卑微的形式，试图以此说明，所谓艺术品并无内在价值，它们只是一些毫无用途、十分简单的物理材料，而且泛滥成灾（图97）。这样的象征手法，体现了对艺术中精英主义的极度轻蔑（图98）。

3.5 结语

　　波普艺术和挪用艺术都是西方当代文化中的重要现象，是所谓后现代艺术的核心内容。波普艺术让世俗生活与艺术平行，挪用艺术让复制品等同于原创，总之都有力去除精英艺术观念。这不但改变了上千年来西方艺术的发展方向，也改变了人类对精神事物的固有看法。本章内容有下列值得注意之处：

　　1.波普艺术否定了一种价值：伟大的艺术必须是艰深的艺术；挪用艺术否定了另一种价值：伟大的艺术必须是原创性的艺术。这些艺术价值观的改变，是西方当代艺术的发展基础。

　　2.理查德·汉密尔顿的拼贴画，罗伯特·劳申伯格的现成品，贾斯珀·约翰斯的复制图形，安迪·沃霍尔的商业图像，克拉斯·奥登伯格的放大制作，谢丽·列维娜的翻拍照片，杰夫·昆斯的工艺

图98 麦克柯罗姆 超过10 000个的个体作品
1987—1988年，一种混合塑料铸件，装置展示，荷兰埃因霍温 Van Abbe 博物馆藏

品制作，等等，无不体现出波普艺术家在否认传统价值观、推进艺术的生活化和简易化方面所作出的巨大努力。他们采用拼贴、挪用和批量复制的手法，让那么多普通产品和消费图像登上大雅之堂，改变了艺术的固有形态和等级差别，由此结束了现代主义统治的艺术历史。

3. 通俗易懂，浅显近切，体现世俗审美趣味，传递平民生活信息，制造日常感官快乐，是波普艺术及挪用艺术的发展策略。这样的艺术，当然能受到大众欢迎，艺术家们也因此一举成名，大获成功。

4. 艺术与生活的关系，一直是艺术理论中的重要命题，古今中外有各种学说乃至信仰，将这个问题提升到高不可攀的理论层面，其结果只能让艺术界的浑水更浑。但从1960年代美国出现波普艺术以来，对艺术与生活关系的理论探讨已无意义。艺术实践已经证明，这两者之间不但有对比关系、级差关系，还可以有平行关系、同一关系和自循环关系。艺术已成为生活本身，由此一切重要的当代艺术运动和艺术家，也都不再为艺术而艺术。

注释

① 瓦尔特·本雅明（Walter Benjamin）在其名著《机械时代的复制艺术作品》（王才勇译，中国城市出版社，2002年）中，肯定复制的革命性和时代意义，认为这种由技术革命带来的艺术和其他传统秩序的瓦解，赋予艺术以革命功能。艺术作品的机械复制，使艺术品价值从膜拜礼仪向展示价值转化，当艺术创作的原真性标准失灵时，艺术的整个社会功能发生改变。

② 东村（East Village）位于纽约格林威治村的东边，是曼哈顿下城一个产业工人居住区，是纽约地下文化的发祥地，摇滚乐和涂鸦艺术都起源于这里。1980年代上半叶出现兴旺的画廊景象，1990年代后，东村的艺术归于沉寂。

③《Art at the Turn of the Millennium》by Burkhard Riemschneider、etc,Taschen, 1999, P410。

④ 新几何派（Neo Geo）是1980年代中期出现在纽约的一种艺术风格。具体含义并不清晰，通常用来指称几个不同风格的艺术家的作品，包括彼得·哈利（Peter Halley）的矩形色面构成，阿什利·比克顿（Ashley Bickerton）的有图案的墙上雕塑，等等。研究者认为"新几何"的名称是市场策略的结果，1989年后这个运动已归于沉寂。

⑤ 美国1980年代出现具象绘画回归的潮流，包括了不同的小规模运动和画家。涉及这个潮流的艺术活动有"坏画"（Bad Painting）、新意象（New Image）绘画、旧金山湾区具象风格（Bay Area Figurative Style）等。重要画家是古斯顿，他从抽象表现主义转为具象创作。这种潮流是对1970年代美国流行的忽略物质性的概念艺术的反动。

⑥ Kelly Devine Thomas: The Selling of Jeff Koons. May 2005《Art News》。

第四章 陋物的拼合

4.1 装配艺术

以生活中的废弃物为原料，装配出某种形象或形式，并堂而皇之地陈列于美术展馆。这种化腐朽为神奇的活动，就是装配艺术（Assemblage Art）。装配艺术也称"集合艺术"或"废品艺术"，1950年代晚期始见成熟。1961年美国纽约现代艺术博物馆举办"装配艺术"展，展出大量实物和废品构造的作品，让观者耳目一新。展览组织者、美国批评家塞茨（William.C.Seitz）将装配艺术定义为：1. 必须是拼装而成的，而不是描绘、雕刻或塑造；2. 必须使用未经艺术家处理的非艺术类材料。

工业社会物质过剩，各种废品堆积如山，是装配艺术的存在基础。在战前欧洲现代艺术运动中，已出现用生活废弃物制作的艺术品，如毕加索的绳索、报纸拼贴和达达艺术家的实物组装。其中德国艺术家库尔特·施维特斯（Kurt Schwitters，1887—1948年）①的作用尤其值得关注。他是最早使用集合手法的达达派艺术家，1923年开始使用木工废料堆满房间（图99），被称为"默茨构造"（Merzbau）。此人还在波茨坦举行过面部表情变化的表演，被认为是后来行为艺术的开端。

现代主义艺术家使用装配手法，是为探索形式和材料，而在抽象表现主义之后出现的装配艺术，则是为了取消日常生活与艺术的界限，从而引导观者注意形式之外的现实生活。从这个角度看，装配艺术与波普艺术有相同性质，都有反精英主义和重视简陋材料的倾向，因此它被认为是波普艺术的分支。前述劳申伯格和约翰斯，也由此被认为是装配艺术的先驱。

图99 施维特斯 汉诺威的默茨构造
1933年，汉诺威Sprengel博物馆藏

约瑟夫·科内尔（Joseph Cornell）
1903—1972年

美国装配艺术先驱。自学成材，善于制作正面装有玻璃的扁方盒子，里边摆放各种旧物，如维多利亚时代的小古董、旧报纸、玩偶舞女、鹦鹉、玻璃、镜子、大理石、碎地图、杂志剪贴、好莱坞明星照片，等等。作品如同有回忆性质的儿童藏宝箱，呈现出自闭、沉闷和压抑的个人梦幻空间。人们称这样的盒子是"带暗影的盒子"（Shadow Box）。从1940年代开始，他创作《美第奇家族系列》：文艺复兴时期贵族王子与公主的形象，以照片形式呈现于盒子暗影中，高贵和稚嫩的神情，仿佛暗示童年已远，青春不再，只有无限伤感留存世间（图100）。

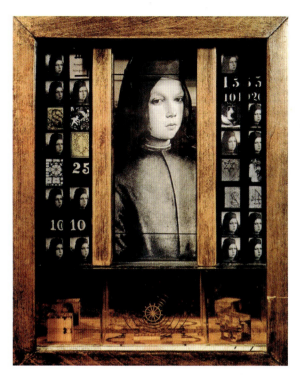

图100 科内尔 肖像（美第奇家族系列）
1942年，综合材料，35.5cm×28cm×9.5cm，私人收藏

图101 张伯伦 埃特鲁斯坎浪漫曲
1984年，彩色镀铬钢板，281.9cm×124.5cm×78.7cm，
美国洛杉矶马格·列文美术馆藏

约翰·张伯伦（John Chamberlain）
1927年—

美国装配雕塑家。当过海军，学习过理发和化妆。1974年以后，他使用压缩、焊接、扭曲、装配的方法，将废汽车的零部件压合成艺术品，然后在上边任意涂抹颜色和图案。他说："艺术是一种特殊的疯狂，人们运用其他交流方法，运用那些别人可以辨认出来的方法，这种方法告诉他们从未听过、发现过和想过的事情。"《埃特鲁斯坎浪漫曲》使用刺眼的颜色和集束式造型，表达有怀旧意味的主题。作品下部色彩单调沉闷，但上部有着植物生长样式和活泼色彩，使这堆废钢板像有机物一样有生命意味（图101）。

路易丝·奈维尔森（Louise Nevelson）
1900 – 1988年

美国女抽象雕塑家，装配艺术代表人物。幼年即到美国，在纽约艺术学生联合学院完成学业。曾在慕尼黑与汉斯·霍夫曼一道工作，还担任过迭戈·里维拉[②]的助手参与墨西哥的壁画创作。1950年代后开始搜集板条包装箱、废家具零件、椅子等日常物品，通过拼装和镶嵌，制作出类似浮雕墙面的大型雕塑，并在上边喷涂统一的黑色、白色或金色，视觉效果庄严灿烂，有宗教艺术的肃穆和巴洛克式的炫耀夸张（图102）。她说自己的创作灵感来自一柄木桨，"我看见一把独木舟的桨。它一定是

第四章 陋物的拼合 67

图 102 奈维尔森 皇家流 5 号
1960 年，着色木头，255cm×198cm×134cm，私人收藏

图 103 奈维尔森 通透的地平面
1975 年，涂黑漆的耐蚀钢，高 304.8cm，美国马萨诸塞州理工学院藏

非洲人或印第安人的，被雕刻过，厚度不会超过 1 英寸的四分之一，大约 6 英寸宽，长至少有 6 英尺。它整个流溢着轻盈迷人的魅力，流溢着曾使用过的人对它的热爱。我想在它身上那是独一无二的，被一种神圣的光环围绕着。我想了很久，那是一个艺术品。你明白，它不过是一块木头，但……不知怎么，它打动了我。"家具、地板、小船、栅栏、包装箱、木材确与人类生活紧密相连，奈维尔森的作品传达了材料的亲和力。她在 1970 年后创作的城市环境雕塑，突破了木材局限，使用了钢板和铝合金，但构成方式仍然是各种片状组合（图 103）。

4.2 欧洲新写实主义

在人类艺术观念中，"写实"的概念总是含混不清，从美术史上看，每次"写实"倾向的出现，都有不同的针对性。如文艺复兴的科学"写实"针对中世纪艺术，19 世纪的视觉"写实"针对古典传统。而 20 世纪 60 年代初期，与美国波普艺术同步，欧洲出现新写实主义（New Realism）[3]。这次写实比此前的任何一次写实运动都彻底，它不是模仿、照抄或复制，而是直接使用日常用品构成画面。这个运动由法国美术批评家皮埃尔·雷斯塔尼（Pierre Restany）和艺术家伊夫·克莱因、弗南德茨·阿曼等人发起，他们宣称"新写实主义"以忠实记录社会现实为出发点，主张以毫无个性的手法表达主题。

受到 20 世纪机械文明和商业环境的影响，欧洲新写实艺术有鲜明的时代特征：反对主观化和非生活化的艺术（如抽象表现主义、极少艺术和无定型艺术），连接城市生活、日用杂物和人的行为，对现成品格外感兴趣。从创作目标看，欧洲新写实艺术有两种倾向：一是注重思想性，通过人的行为或某种特殊形式表达社会观念；二是注重材料属性和物质美感，主要是通过客观记录、堆积或排列废弃物创造材料艺术，也就是装配艺术。雷斯塔尼说："新写实主义不用任何的争论，忠实地记录社会学意义上的现实；不用表现主义或社会写实主义似的腔调叙述，而是毫无个性地把主题呈现出来。"1960年代，法国新写实艺术家在巴黎连续举办展览，其他国家的艺术家也参加了这些展览，包括美国的波普艺术家和装配艺术家。

伊夫·克莱因（Yves Klein）
1928—1962年

法国概念艺术家。出生于艺术世家，涉猎广泛，搞过爵士乐，学过日语，对东方文化感兴趣。从26岁开始从事艺术活动到34岁离世，短暂一生中才华横溢，光芒闪烁，开创诸多新领域，成为多种当代艺术流派的先驱。他有三种创作最具特色：一是单色表现，二是人体绘画，三是虚空构造。

图104 克莱因 蓝色，无题（IKB3）
1960年，布上染色海绵与合成树脂，199cm×153cm×2.5cm，巴黎蓬皮杜文化中心现代艺术博物馆藏

他在1956年创制出一种特殊的蓝色，缩写为IKB色，意为"克莱因国际蓝"，还为此申请了专利。他用海绵代替画布，然后喷涂这种蓝色，让平涂的画面有凹凸感（图104），还将石膏的维纳斯雕像也喷成蓝色。他说："我反抗由线条产生的轮廓、形与构图，这样的绘画，像是牢狱的窗子，而且线条也像是窗上的铁格子。因此我的作品，用大块的单色表现广大空间，无限连续表现下去，毫无限制地自由创作。"1958年他在巴黎的伊利斯·克莱尔画廊举办名为"空"的展览，作品只是一个四壁皆白的空展厅，开展时竟然去了很多人。研究者认为这样的创作能体现某种东方式的虚无思想，也是对美术馆展览文化的一种嘲讽。1960年克莱茵与他人共创巴黎新写实艺术小组，同年开始创作他的《人体测量》系列，是先将一些蓝色颜料涂抹在裸体女人身上，然后手把手地指导她们，用蘸满颜料的身体在平铺的画布上留下印迹，成为特殊的绘画作品（图105）。这种作品的制作环境，被布置成上流社会的某种仪式，来宾们衣冠楚楚，正襟危坐，还有乐队在旁边演奏克莱因创作的单调乐曲，屋子中央则是克莱因拖着满身颜料的女模特在地上翻滚。

克莱因是思想深刻的艺术家，他的创作针对当时西方现实社会，有强烈的反物质化倾向。1959年他在塞纳河畔进行出售"精神性"的活动，买的人要付钱给他，然后他将钱扔进河里，同时购买者也要将发票烧毁，以此构成对金钱至上的现代社会的嘲讽。对这样的艺术，正置身于商业消费大潮中的中国读者，应该不难想象它的精神指向。他还完成一幅照片《跃向虚空》，画面上他身体平伸，张开双臂从很高的楼上跳出来（图106）。这幅作品很让

图 105 克莱因指导模特在画布上用身体作画
1960 年,巴黎现代艺术国际美术馆藏

图 106 克莱因 跃向虚空
1960 年,巴黎

人迷惑,因为很难判断这是真实场景还是照片拼贴,在不同的研究文章中,对此有不同的说法④。

弗南德茨·阿曼(Fernandez Arman)
1928—2006 年

法国新写实艺术和装配艺术家。从 1960 年代开始以切割、组合物件为基本创作手法,切割对象包括了乐器、希腊雕像、家具、汽车、工具、钟表零件和生活用品(图 107)。他与雷诺公司合作制作"工业艺术",对雷诺汽车零件进行重新组合,其中《长期停车场》是一个高达 18 米的水泥柱,在 2 000 多吨水泥里砌进了 60 多辆报废的小汽车。他还在克莱因举办"空"展览的展厅,举办名为"满"的展览,展览内容也与克莱因的空房间相反,是让各种废料堆满展厅。另一件《堆积的水壶》是在一个扁平玻璃柜中堆满废弃水壶,通过对物体形状、质感和色彩的精心组织,构成可供观赏的艺术品,同时也启发人们对普通生活物品给予审美关注(图 108)。

巴尔达契尼·塞萨尔(Baldaccini Cesar)
1921—1998 年

法国装配艺术家,新写实主义小组成员,以"电焊大师"闻名。从 1950 年代开始,用报废的机器部件和废铁片进行创作,尤其善于挤压废旧汽车制作雕塑。他说:"卡拉拉大理石过于昂贵,而旧铁片遍地都是。"1960 年展出《压缩》系列,将废汽车压缩成 1 吨的金属块,华丽而夸张(图 109)。

图107 阿曼 永久寄存
1985年，高5m，巴黎圣拉扎火车站罗马广场

图108 阿曼 堆积的水壶
1961年，树脂玻璃陈列柜中的瓷釉大水壶，83cm×142cm×42cm，德国科隆路德维希博物馆藏

1965年他创作具象的《大拇指》，是一个有象征意义的巨大镀金雕塑。他对于现实社会和艺术都有独立见解，自称："事实上，因为我抵御了学校和人们力图要教会我的一切，才会有我的今天。"1966年后他开始使用柔顺的塑料完成作品。

达尼尔·斯波埃里（Daniel Spoerri）

1930年—

罗马尼亚艺术家。长期在瑞士居住，后来在法国和意大利从事艺术活动。善于用随手拾来的材料进行创作，这些材料是人们吃剩下的食物、碗盘、刀叉和烟蒂等，他将它们组成画面，仿佛是让瞬间景象冻结展现。他从1960年代初期开始，将餐桌桌面直立展出，桌面上保留就餐者遗留的食物和餐具，看上去像平面绘画而非立体雕塑，人们称之为"陷阱图画"（图110）。为了更好地制作这种作品，他在1963年将巴黎的一家画廊改为餐厅，后来在杜塞尔多夫开了一间餐厅兼画廊，并应顾客朋友们的要求，将他们的残羹剩饭用树脂固定起来，制作成艺术品，还将这类作品照相保存，压制成桌板图案。

图109 塞萨尔 压缩汽车
1962年，汽车部分材料，152cm×73cm×65cm，巴黎蓬皮杜文化中心现代艺术博物馆藏

第四章 陋物的拼合

图 110 斯波埃里 陷阱图画
1972年，树脂玻璃盒子中的涂色板上物品，70cm×70cm× 133cm，私人收藏

图 111 曼佐尼 100% 纯艺术家之屎
1961年，高 5cm，直径 6.5cm

皮埃罗·曼佐尼（Piero Manzoni）
1933—1963 年

意大利概念艺术家。1959年后致力于前卫艺术，一件颇有影响的作品是《100%纯艺术家之屎》：将自己的粪便分装进一些小罐头盒中当成艺术品（图111）。这当然是荒诞的，但荒诞正是西方现代和后现代艺术的要素之一，究其本源，也是现实荒诞所致。如这件粪便作品，就与西方艺术市场的现实有关。在西方当代艺术发展过程中，许多毫无审美价值的作品，可能会经过商业炒作，成为艺术市场上的顶级卖品。那些利欲熏心的创作者、投机商、批评家和附庸风雅的收藏家，也很喜欢制造出各种皇帝新衣蒙蔽大众。曼佐尼的创作，就是针对这种合谋的骗局而作，旨在讽刺不论怎样的垃圾作品，只要贴上艺术标签就可以招摇过市的荒谬现实。从这个角度看，他的这件作品有一定思想深度，但是现实社会的荒谬更甚于他的作品。伦敦著名的泰特美术馆以22 300英镑购买了一听编号为004的《100%纯艺术家之屎》，其价钱相当于每克743英镑，而30克黄金也不过是550英镑，于是，这种艺术家之屎就以远高于黄金的价格，堂而皇之地成为艺术作品。泰特美术馆的发言人说："曼佐尼是一位地位十分重要的艺术家，他的这件作品对20世纪艺术的许多问题进行了探索……是一件开创性的作品。"有报道说，巴黎的蓬皮杜文化中心以及纽约的现代艺术博物馆，也都收藏了这种"屎罐头"。

4.3 装置艺术概述

装配艺术和欧洲新写实艺术，堆积或拼凑生活里的现成品，这样的创作，已经是装置艺术了。所谓装置艺术(Installation Art)，就是指在特定地点（美术馆和画廊），为摆放、布置和搭建立体物品而进行的空间构造活动。由于其创作目标是制造某种空间环境，所以，它也被看成是一种环境艺术。它在展出时往往会占据一个房间，这既能防止其他作品的影响和干扰，也有利于形成独立的展览氛围。墙上没有一张画的房间，经过设计和处理，

图 112 英国索尔兹伯里平原上的斯通亨治史前圆形石林

图 113 卡普罗 院子
1961年，各式轮胎，德国雷姆沙伊德市私人收藏

也可能比挂上一张画更有魅力。观众置身于这样的空间中，能在多种感官层面上受到刺激，由此体会整体艺术氛围，任何孤立的美术品都不可能有这样的感染力，这正是装置艺术成为当代艺术主流手法的原因。另外，装置艺术还能不受艺术门类的限制，可自由使用绘画、雕塑、建筑、音乐、戏剧、电影、电视、录音、录像、摄影、文字等手段，这些为艺术家情感表现提供了最大便利。

与任何当代艺术形式一样，装置艺术也有一个演变过程。位于英国索尔兹伯里平原上的斯通亨治（Stonehenge）史前圆形石林，就被视为人类有史以来的第一件户外装置作品，其用途至今依然神秘难解（图112）。欧洲中世纪的教堂内部，封闭、华丽而神秘，也被认为是一种环境布置。但古代艺术不是以个人思想表达为目标，即便与当代艺术有形式相似处，性质上还是不能混为一谈。当代装置艺术的真正先驱是超现实主义艺术：1938年在巴黎举行超现实主义展览，天花板上悬挂了装煤的布袋，同时还使用了音乐和气味。1942年在美国纽约举行的另一个超现实主义展览，使用了胡乱缠绕的白色线绳，构筑出类似蜘蛛网的恐怖空间。这种类似舞台环境的展示手段，将展出品与展出环境组合成不可分割的整体，正是装置艺术的前身。前述克莱因在画廊里展出一间空屋子，随后阿曼在同一展厅堆满垃圾，都是装置艺术的早期形态。

1960年代是装置艺术成长期，众多画派如雨后春笋般涌现。波普艺术、装配艺术、机械动力艺术、光艺术等形式中，都大量使用装置手法，并以此来融合多种视听元素。波普艺术家罗伯特·劳申伯格在《组合字母》与《峡谷》（1959年）中，使用了山羊与老鹰标本，还夹杂着纸张、织品、金属、木头、镜子、玻璃、绳子和枕头。偶发艺术家阿伦·卡普罗的《院子》，是在一个院子里堆满轮胎，让人难以进入和通行（图113）。摄影家卢卡斯·萨马拉斯（Lucas Samaras）的《镜屋》，是将一间小屋的地面、墙面和天花板上都贴满了镜子，搞得参观者晕头转向（图114）。

1970年代是装置艺术的兴盛期，随着概念艺

图114 萨马拉斯 镜屋
1966年，镜子和木框，尺寸不详，美国纽约州布法罗市 Albright-Knox 美术馆

图115 诺兰德 SLA, #4
1990年，铝板上丝网印刷，199.1cm×154cm，美国纽约古根汉姆美术馆藏

术的兴起，美国和欧洲的装置艺术家创作频繁，装置手段已成为思想意识的重要载体。但由于属性上不宜保存，历史上很多装置作品只留下照片或录像资料。这种无法销售和对资金投入的要求，使装置艺术热潮在1980年代后有所减退。同时，装置艺术的外延也有扩展，现在，装置艺术也泛指为企业或公共空间制作的、能长久保存的大型雕塑作品。

4.3.1 表达重大主题

装置艺术因其手法的综合性和语言丰富性，成为当代艺术家表达思想观念的有力工具。很多西方装置艺术家致力于思想观念的表达，他们的创作内涵深厚，涉及政治、社会、女权、环境等许多重大主题，创造出西方当代艺术中最具社会感召力的类型。

卡迪·诺兰德（Cady Noland）
1956年—

美国女性装置艺术家。1980年代末期开始使用类似新现实主义的手法，运用日常物品创作环境装置作品，揭去虚伪温情面纱，还生活以本来面目。她的作品是各种现成品和大众媒体图片的大杂烩，囊括美国梦的理想与平庸的生活景象，如美国国旗、篮球筐、使用过的食品箱和包装箱、汽车轮胎、霓虹灯标志，等等。也经常使用国家权力的象征物，如政治人物肖像、党派旗帜、警用电棍、防暴栏杆、隔板和金属栅栏、手铐与脚镣、手枪和刑具。她制定了批评美国社会的计划，通过作品唤起人们对重要历史事件的记忆。如《SLA, #4》（图115）通过复制一张撕碎的报纸照片，讲述美国传媒大亨赫斯特和他的孙女的故事。标题中的SLA

图116 诺兰德 外部社会空间
1989年,金属杆、马具链、野餐架、镔铑和印刷金属板等,
120cm×460cm×150cm

是美国的一个无政府暴力组织名称的简写,这个组织绑架了传媒大亨的孙女并对她施虐和洗脑,最后导致她参加他们的银行抢劫活动,成为轰动一时的大案。在这类作品中,作者混合使用国家形象、日常用品和大众媒体图片,旨在表现"某些美国文化特有的心理变态行为",以及这些人所表现出来的"一种潜在文化的原则和暗流",形象而深刻地表现了美国社会的多面性(图116)。

莎拉·卢卡斯(Sarah Lucas)
1962年—

英国女雕塑家。在创作中采用摄影、拼贴和雕塑等多种手法,尤其喜欢使用现成品,如香烟、旧家具、食物和水果等,组织成类似雕塑的形式,但并不是直接以形式传达信息,而是构造隐喻形象,挑战社会禁忌话题。自我和性意识,是她从不改变的创作主题;幽默坦白又低俗直露,是她特有的创作手法。如一只破弹簧床上放着一只待烤的被五花大绑的鸡,暗示着性虐待狂与受虐狂;两个刚煎好的荷包蛋挂在一个T恤衫上,表示这是可以吃的乳房。在创作时间跨度很长的《自画像系列》(1990—1998年)中,她以放浪姿态挑战观众:身着牛仔裤、嘴上叼着香烟坐在一张躺椅上,以体力劳动者的豪放姿态嘲讽男性的道貌岸然;或者赤身坐在卫生间马桶上,暗喻两性关系只是人的基本生理需要。著名作品是《天性》,用一张床、水果和水桶,摆放出男女生殖器的样式,将人间复杂的两性问题转化为一个粗俗比喻(图117)。更晚近的《本性》用沙发和床象征男女两性,灯光也同样起到了性别符号作用:一双挂在铁网

第四章 陋物的拼合

图117 卢卡斯 天性
1994年，床垫、橘子、黄瓜、水桶，
83.8cm×167.6cm×144.8cm

图118 卢卡斯 本性
2000年，装置艺术，红色沙发床、荧光台灯、盒子、球形物

床上的灯泡代表女性，一根刺破沙发座垫的霓虹灯管代表男性（图118）。整个作品看上去是废弃物的随意组合，却不乏女性主义的尖刻嘲讽。

米开朗基罗·皮斯托莱托
（Michelangelo Pistoletto）
1933 年—

意大利概念艺术家、画家和雕塑家。自学成才，早年在广告公司工作，1957年后致力于自画像创作，画面上有平滑如镜的背景，被称为"镜子艺术家"。1966年后参与贫穷艺术创作，使用材料有破布、纸、报纸、灯、蜡烛。1980年以后，他使用低廉和昂贵两类材料制作系列大型雕塑，包含了抽象和古典两种风格。《破布堆中的维纳斯》是他最知名的作品：一尊古典的维纳斯雕塑背对着观众，似乎正被面前的一堆彩色破衣服所吸引（图119）。那些供人们世代瞻仰的经典艺术，高雅而深厚，代表了人类至高无上的审美理想，但是古典文化的代表——美与爱之神的维纳斯女士，怎么会那么近地欣赏这堆破烂衣服呢？也许，当代大众文化、流行文化、传媒体系、时尚风潮，在某种程度上正是这堆破衣服，思想内涵不见得很多，艺术价值不见得很高，但是仍有其吸引人、诱惑人的力量所在，这是此时代中的一个重大文化问题。素白的维纳斯和花哨的破布头，代表了两种不同的文化世界。作者通过让维纳斯在破布头前屈尊俯就的形象化手法，表达出他的担心和忧虑，同时引发观者的深层次思考。

达密安·赫斯特（Damien Hirst）
1965 年—

英国装置艺术家。引导了1990年代的英国艺术。死亡是他的主要题材，其著名的"自然历史"系列，是用动物尸体（如鲨鱼、羊或牛）制作而成，经处理后保存在甲醛溶液里。其中标志性作品是《活的心灵无法感知死亡之物》，是一条保存在甲醛溶液中的大鲨鱼，曾在2004年进行销售，其价格之高列于在世艺术家的第二名（图120）。他还在1993年第45届威尼斯双年展上表演"劈牛"，是将牛等分劈成两半，分别装进两只透明的玻璃

图119 皮斯托莱托 破布堆中的维纳斯
1967年，水泥、云母和破衣服，130cm×100cm×100cm

图120 赫斯特 活的心灵无法感知死亡之物
1991年，玻璃、钢、硅树脂、浸泡在5%甲醛溶液中的鲨鱼，213.4cm×640.1cm×213.4cm，伦敦Saatchi画廊藏

一只巨大的鲨鱼标本被悬吊在玻璃箱子中，它的海上杀手身份让人们对它有着本能的恐惧心理。但此时它面对观众，无所作为，只能作为一个比较大的静物出现在人们面前。谁能想到这个无敌于海洋的家伙竟成了一具死尸呢？生与死、成与败、辉煌与落寞、高傲与可怜，作者通过对这样一个特殊对象的陈列，提示人们思考基本的生命伦理问题。

箱里，人走在玻璃箱之间如同穿过牛腹，有强烈的感官刺激效果。这些创作的灵感来源于对人生终极问题的思考，关注生、死、爱等永恒问题。他说："我意识到所有一切的心理矛盾，我的生命注定要消逝，而我却想永远地活着。我不想逃避现实也不能放弃欲望。"他的作品题目总是饱含哲理，使用的材料更让人震惊，但他说："震惊只是一个表面元素，并不是那么想冲击公众的眼球，而是想把生存和死亡曝光于他们面前。"此外他还创作"旋转绘画"，就是在旋转着的圆形画布上作画，由此产生颜料飞溅的特殊效果。他还有一种"斑点绘画"，是在规则排列的圆点上随机着色，已成为应用于商业设计的一种普遍手法。

阿什利·比克顿（Ashley Bickerton）
1959年—

美国装置艺术家。出生于西印度群岛的巴巴多斯（Barbados），创作上受纽约观念艺术和流行文化的影响，创作一系列题为"自画像"和"人类天地"的黑色容器，很像救生舱，配有救生圈、扶手和通风设备，里面装满工业元器件、生物标本、岩石和土壤标本、食物、种子，等等，仿佛要为后代保存一些地球上的重要生存元素。在《漂往来世的装束》中，他使用工业材料制造了一个当代诺亚方舟，以人类的服装遗物，暗示世界末日即将来临（图121），曲折地表达了他对当代社会的担忧和悲观。

4.3.2 互动艺术创造

环境中的艺术有容纳观众的条件，也能引起作品与人群的互动效果。一般说来，能吸引多数人参与的作品，会具有健康趣味和乐观效果，也能够保证艺术质量。在这类作品中，观众参与成为必不可少的视觉构成元素，其中最有趣味的艺术家是雷克特·泰拉瓦尼加，他通过请观众吃饭的办法完成作品，其火爆场面可想而知。

第四章 陋物的拼合

图 121 比克顿 漂往来世的装束
1991年，衣服、玻璃、铝、木头、粉笔、玻璃纤维、釉彩、帆布网，234cm×206cm×105cm

图 122 维斯特 休息
1994年，综合材料，位于纽约Dia艺术中心的阳台上

弗朗茨·维斯特（Franz West）
1947年—

奥地利雕塑家。从1980年代开始创作"量身定做"的装置艺术，观众身体的参与是其创作的出发点。作品主要有两个类型，一个是外表粗糙、坚硬的非定型雕塑，稀奇古怪的形状，迫使观众调整姿势，寻找到较为舒适的依靠方式。他还常常将观众与这些雕塑的接触过程拍摄下来，以照片或录像的形式展出，以表现人与环境的互动关系。另一类型的作品是制造"伪家具"，就是将一些简陋成型的铁架子用布包起来，制成可供观众使用的沙发或靠床，并摆放在公共环境中，成为新颖的公共家具。其中为纽约Dia艺术中心阳台与第9届卡塞尔文献展露天影院设计的坐椅，是广为人知的作品（图122）。在这类作品中，观众参与成为作品展出的必要条件，或坐或躺的观众成为作品中最鲜活的视觉要素。同为奥地利艺术家，维斯特的创作完全不同于丑陋不堪的维也纳行为艺术（本书10.3），而是充满乐天精神，也不失诙谐与幽默，可成为大众精神福利的一部分。

雷克特·泰拉瓦尼加（Rirkrit Tiravanija）
1961年—

美国概念艺术家。生于泰国，在阿根廷长大。在创作中能打破艺术和生活、艺术家和观众的障碍，创造出供观众参与、分享的社会化互动环境作品，并因慷慨大度——创作中包括烹饪和供给大众的免费食物而闻名。首次个人作品展《无题》，是将纽约一家画廊的办公室中的用品全部移至展厅，然后在清空的办公室里搭建临时厨房，向观众免费提供泰式咖喱饭，并与观众同桌进餐（图123）。此后，他又在德国科隆美术馆中，用木头克隆了他的纽约居所的房间、厨房、浴室，功能齐全，提供

图123 泰拉瓦尼加 无题（免费）
1992年，桌子、凳子、食物、餐具和烹饪器具，设置于纽约303画廊

图124 泰拉瓦尼加作品的展览现场，观众们正在兴致勃勃地在他的"餐厅"里用餐，德国科隆美术馆

餐饮，展出期间24小时对外开放，吸引了大批观众（图124）。在另一些作品中，他不但让作品走进观众，而且还让观众参与到作品的创作之中，观众的表演成为作品中不可或缺的组成部分。比如他在美术馆中架起一面大鼓，让观众尽情击打，完成艺术创作。有时他还会与前来参观的青少年一起表演一段木偶戏。虽然他的作品中也包括功能性的物质构造，但最主要的表达媒介却是前来参观的人群。

凡·列绍特工作室（Atelier van Lieshout）

荷兰艺术创作小组。创始人与领导者是乔普·凡·列绍特（Joep van Lieshout，1963年—），他在1995年创立凡·列绍特工作室（简称AVL）——一个融合各学科的创作机构，产品涉及艺术、设计和建筑。使用工作室这个名字，意在强调一个事实：该工作室所有产品都是团队成果，而不是纯然的个人创造。他们生产标准的书架、桌椅，经营浴室与厨房家具，也创造体现创意的实用艺术品。其中最成功的设计是活动房屋，从卫生设备到卧室家具应有尽有，其中以性为主题的作品很多。一些作品直接以男女性器为造型母本，如《身体桌》（1995年），是按不完整的女人躯干形体制作的桌面，人们坐在不同方位，均可产生性暗示效果；《子宫屋》是按照女人阴道、子宫和卵巢制作的活动房屋（图125），其惊世骇俗程度，不亚于女性主义艺术家圣法勒的雕塑《她》（本书11.3.1）。

4.3.3 形式主义作品

作为视觉构造形式，装置艺术中有破败不堪之物，也有整洁完美之作。结合地域性、趣味性和

第四章 陋物的拼合

图125 列绍特工作室 子宫屋
2004年，木头、玻璃钢，630cm×516cm×212cm，位于荷兰凡·列绍特工作室车间

图126 布朗 墙上绘画
1966—1967年，巴黎现代艺术博物馆

文化内涵，是这类作品的主要创作手法。其中也有少量纯粹的形式主义作品，如达尼埃尔·布朗的竖直条纹，可以看成是现代构成艺术的某种延续。

达尼埃尔·布朗（Daniel Buren）

1938年—

法国概念艺术家。早期致力于绘画、雕塑和实验电影创作，据说是受到小店遮阳棚条纹帆布启发，1966年后开始以条纹作为标志性语言，并因此成名。这种条纹，是以白色和另一种颜色以宽8.7厘米的纵向色条并置排列。他在各种不同的媒材上反复使用这个方法，在世界各地留下了他的条纹标志（图126）。最引人注目的是为巴黎皇宫内院设计的《两个平台》，这是巴黎第一个闯入历史建筑物中心、并与之永久整合的当代艺术品：在三面被建筑包围着的开阔庭院里，设立了很多按照秩序排列的黑白条状装饰的水泥柱，有高矮两种格式，既严谨理性，又活泼灵动，与原有环境高度和谐，还有很强的当代文化气息，堪称公共艺术典范之作（图127）。2004年我国举办法中文化年之时，他还在北京天坛举办过展览。

图127 布朗 两个平台
1985—1986年，法国巴黎皇宫内院

马里奥·莫兹（Mario Merz）

1925—2003年

意大利概念艺术家。早年学医，在二战中因参加反法西斯运动被捕入狱，在狱中使用能得到的一切材料画画。1960年后，开始使用日常物件创作环境艺术作品，常用的材料有雨伞、雨衣、瓶子、柴捆、霓虹灯管等。他认为："艺术家不能被媒材局限，重要的是如何去创造构思，任何物件都可以是

图128 莫兹 斐波纳契数列建筑 1972,金属管、布、电线和氖灯管,高100cm,私人收藏
注:斐波纳契是中世纪意大利数学家,他在1204年提出这个以其名字命名的斐波纳契数列:1,1,2,3,5,8,13,21,34,55,89,144,233……这个数列的特点是从第三项开始,每一项都是数列中前两项之和

创作的媒材。"1967年后,他与其他青年艺术家一起使用废旧物品进行创作,引起意大利艺术界的关注,人们称他们的作品是"贫穷艺术"⑤。他在1968年完成首例象征性环境作品《吉亚普的爱斯基摩人的圆屋顶》,小屋的可活动性流露出他的牧民理想,并由此建立起一种"圆屋顶"创作模式。随后他不断地用各种材料制作圆顶小屋,如玻璃、木材、泥土、石头、蜡、黄麻、乙烯和成捆的树枝,还在展品上放置用霓虹灯管制作的有政治和文化色彩的文字,意在表现所谓"微观城市"(图128)。

安东尼·格姆雷(Antony Gormley)
1950年—

英国装置艺术家。以人体为创作主题,早期以自己身体为模型,完成许多等大系列铸铅人体雕塑,晚近则用细钢丝和钢制砖块,堆砌、搭构、编织或缠绕出细碎而空灵的人体。善于制作大型作品,其中闻名于世的公共雕塑《北方的天使》,由耐候钢铸成,是一个立高20米、有宽50米翅膀的巨大雕像(图129)。1989年后,他致力于系列作品《土地》,这是一个要在不同国家的社区中陆续完成的"小泥人"制作项目。为此,他去过世界上很多国家。他说:"这个作品以一种从未有过的方式反映了现实世界,即世界上每个个体的现状,因为在我们面前,全球化文化已经出现了。"2003年1月,他在广州指导300多人手工制作了18万个(关于这些泥人的数量有好几种说法,此处取保守的数字)手掌大小的泥人,这些像瓶子一样的小泥人只有两只眼睛,烧制成俑后装船运往澳大利亚的一个厂房里,参加了2006年的悉尼双年展,作品题名为《亚洲土地》(图130)。

让·吕克·维尔姆斯(Jean Luc Vilmouth)
1952年—

法国装置艺术家。善于使用锤子、钉子、霓虹灯、时钟、纸浆、木头等物体构造公共艺术作品,自称是"物体的朋友"。1980年代,完成大量公共部门的订货。1990年以来,他使用丝网印刷术和有机玻璃、镜子、照片和家具,创造强调结构和空间的公共艺术。对"自然和技术的共存"的主题有莫大兴趣,如作品《无题(围绕着的棕榈树)》(1989年),是围绕一棵棕榈树修建一个螺旋

第四章 陋物的拼合

图 129 格姆雷 北方的天使
1998 年，钢铁制造，位于英国 Gateshead 地区

图 130 格姆雷 亚洲土地
陶俑，2006 年悉尼双年展作品

形的金属楼梯。《椅子的观看》是由一张高背椅和 20 面镜子组成的装置作品。镜子挂在椅子后面的墙上，同椅背等高。镜子同椅子浑然一体，似乎是拓宽了的椅背，它们也成为了椅子的一部分。这样的设置使平常毫无生气的沉闷的日用品椅子，有了某种"感觉"功能，当观众凝视椅子的时候，似乎也在被镜子所注视，镜子成了椅子的感觉器官（眼睛）。它似乎是在告诉人们，沉默的事物也有知觉力，它们永远默默注视着一切（图 131）。

4.4 结语

装配艺术和装置艺术，不是艺术流派和运动，而是一种普遍应用的制作手法，在扩展材料和空间设计上有重大突破。本章介绍了这两种艺术的一般情况，主要涉及下列问题：

1. 以普通生活材料构造大型作品，显示了当代艺术与物质世界的密切关系，也与西方当代社会的工业化环境有关。不局限于单一艺术品的构

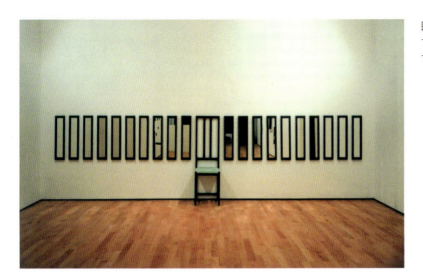

图131 维尔姆斯 椅子的观看
1989年，椅子和20面加框的镜子，
121cm×454cm×36 cm

造，而是营造出整体空间氛围，让当代艺术有了传统造型艺术难以比拟的视觉效果。

2. 与现代主义雕塑家使用新兴工业材料不同，当代艺术家热衷于使用工业废料和日用垃圾完成创作。这一方面可以消解艺术与生活的差别，说明艺术没有比普通生活更高的价值。另一方面，选用非专业材料从事创作，也是对传统艺术的一种形式反叛。

3. 路易丝·奈维尔森让废木头有庄严崇高的外貌；伊夫·克莱因在怪诞形式中表达独到思想；达尼尔·斯波埃里用拼粘的餐桌让静物艺术成为真正"写实"的事物；弗南德茨·阿曼的废弃物是对现实生活的形式解读。莎拉·卢卡斯的粗俗表达撕去了一切文化伪装；雷克特·泰拉瓦尼加邀请观众就餐；达密安·赫斯特巧妙解读死亡，诸如此类，都表达了艺术家对社会和人生的思考。关注生活、批评社会，是西方当代艺术创作的主要方向。

4. 装置艺术不受传统艺术分类限制，出现在多种当代艺术活动中。本章所述装配艺术和挪用手法，只是装置艺术的部分内容，还有很多装置作品会在此后不同章节中出现，其表现内容也往往涉及社会、环境、女权、种族等复杂问题。由此可知，装置艺术是一种表现力很强的艺术，适合表现重大题材，在今后仍有广阔的发展空间。

注释

① 施维特斯是一个对当代美术贡献很大的艺术家，他曾连续三次完成"默茨构造"，前两个默茨构造毁于战火，第三个被保留下来。

② 迭戈·里维拉（Diego Rivera, 1886—1957年）是墨西哥壁画家，创作大量纪念性壁画，能将本土民间艺术与革命宣传融为一体，表现墨西哥历史人物和事件。

③ 新写实主义的英文是New Realism，美国同时期的波普艺术也一度使用这个名字，可见二者在艺术上有相似性。另外，中国近些年来也有"新写实艺术"出现，是针对艺术市场制作架上绘画，与西方艺术同名不同质。

④ 普拉岱尔的《当代艺术》（董强、姜丹丹译，吉林美术出版社，2002年，第60页）中说这是"通过巧妙的照片拼接术，制造出一个'向虚空中跃去'的假象"。牛津艺术史丛书中（David Hopkins: After Modern Art-1945~2000。Oxford University Press, 2000。P80）也明确记载这是"合成照片"（Incorporating Photograph）。但学者王瑞芸在《变人生为艺术》（人民美术出版社，2003年，第159页）中，则肯定这是一件真实的行为，还举了一些旁证。

第五章 机器与光线

5.1 动力艺术

商业消费和工业生产,是现代社会的两大基础,也是西方当代艺术的灵感来源。对日用消费品的复制和模仿,成就了名噪一时的波普艺术;对机器、速度、光线和技术的追逐,则推动了当代机械动力艺术和光艺术的发展。动力艺术(Kinetic Art)是侧重机械运动效果的艺术,也称"机动艺术"和"活动艺术",它并不是一种有限风格,而是包含了广泛的创作手法。其基本工作原理,是创作者利用机械或自然动力,使作品的部分或全部一刻不停地运动。由于完成的是三维立体作品,所以也被称为"动态雕塑"。

动力艺术是一个国际性艺术运动,流行于1950年代末到60年代末期,主要发生地是欧洲。1913年,杜尚在一个凳子上安装了可动的自行车轮,被认为是最早的机械动力作品。此外,意大利未来主义艺术家狂热赞美机械美学,并且致力于机械力和速率表现,也被认为是启发了某种机械运动的可能性。但这些作品并未脱离架上形式,所以还不能算作真正的机械动力作品。真正动起来的作品,出现在1920年代的俄国结构主义和德国包豪斯学校,先驱人物是瑙姆·加博、莫霍利·纳吉和亚历山大·考尔德。

5.1.1 动力艺术先驱

瑙姆·加博(Naum Gabo)
1890—1977年

俄裔美国构成主义雕塑家。早年学习医学和自然科学,1911年在慕尼黑旁听沃尔夫林[①]的艺

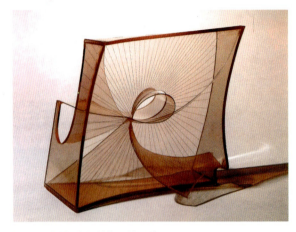

图132 加博 空间结构–结晶体
1937年,透明塑胶,高22.9cm,私人收藏

史讲座后投身绘画。俄国十月革命后与康定斯基、塔特林和马列维奇一起在莫斯科艺术学校任教,后来辗转于柏林、巴黎、伦敦等地。曾在包豪斯学校任教,从事过建筑工程设计,最后移居美国。他使用玻璃、塑胶、金属和铁丝等材料进行创作,致力于将体积转换为平面轮廓,认为艺术的重点是空间中的势,而不是体量感(图132)。

他从未接受过艺术训练,但他的自然科学和工程技术知识,使他完成了很多建筑和雕塑设计。最早的动态艺术《活动构成》(1920年),是用马达带动一根直立的金属杆,通过振动形成波浪式摇摆,实现了造型艺术由静到动的转变,预示此后艺术与科技同形同质的趋势。这不仅是一种美学创造,更是技术研究的成果。打破狭隘的学科界限,作品中的科技含量就会越来越多,事实上,许多有工科背景的人投身艺术,为当代艺术的发展做出了贡献。

莫霍利·纳吉(Moholy Nagy)
1895—1946年

匈牙利结构主义画家、摄影师、舞台设计师。多才多艺,创作范围涉及海报、封面、摄影、电影等多个领域。1918年在布达佩斯获得法学博士学

图133 纳吉 光线空间调节器
1930年（1970年复制），金属、塑料、电动机，151cm×70cm×70cm，英国剑桥Busch-Reisinger博物馆藏

图134 考尔德 四个红色系统（易变的）
涂色金属和金属线，195cm×180cm×180cm，丹麦哥本哈根路易斯安娜现代艺术博物馆藏

位。1923年进入包豪斯学校任教，接替伊顿[②]（Johannes Itten）负责基础课教学，研究范围广泛而深入，撰写了多部著作。1933年，包豪斯学校被纳粹关闭，教师们被驱逐到其他国家。纳吉在英国作了短暂逗留后，于1937年移居美国，在芝加哥建立新的包豪斯学院，就是现在的伊利诺伊理工学院的设计学院。纳吉在德国包豪斯学校期间，一方面研究实验教学法，另一方面独创了他的机动艺术和光雕刻。《光线空间调节器》是他探索光和运动的成果。这个雕塑原为控制舞台光线制作，后来成为实验各种光线效果的工具（图133）。

亚历山大·考尔德（Alexander Calder）1898—1976年

美国动力艺术家、工程师和插图画家。1923至1925年学习机械工程，曾从事过短暂的工程技术工作，这个背景对他后来从事巨型钢铁雕塑很有帮助。1930年后开始创作大型抽象作品，是用铁丝穿挂起的造型优雅的彩色铁片，能随风摆动。这是西方艺术史上的一种创新，被人们称为"活动雕塑"（图134）。对此他描述说："重要的是让活动的物体受到风的作用。一件活动物体就像警察局失物招领处的支援。这是等待风的支援。就像招领处的职员抓住任何一只狗一样，活动物体抓住风，不论这是好的还是坏的。"他还设计过舞台布景、画过插图，为一些建筑环境设计过活动装置。1960年后创作由大型切割金属板组成的固定雕塑，作品尺寸巨大，造型类似远古怪兽，放置于高楼林立的城市中，有极强的精神感染力，成为钢铁时代的抒情诗。代表作《火烈鸟》设置于美国芝加哥，以庞大的身躯和活跃的造型，放射出激情活力和生命动感，是城市空间中的现代图腾（图135）。

图 135 考尔德 火烈鸟
1973年，高 13.5m，涂色金属，位于美国芝加哥市政广场

图 136 丁格利 找到了
1963—1964年，780cm×660cm×410cm，位于苏黎世公园

5.1.2 动力艺术家

上述先驱者的艺术实践，开创了动力艺术的方向，但因为规模小，试验性强，没有形成潮流。战后，随着工业技术的迅速发展，动力艺术规模扩大，参与者增加，风格样式也丰富起来。成熟形态的机动艺术出现在1966年，那一年，美国纽约的曼哈顿犹太美术馆和加州美术馆，先后展出了系列的活动艺术作品。这些作品除了表现运动和速度的美感，还结合光影与音乐，产生集光色、声音、动态于一体的整体效果，也由此涌现出一批动力艺术家。其中最重要的是吉恩·丁格利，他设计制作的机器，除了不能生产有用的产品，与工业机械毫无区别。

吉恩·丁格利（Jean Tinguely）
1925—1991年

瑞士机械动力艺术家，新写实主义创始人之一。从1940年代开始，他以机械运动原理为基础，穷毕生精力去发明一些由金属管和齿轮组成、轰然作响、运动不停、毫无制造功能的机械装置（图136）。他创作的巨型机械作品结构复杂，功能诡异，看上去既庄严又好笑。1950年代，他是巴黎"新现实主义"小组的成员。他在1952年的一个宣言中说："艺术家必须放弃画笔、画板、画布和画架等一切陈旧的浪漫主义道具，而对机器感兴趣。"他最初是用小电动机带动金属丝装置，后来发展出高度复杂的机器，在一些机器上装有羽毛、灯泡和骷髅等，让这些冰冷的铁器因可笑而好玩。他制作"绘画机器"，在三个星期里连续不断地吐出4万张抽象素描（图137）；还制作"奏乐机器"和"取食机器"，颇有嘲笑艺术的意味。1960年，他在纽约现代艺术博物馆花园里展出《向纽约致敬》，这是一组能爆炸、起火、自行毁灭的机器，展出后变成一堆废铁，对美国当代艺术有很大影响。他与妻子妮基·德·圣法勒合作完成的《斯特拉文斯基喷泉》（本书11.3.1）是一组大型作品，位于巴黎蓬皮杜文化中心一侧，由16件作品组成，形象生动、色彩艳丽，创造出都市中的童话世界。

图137 丁格利在自己制作的能绘画的机器旁，1959年，私人收藏

图138 雷 草
1961年，木板、不锈钢条和电动机，莱依基金会，新西兰Govett Brewster美术馆藏

列恩·雷（Len Lye）

1901—1980年

新西兰艺术家，是电影制作者、机动雕塑家、油画家、涂鸦作者、遗传理论家和实验散文作者。1930年代到50年代，他曾在电影胶片表面进行描绘和涂写创作电影，还创作抽象的色彩实验动画片。1960年代后开始创作机动雕塑作品。作品体现出强烈的生命力，能伴随尖锐噪声、颤动杆状物或旋转金属条，进行巨大的加速运动。还创造了微妙平衡的非机动雕塑，那是一组依靠自身的协调轻轻颤动的杆状物。《草》是在木板上设置一组不锈钢条，木板下有电动机，当木板有规律地左右倾斜时，这些钢条随之颤动，形成有韵律的运动波纹（图138）。

乔治·里奇（George Rickey，1907—2002年）

美国机械动力艺术家。早年是画家和历史教师。1940年代后期开始创作活动结构作品并引起反响。他使用几何形（三角、正方、菱形等），用金属片和钢丝制作轻灵的作品，借助自然风力使之有轻微的摆动（图139）。无论是户外的大型作品还是室内小型作品，都是在寂静无声中活动的物体。他频繁地创造和对空间进行重新定义。保罗·伯利（Pol Bury，1922—2005年）比利时动力雕塑代表人物。1950年代初期开始，他用加工精致的木头和金属，制作有几何形叶片的转轴活动物。1957年后，使用电机带动作品，但运动缓慢到让人难以察觉的程度，创造出特殊的"缓慢美学"。1960年后，他开始制作密集排列的金属柱、圆球和方块，进行城市公共艺术创作（图140），还从事电影摄制和舞台设计工作。

图139 里奇 两个旋转的L形
1982年，位于美国旧金山市民广场

图140 伯利 50吨圆柱
1972年，不锈钢，各高200cm，巴黎玛格基金会博物馆藏

杰苏斯·拉菲尔·索托（Jesus Rafael Soto）1923—2005年

委内瑞拉画家和装置艺术家。1950年底到巴黎，坚信"艺术是一种科学"，并认为"变化即创造"。他说："艺术应该是实证的，它应该为社会做出贡献。既然我们是用西方的思想培养出来的艺术家，就应该以同样的严谨态度，与哲学相同的步伐，与科学调查和数学一起发展变化。对我来说，当艺术的变化被认为是合理的时候，艺术便具有了价值。"1950年代初，他开始用有机玻璃创作凸起的几何浮雕，观众会随着视点变化而看到不同的效果；还使用悬挂的金属杆，创作"震动的作品"。这些悬挂物结构异常灵敏，微弱气流的变化就会引起整体震动，从而产生流动的光感（图141）。1960年以后，他用悬挂的彩色尼龙绳和金属棒，创作了一些观众可以钻进去的公共艺术作品，通过人与作品的互动，创造出鲜丽轻快的视觉效果，这些作品安放在世界许多城市和博物馆中（图142）。

5.2 光的艺术

西方视觉传统重视光线作用，如古典油画能绘出光感效果、印象主义以光线为主要表现对象、未来主义刻意制造光线和速度，等等。进入20世纪，艺术家们开始使用发光材料，如灯泡、投影、荧光灯、探照灯等进行艺术创作，艺术从依赖自然光过渡到制造人工光；从最初的反射光波颜色，变成直接传达光波射线本身的载体。从1950年代后期开始，科技发展为艺术中的光线创造注入生机，当代艺术家与科技人员有效合作，弥补艺术与技术之间的断层，促进技术进步和媒介更新，一时出现探索光艺术（Light Art）的热潮。

当代光艺术兴起于1960年代中期，此时出现了许多研究团体和光艺术展览。如美国"艺术与科技试验"团体，创建于1966年，创始人是瑞典工程师比利·克鲁瓦（Billy Kluver）、艺术家罗伯特·劳申伯格和作曲家约翰·凯奇。至今已有数百位艺

图 142 索托作品展出现场,观众可以走进由悬挂的尼龙绳组成的作品中

图 141 索托 大型振动全景墙
1996年,设置于罗马 Nazionale 现代艺术馆

术家和科学家参加活动,完成大量艺术计划。1966年10月在纽约第69军团的军械库举行的"九个夜晚:舞台与工程",展示了表演、电子音乐、电视投影等形式。1966年美国肯萨斯城的纳尔逊画廊举办光艺术展览,吸引4万多名参观者。1967年荷兰恩荷芬市也举办展览,各种各样的灯成为这些展览中的主角(如水银灯、荧光灯、弧光灯等),展览题名就叫"艺术·光·艺术"。洛杉矶州立美术馆的"艺术与科技计划"出现在1967年,组织78名艺术家使用加州的各种科技设备,创作出结合声音、光线和动力的多媒体或环境作品。此外还有更多艺术团体和展览机构,都对这一新兴领域表现出空前热情。

5.2.1 发光媒介制作

这是最直接的光艺术,即通过制造发光机械或使用现成灯具,在形式构造上多与几何样式和机械动力相结合,营造出能发射光线的展览效果。这种艺术后来应用到广泛领域,成为电子艺术、计算机绘画、影像艺术等多种新媒体艺术的早期形态。

尼古拉斯·谢弗尔(Nicolas Schoffer)
1912—1992年

匈牙利出生,1936年后定居法国,以创造机械运动、声音和电子光线而著名,被视为电脑控制艺术之父。在艺术领域发明空间动力学,制作了一些小的可以发射灯光的电动金属结构。作品由电脑控制,上边布满孔洞、凸透镜和格子框架,当光线通过这些物体时,由于作品旋转而产生闪耀的色光,形成有规律的视幻效果。1956年后制作出钟表、运动棱柱、侧光镜、能跳舞的机器人和特殊光线效果等,此后连续制造纪念性的能进行光电表演的控制塔,其中一座建在比利时的列日,是钢条结构,高约52米,如同转播塔,配合闪光播放着街头噪声和广播电台里的音乐(图143)。1970年代和80年代,他在全世界各地安放活动雕塑,著书立说,宣称自己有了"控制论艺术,1秒钟内可以变化30种面貌的雕塑和空间城市规划"。

图 143 谢弗尔 控制塔
1961年，高 51.82m，位于比利时列日的拉波维利公园

图 144 塔吉斯 灯光艺术
1987年，钢材和玻璃，巴黎拉德芳斯金融商业区

塔吉斯（Takis）

1925 年—

出生于雅典。在二战德军占领期间参加抵抗运动，后来又参加希腊内战。1954年后移居巴黎，热衷于研究动力、光线和引力现象，关注磁场和金属导体，以创作活动雕塑闻名。他使用细铁杆、转向灯、发动机和电磁铁创作环境艺术，系列作品《信号》（1966年）是一个可以不停地闪亮和熄灭的装置。为了促进大众接受艺术，他将该作品成批生产后以低价出售。他还创作大量能发光、振动和相互吸引的磁铁作品，并且与音乐形式结合起来，认为"磁铁和爱情的吸引力是相同的"。位于巴黎拉德芳斯金融商业区的水上灯光艺术是他的代表作（图144）。

丹·弗拉文（Dan Flavin）

1933—1996 年

美国灯光装置艺术家。早年学习气象学、社会学和艺术史，1961年开始创作荧光灯艺术。以水平、垂直和对角线三种形式，将现成的民用灯管，安装在没有任何装饰的展厅墙角或走廊。既有几何形光源，又能营造出弥漫的光线气氛，作品本身能充当建筑空间的照明光源，因此也被视为环境艺术。因为作品形式十分简洁，所以他还被视为极少主义艺术家，但他不像极少主义那样偏重表达作品的物质属性，而是意在制造非物质化的光线幻觉效果。虚幻的空间效果，非物质性的光学现象，是他不同于极少主义的地方，也是本书没有将他列入极少主义范围的原因。他长期以单调的装置方法制作系列灯光作品，1960年代初期，他的灯光作品尚有木制靠架和衬板，后来，他只将荧光灯或正或斜地放置在没有任何装饰的展厅里，形式简练到极点（图145），还高兴地说，终于"成功地将艺术中的一切工作的烦恼都排除出去了，现在，应该是电工和工程师们大显身手的时候了"。

5.2.2 视幻效果制作

利用人的视觉反应能力，通过对自然光线或作品表面形式的控制，构造某种新奇的光线效果。

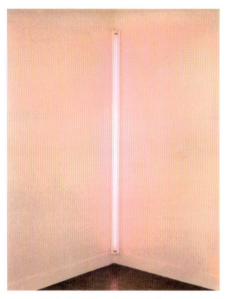

图145 弗拉文 墙角的粉红色灯管
（致贾斯珀·约翰斯）
1963年，纽约 Leo Castelli 画廊藏

图146 尤克 白色田野（局部）
1964年，木板上画布和钉子，尺寸不详

这样的作品本身并不发光，但同样能让观众感受到光线的存在。如德国艺术家冈瑟·尤克（Gunther Uecker，1930年—）的《白色田野》，就是在木板上密布铁钉，这些高低不平的铁钉在光线作用下会产生流动的光感（图146）。这类作品与光效应艺术在原理上有相似处，都是巧妙利用了人的视错觉。以色列艺术家亚科夫·阿盖姆（Yaacov Agam，1928年—）热衷于制作有动感的公共艺术，作品包括喷泉、活动墙、公共雕塑、电子屏幕和计算机绘画。有垂直棱条转折的画面作用于观众的不同视角，产生运动变化的光色效果，也被视为光效应艺术。代表作是巴黎拉德芳斯金融商业区的喷泉设计，池中彩色条纹的铺陈与周边建筑形制和谐一致，并因流水产生变幻的视觉动感（图147）。

詹姆士·特瑞尔（James Turrell）
1943年—

美国光线艺术家，因学习心理学而对视知觉艺术发生兴趣。他从1966年起制作"感觉环艺"，即运用灯光制造视幻效果。通常是一个布置灯光的无窗房间，中央加设一道开了很大窗口的隔墙，观众进入房间后，通过这个窗口看到空无一物的另外半个房间，但那半个房间在灯光设置下失去了深度感，仿佛一个有某种色彩的平面。据说常有观众不能判断眼前景象的真伪，会用手去触摸本不存在的画面（图148）。

1969年后他开始利用白天和夜晚的自然光线进行创作。1972年在一个基金会的帮助下开始创作《罗登火山口》，是在亚利桑那州沙漠上的罗登火山口挖掘隧道，目的是要观众在特定的时间进入隧道，观看太阳和月亮在这个特定地点的反射效果，因为据说每隔18年6个月，太阳和月亮的倒影会出现在火山口的死灭中心。这个作品需要改造火山口的构造形态，因此工程浩大，至今仍在进行中（图149）。1976年在阿姆斯特丹美术馆完成《光的透射和光的空间》，是在4间封闭的屋子里，通过遮挡板上的小孔让日光照射室内，再经过彩色透明纸的过滤，呈现特殊的光线效果。由于自然界中光线变化很大，所以作品的视觉效果无法固定。这样的作品带来一个困难，是难以用图片或语言描述记录。但西方评论界因此对特瑞尔评价甚高，认为只有这样的艺术，才符合环境艺术的特定性原则。

5.3 光效应艺术

光效应艺术（Op Art）就是光学艺术（Optical Art），出现在1965年的美国，后来流行于欧洲和世界各地。有人把它音译为"欧普艺术"，还被称为视网膜艺术（Retinal Art）和知觉抽象（Perceptural Absrtation）。据说这个名称最早出现在1964年，雕塑家乔治·里奇与纽约现代艺术博物馆的两位研究员的谈话中。

人的眼睛注视某种重复线条或图形时，很容易产生错觉。光效应艺术就是一种有意制造错觉的平面艺术，是一种挑战人类视觉反应的智力游戏。它通过有规律地排列线条、色块和明暗，可以让静态的平面作品，产生起伏不定、光感闪耀、线条律动等视错觉。1965年是光效应艺术的兴盛之年，纽约现代艺术博物馆举办"眼睛的反应"（The Responsive Eye）展览，展出大量精心设计、按一定规律排列而成的波纹和几何形绘画，给参观者以强烈刺激，也引起画商追捧，光效应艺术由此声名远播。

在西方美术发展过程中，追求视幻效果的画家非常多，典型者有19世纪后期的点彩派画家乔治·修拉（Georges Seurat）和保罗·西涅克（Paul Signac），他们对印象主义写生经验作科学总结，使用密集色点制造光线闪烁的感觉，作品的视幻效果非常明显。此外还有现代艺术中"奥菲主义"（Orphism）和未来主义的光线研究，前者代表是立体主义画家罗伯特·德劳内（Robert Delaunay）的色环研究系列作品（图150），后者代表是未来

图147 阿盖姆 喷泉设计
1975年，位于巴黎拉德芳斯金融商业区

图148 特瑞尔 Afrum
1967年，氙灯投影，尺寸不确定，纽约惠特尼美国艺术博物馆

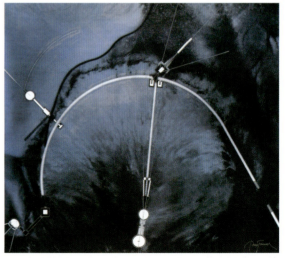

图149 特瑞尔 罗登火山口工程示意图
1992年，聚酯薄膜上蜂蜡、乳胶、墨水、蜡笔等，100cm×117cm

图150 德劳内 电棱镜
1914年，布上油画，250cm×250cm，巴黎蓬皮杜文化中心现代艺术博物馆藏

图151 塞韦利尼 光的球形扩张
1914年，布上油画，61cm×50cm，私人收藏

主义画家吉亚克莫·巴拉（Giacomo Balla）和吉诺·塞韦利尼（Gino Severini）的抽象油画（图151）。这些作品都是通过精心设计的色彩和图形，制造出某种光感效果。从发展角度看，光效应艺术是将这类探索发展到极端，并与当时流行思潮相对立：既避免抽象表现主义的随意性和情绪化，也能去除波普艺术的商业气息。

光效应艺术只作用于人的视觉生理机能，不表达任何具体的生活经验，也没有社会文化的针对性，所以，它的信息承载量有限，也无法作用于广阔的精神领域。作为一种奇妙的技术表演，它的真正用武之地是在工业设计领域。事实上，1970年代之后，它就退出了人们的视野，此后，只是作为当代艺术中的一个历史现象，才能被研究者关注。但无论如何，它毕竟是一种有趣的视觉产品，初次接触它的人，仍然能够获得奇妙的视觉享受。光效应艺术的先驱人物，是在美国大学里教书的德国人约瑟夫·艾伯斯，他与那个成为美国抽象表现主义教父的德国人汉斯·霍夫曼一样，在实践和理论两个方面启发了无数后来者。

约瑟夫·艾伯斯（Josef Albers）
1888—1976年

美国抽象画家和设计师，出生于德国，对现代美术和设计教育有重大贡献。曾就读柏林、埃森和慕尼黑艺术学校，1920年转到包豪斯学校，1923至1933年受聘为该校教师。1933年移居美国，任教于黑山学院、哈佛大学和耶鲁大学。他在黑山学院的课堂上讲授色彩理论，组织学生开展视觉实验，培养出威廉·德库宁、罗伯特·马瑟韦尔等人。他有很好的写实基础，但却受到康定斯基[③]理论的影响，成为彻底的几何抽象绘画家。他的作品形式纯粹，构成严谨，比例精确，大都是简约的、形式规整的色彩并置；画面上没有图形与背景之分，在几何式构成中有温暖的感情意味。1950年末开始创作系列绘画，以简洁的正方形为画面中心，题名为《向正方形致敬》（图

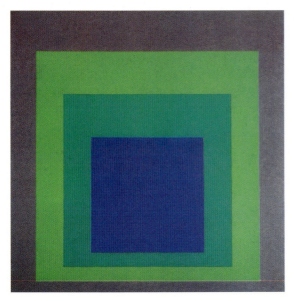

图152 艾伯斯 向正方形致敬：蓝星
1958年，板上油画，121.8cm×121.8cm，私人收藏

艾伯斯的系列代表作之一，纯由方块构成。正方形，是所有几何形状中最没有感情色彩的，单一使用这种形状，为的是体现绘画的纯粹感，这种纯粹，以数学关系作为构成基础，已进入概念层面，足以排除一切引发幻觉的艺术手法；在这样的作品中，物质转化为概念存在，艺术不再作为现实的投影，而是直接展现人的理性思维活动。不过有着深厚造诣的作者，仍能通过色彩并置和微妙对比，让这样刻板的形式有淡淡的光感，仿佛散发着人性的光辉。

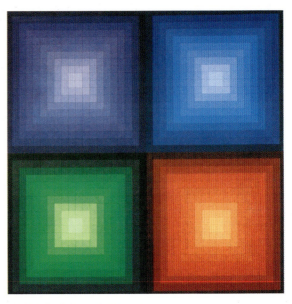

图153 瓦萨列里 织女星200
1968年，布上丙烯，200cm×200cm

152），创作过程一直持续到他去世，完成作品总量达1 000多幅。他摒弃表现主义感情宣泄，对绘画与设计同等看待，对此后美国极少主义艺术有直接影响。他还著有《色彩的相互作用》，也成为此后美国当代艺术的经典著作。

维克托·德·瓦萨列里（Victor De Vasarely）1908—1997年

法国抽象画家，光效应艺术的奠基人，被誉为"光效应艺术之父"。出生于匈牙利，在布达佩斯学习设计艺术。1930年移居巴黎，曾设计过海报。1940年后受到包豪斯学派和构成主义艺术影响，投身抽象艺术，早期创作黑白系列作品，后期创作彩色系列作品。他认真研究蒙德里安和康定斯基的理论，以毕生精力从事视幻图形的创造：摈弃具象自然形态和色彩写生，拒绝艺术家个性因素，只选用绚丽的标准色，探索以几何形状和线性图案构造幻觉空间（图153）。常在画面上描绘棋盘式方格子，能利用正面或渐趋侧面的正方形、三角形、棱形、圆形，制造出凹凸、起伏、颤动、闪烁的视觉效果（图154）。1950年代发表一系列宣言，旗帜鲜明地反对西方战后的某些艺术倾向，提倡科学为艺术服务。他说："艺术家变得不受限制了。任何人都可以自称为艺术家，甚至于自称天才。任何一点色彩、草图或者线条，在神圣的主

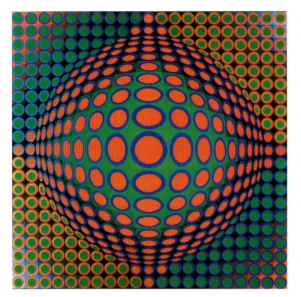

图 154 瓦萨列里 大角星2号
1966年，布上油画，160cm×159.7cm，华盛顿 Hirshhorn 博物馆和雕塑公园藏

　　源于自然的主题，表现为一个与周边世界有连带关系的膨胀球体；幻觉和动感的效果从大量按序列渐变的圆形中产生；中心突出的画面带来凹凸变化，产生强烈的三维视幻效果；红、蓝、绿、黄四色并置，产生耀眼的光感。这件作品不但有立体效果，还能借助色形渐变，让这个巨大的球体产生流动感，流动正是太空中星光的属性；画面中的色形流动感仿佛能溢出画面，正流向漫无边际的太空。

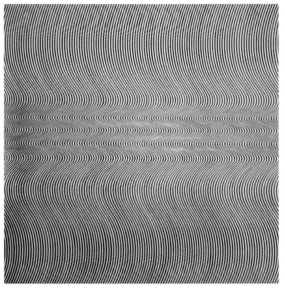

图 155 赖利 流动3号
1967年，布上感光材料，221.9cm×222.9cm，伦敦英国文化协会藏

　　有名的黑白绘画系列作品之一；经过仔细推算和精心编排的繁密线条，产生反复流动的视幻效果，有如同大海波浪般的运动感。这是视觉生理反应的结果，作者通过对波折线条的重复排列，赋予这种机械形式以生命力。观者能从这类形式中感受到变幻莫测的新奇感，赖利的作品排斥任何概念或思想，一切都取决于直观感受。事实上，反复流动变幻，是自然界的伟大形式：海水、沙丘、麦浪、云烟、山峦、丛林，都有这种连续性和流动感，这是一种根植于人类感受力深处的形式，能唤起每个人的心灵感应。

观感受的名义之下，都可以算是一件作品。冲动压倒了技巧，诚实的工夫本领被偶然奇想、临时凑合的东西所顶替。"在科技时代里将理性思维带入艺术领域，是瓦萨列里作品的重要价值。

布里奇特·路易斯·赖利
(Bridget Louise Riley)
1931年—

　　英国抽象艺术家，光效应艺术的带头人。早年从事具象人物和风景画，1959年尝试点彩派技法，后转向抽象绘画。1960年代中期开始投身于光效应艺术，因波纹式光效应作品而闻名（图155）。她在创作中依据数学原理，以反复平行的线条或图形，创造出有力的视幻效果。虽然名声得自于黑白系列作品，但也不乏色彩鲜艳之作，而且能通过色相推移和冷暖色转换，制造出跳动耀眼的光感。她认为反复是一种扩大器，可以增强线条律动的能量。1970年代末期，她在世界各地举行回顾展，对埃及和澳大利亚的访问留给她深刻印象，促进了她此后的创作。

　　理查德·安乌斯基维茨（Richard Anuszkiewicz, 1930年—）和朱里安·斯丹扎克（Julian Stanczak, 1937年—）也是光效应艺术的重

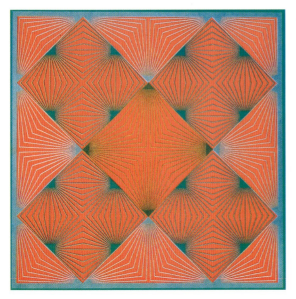

图156 安乌斯基维茨 发光
1965年，布上丙烯，61cm×61cm，洛杉矶私人收藏

图157 斯丹扎克 筛选（橙色）
1977年，布上丙烯，96.5cm×96.5cm

要画家。他们都是艾伯斯在耶鲁大学的学生，都善于使用强烈的原色创造动感画面。安乌斯基维茨能使用直线与透视方法，以及利用补色余像原理，制造强力的视觉深度与闪烁感。作品有紧密控制的几何网状构造。《发光》使用对角构成形式，呈现视觉紧张效果，画面上的光线仿佛是精密的刺针（图156）。斯丹扎克通常以明暗渐变的细密方格子构成画面，使用"色彩震动"原理去影响人的观看焦距，创造出放射状的朦胧光感。作品有简洁的形式。《筛选》单纯明朗，画面上只有机械划分的细密方格，光线来自于画面中心的高明度渐变，有阔大饱满的放射效果（图157）。

5.4 结语

本章所介绍的艺术现象产生于人们对科技力量顶礼膜拜的年代，也是在艺术中追寻新奇目标的结果。有下列特点值得注意：

1. 机械动力雕塑、人工照明装置和制造视错觉动感的平面绘画，都离不开理性思维；使用工业技术解决艺术创新问题，也是西方当代艺术中的常见现象。这似与文艺复兴以来的文化传统有关，也与艺术家特定知识背景有关。在这类艺术中，艺术家都具备相应的科学知识和工业制造能力，毕竟有一些机械动力产品不是仅凭所谓艺术灵感就能造出来的。

2. 从西方艺术史的角度看，自然科学、工业技术、数学逻辑和理性思维，似乎永远与艺术创造难解难分，对机械动力和光线的追求，也是人类自古以来的心灵愿望。因此，这些以机械形式出现的艺术作品，其本质仍然是人类性灵的产物。

3. 亚历山大·考尔德借助自然风力的动感金属片雕塑；尼古拉斯·谢弗尔的集运动、声音和发光为一体的钢铁巨构；丹·弗拉文的既孤独又温暖的荧光灯管排列；约瑟夫·艾伯斯的神秘正方形和概念色彩；德·瓦萨列里和路易斯·赖利的凹凸或流动的几何光学图像，还有吉恩·丁格利的那些能轰然运转却没有任何用处的庞大机器，既嘲弄了工业文明，也让艺术本身成了钢铁废料

（所以能在展出后让作品自行销毁）。这些都是当代西方艺术家动力探索的结果，代表了一种相对独立的艺术类型。

4. 光效应艺术在活跃了约10年后就销声匿迹，此后只是作为图案设计中的一种基本元素使用。这或许是因为艺术中的科技手段，永远不能达到科学本身的高度。此外还有一个原因是，随着时代的进步，尤其是随着计算机和网络技术的发展，西方艺术家已更多地将观众的直接参与和互动，作为艺术创作的首要目标。那种纯粹陈列式的机械动力和光艺术，已经不再能吸引当下观者的注意力。

5. 还可以延伸思考一下，在以模仿西方艺术为普遍创作门径的中国当代艺术活动中，为什么模仿机械动力和电子光效艺术的人很少？这是不是与我国艺术传统（诗书画印）和当代艺术家的普遍知识背景有关？在中国，学艺术的人通常不具备制作机械产品和光学仪器的能力，而有这种能力的人，也很少有人去从事艺术。

注释

①沃尔夫林（Heinrich Wolfflin，1864—1945年）是瑞士著名美术史家。在研究中关注普遍风格特征，能把作品形式分析、心理学和文化史结合起来，对现代艺术史学科的确立有重大贡献。

②伊顿（1888—1967年）是瑞士画家，现代设计教育家，德国包豪斯学校早期基础课的重要奠基人之一，开创了一套基础课教学体系，影响深远。

③康定斯基（Wassily Kandinsky，1866—1944年）是现代抽象绘画的创始人之一，也是抽象艺术的研究者，尤其对几何抽象艺术理论有深入研究。所著《论艺术的精神》（1911年）、《形式问题》（1912年）、《点、线、面》（1923年）等，都是抽象艺术的经典著作。

第六章 物体与过程

6.1 极少主义概述

西方当代艺术中最为简洁的形式,是极少主义艺术(Ninimalism)。这是一种简化至极的几何形艺术运动。对极少主义的种类归属,人们看法不一,其中一种看法认为极少主义属于现代主义艺术,是现代抽象艺术的最后形式。

极少主义艺术起源于1960年代,主要发生地是美国纽约,1970年代中期形成国际性潮流。作为一个名词,"极少主义"最早出现在艺术评论家巴巴拉·罗丝(Barbara Rose)的文章中,她在1965年10月号的《美国艺术》上发表了一篇标题为《ABC Art》的文章,称流行的这种几何艺术是形式上的"极少主义"。不过,极少主义艺术的真正价值,不在于形式元素上的多和少,而在于它改变了艺术的本质,让作品不再成为人的情感和思想的载体,而是除了形式没有其他,物质就是艺术,媒介就是作品。从这个角度看,它颠覆了传统艺术通过形式传达内容的创作模式,也与抒发情感的现代抽象艺术有所不同。

极少主义也被称为ABC艺术(ABC Art)、酷艺术(Cool Art)、无形象波普艺术(Imageless Pop)、直接艺术(Literalist Art)、物体艺术(Object Art)和基本结构艺术(Primary Structure Art)。从这些称呼上我们能了解到它的某些特征:排斥具象图形和虚幻空间,使用多种媒材,采用单一几何手法、规则排列方式,以数学和几何学的样态存在,等等。从视觉效果上看,极少主义作品机械呆板,中规中矩,基本上都是几何形和立方体,比例

图158 美国纽约Jewish美术馆1966年举办"初级结构"装置展的现场照片

尺度没有变化,排斥艺术家个人印迹,尤其是重复性排序方式,更类似标准化工业生产(图158)。其早期形态,是20世纪初期的结构主义艺术和抽象表现主义中的色面艺术。卡西米尔·马列维奇①和艾伯斯,都是极少主义先驱人物。

与当时流行的艺术思潮背道而驰,极少主义既反对抽象表现主义的无意识笔法表现,也反对波普艺术的浮华世俗趣味;提倡艺术不应该有视觉直感之外的任何联想,也仿佛延续了现代艺术的纯粹性追求,因此,它也一度遭到艺术批评家们的反对。不过最终还是成了气候,不但成为一个国际性艺术运动,而且还成为西方跨国公司收藏的主流艺术品,能与国际化的玻璃盒风格建筑②一起,成为某种经济权势的象征。

6.2 极少主义艺术家

极少主义艺术包括绘画和雕塑两类。极少主义绘画是在平坦而巨大的画布上,描绘轮廓精确的几何形或者是一些由许多小的几何图形单位组合成的较大的序列形式。这样的画面曾被批评为"系统绘画"。极少主义雕塑成就明显超过绘画,通

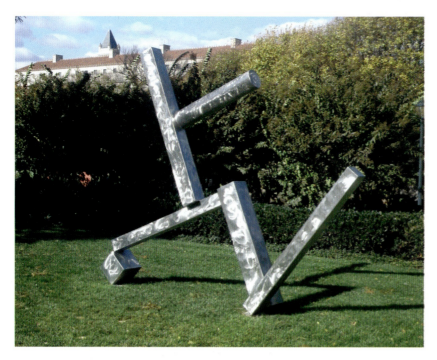

图159 大卫·史密斯 CubiXXVI 1965年，不锈钢，华盛顿国家美术馆藏

《Cubi》是作者为他这些几何金属雕塑起的名字。这些作品是运用各种尺寸的立方体（掺杂少量圆柱体），组合成建筑般的正面结构。美国批评家芭芭拉·罗丝为此评论说，它们"充分利用了三维容量、各种组合关系及史诗般的规模；与其说是建立在人性形式上，不如说建立在建筑形式上"。这种理性的、工业化的、没有寓意和去除手工痕迹的艺术品，是后来极少主义艺术的标准形式。但史密斯在个人创作中还有一点保留，是在金属表面上打磨出有光感的华丽纹理，这既有情感表现作用，也可减弱钢铁的沉重感。

常体积巨大，呈几何形状，以系列方式出现，所用材料也多是玻璃纤维、塑料、金属等，所以很容易与城市环境结合，能产生理想的综合视觉效果。

大卫·史密斯（David Smith）
1906—1965年

美国抽象表现主义雕塑家。善于使用焊接方式创作金属雕塑品，一生中经历抽象表现主义、极少主义和装配艺术三个阶段。1920年代曾在汽车制造厂工作，由此学到了金属焊接技术。1930年代开始其金属雕塑生涯，热衷于使用破铜烂铁尤其是农用机械零件制作雕塑。他说："我使用的材料来自工厂车间，与制造机车的材料完全一样……金属能够使人联想起本世纪的力量、结构、运动、发展、停滞、破坏和无情。"二战期间他作为焊接工人在机车公司工作，受到机车巨大体积的启发，为战后创作纪念碑作品打下基础。1940至1950年代，他吸收多种艺术手法，运用切、割、联、粘等造型手段，制作开放空间和线性手法的作品。

甚至能以风景为主题，制作出只有两度空间的抽象作品。他最重要的创作出现在1960年代，是一系列形式简洁、体量庞大，有几何形式和纪念碑效果的金属焊接作品（图159）。

托尼·史密斯（Tony Smith）
1912—1980年

美国极少主义雕塑家。早年在芝加哥的新包豪斯学院中接受培训，此后在该学院讲授基础课程，后去赖特[③]建筑设计所当助手，从事建筑工作有20年之久。因为难以忍受建筑师要对各种压力不断妥协而改变设计，在1960年后转行雕塑创作，并在创作中使用画好图纸由工厂生产的建筑师工作方式。1962年完成第一件标准钢材作品，此后大多数作品，都是在空间中扭曲的钢铁几何体，像是由许多长方形盒子拼接组成，冷漠的形态遏制了浪漫想象，体现了与现代建筑相似的结构性力量；其自身回转、拱立而成、有紧张动势的造型，也有强烈的精神表现特征（图160）。他说自己的

图 160 托尼·史密斯 自由座椅
1962 年，涂黑色的钢板，203.2cm×203.2cm×203.2cm，纽约现代艺术博物馆

图 161 托尼·史密斯 香烟装置
1967 年，胶合板仿制钢板，7.3m×14.6m×9.4m，华盛顿 Corcoran 美术馆

巨大的仿钢板结构，如同太空建筑，灵感却来自卑微事物——扭曲折断的香烟。几何形的锐角转折与框架的稳定感，使这件作品有崇高的美学效果，层级叠加的结构关系，也有向上生长的动态。尽管极少主义主张媒介本身就是艺术，但这样的作品仍然包含了强悍的精神表现。作者也在室外空间中放置了同样的作品，效果却与放置在室内有明显不同。空旷草地上的同类作品，如同一个重心不稳的钢铁牢笼，是自然中的异类——人类孤独存在的象征。

雕塑"是连续性空间坐标的组成部分，在这空间坐标中，虚空与实体由同样的成分构成。由此观之，雕塑可以看做是原来连绵不绝空间的中断，你如果把空间看成是实体，雕塑作品就是实体中的虚空部分。而我希望它们又有形体又有外观存在。我并不把雕塑看成是其他物体中的一件物体，我把它看成是隔绝在环境之中的存在"。这种理解空间的思想显然与赖特的"虚空"建筑理论有关。他的雕塑作品像建筑一样被放置到公共空间中，但他表示不是用作品去适应环境。他说："我不是在做古迹，也不是在做物品。"可见他的理想是创造纯粹的艺术品，一种有力量、像建筑一样稳固而永久的艺术品（图 161）。

理查德·塞拉（Richard Serra）
1939 年—

美国极少主义雕塑家。多才多艺，投身多种当代艺术运动，1966 年举办首次个人作品展。最擅长用大块铁板制作极少主义雕塑（图 162）。能以

图 162 塞拉 倾斜的弧板 1981年，耐候钢，365.8cm×3658cm×16.4cm，纽约联邦广场

这是一件引发社会争议的作品：一块高3米多，长30多米的厚钢板，呈弧形放置在纽约联邦法院大楼前的广场上，将整个广场一分为二。这件作品引起了在大楼中工作的300多名员工的不满和抗议，最后经过法律裁决，作品被拆除。但这件作品成为公共艺术研究中的著名案例，帮助人们认识到，艺术创作应该为社会提供精神福利，而不应成为大众生活的障碍。

倾斜、搭靠和包围等方式，将巨大的铁板围立起来，让这些铁板看上去有随时坍塌的危险，令参观者感到压迫与不安。如《卡片屋：一吨的支撑》（1969年），就是由四块长方形厚铅板搭成的一个敞开的四方体，每块铅板约218公斤。这些铅板互相倚靠，既粗壮厚实看上去又很不稳定，由此形成强烈的心理暗示效果。西方艺评家贝克（Elizabeth C.Baker）认为："塞拉作品中厚重的体积与不稳定感，以及含有的危险与不可预见的暴力，与越南战争时期的情绪有关。雕塑的侵略性直接指向造成战争的社会，和这个社会对艺术在美学及商业上的要求。"他还是重要的过程艺术家，系列作品《带子》（1966—1967年）是挂在墙上或散落在地上的橡胶皮条，使用软质材料和氖灯制作，呈现形式的不确定性和非物质化感官效果（图163）。《浇铸》和《泼洒》（1966—1970年），是把熔化的铅水泼在画廊的墙根处，凝固后的铅水成为装置材料。他带着防毒面具泼洒铅水的过程也被摄录下来，作为行为表演艺术记录在案。

唐纳德·贾德（Donald Judd）
1928—1996年

美国极少主义雕塑家。早期创作是用木头、沙子等材料在画布上做浅浮雕，成熟期的作品是将完全相同的方盒子，以重复的方式并列或摆放。作品没有底座和支架，可以拆除和装配。有时候这些盒子从墙上悬吊出来，使墙、地板和天花板，成为作品的一部分（图164）。他规定了作品的形式原则：材料和颜色不能多于2种，垂直间隔为22.86厘米或15.24厘米，4个或8个立方体摆成一列，横向的盒子是6个摆成一行。这样的创作展示了物质的单纯性，不牵扯任何情绪化内容。极少主义在创作中竭力避免形式和媒介的任何表现意义，让作品物质样态成为观众视觉经验的全部内容，即只提供看到的不提供想到的。如《无题》（1968年）是垂直排列、反向安装的镀色金属抽屉，有精妙的间隔比例和纯然数学排列的形式，代表着绝对的精确和统一。即便是放置在野外的作品，也同样方正规则如同水泥建筑

图 163 塞拉 带子：散乱的遗迹
1967 年，橡胶皮条，私人收藏

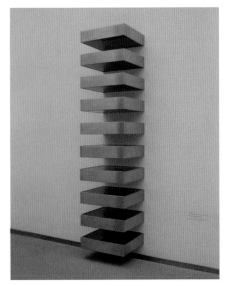

图 164 贾德 无题
1968—1969 年，镀铝盒子，每个 15.2cm×
68.6cm×61cm，美国明尼苏达州达沃克艺术
中心藏

元件（图 165）。他在 1967 年发表文章，阐述极少艺术的价值，他说："一种形状、一个体积、一种色彩、一个平面就是它本身。它不应该被认为是一个不相干的整体的一部分。形状和材料不应因其周围的东西而变换。一个盒子或是四个盒子排成一排，任何单个的东西或这样一个系列，只是其局部秩序，只是一种排列，几乎谈不上是什么秩序，这种系列是我的，或是某个人的，但显然不属于什么更高的层次，总地来讲它既与秩序无关，也与无序无关。两者都是事实。"

1980 年代后期以来，他的作品也有部分变化，是在整齐排列的几何形上涂以鲜明的色彩，但这种色彩也仍然是材料意义而非表现意义（图 166）。

卡尔·安德列（Carl Andre）

1935 年—

美国极少主义雕塑家。在从事艺术工作之前，当过铁路扳道工和工长，有批评家认为这种经历影响了他的作品面貌。他早年作品都是使用木头材料（图 167），后来发展到使用不能变形的工业材料进行创作，它将钢板或铝板整齐排列起来，平铺在地上，还将很多耐火砖整齐地摆放在画廊中（图 168）。他在 1966 年首次展出极少主义作品《水平》，是 137 块铺在地上的耐火砖，延伸 34 英尺。按他自己的说法，这是一种"作为场地的雕塑"。1968 年他创作《木材》，把枕木在林子里铺成一条线。他的这些作品都很朴实，保持材料本色和原形态，不做任何加工，这些由普通材料构成的雕塑成为人的脚踏之物，改变了人与作品的关系。但这些作品也引起很大争议，人们抱怨说，艺术家除了将生活中的物品搬运到美术馆之外，什么也没做。但安德列有自己的想法，他说"艺术家必须要使自己的头脑枯竭"，然后才能摆脱艺术家身上"遮蔽艺术使它黯然失色"的文化负担。他说的这个意思正是当代美学中的审美还原思想，也就是说，人类只有通过审美创造活动，才能超越日常生活局限，摆脱功利心与世俗杂念，从而激发起无穷的创造力，获得真正的审美享受。

图165 贾德 无题
1982年，混凝土和钢铁，三组，每个250cm×499cm×250cm，美国得克萨斯州辛那提基金会

图166 贾德 无题
1989年，着色铝制品，150cm×750cm×165cm，纽约现代艺术博物馆

图168 安德列 镁–镁板
1969年，36块，每块182.7cm×182.7cm

图167 安德列 木块
1964年被毁，1970年复制，木头，28块，213cm×122cm×122cm，德国科隆路德维希博物馆藏

第六章 物体与过程

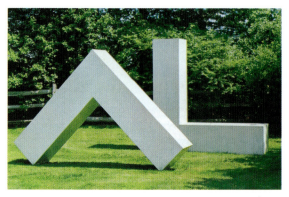

图 169 莫里斯 无题
1967年，涂色胶合板，244cm×244cm×61cm，美国康涅狄格州私人收藏

罗伯特·莫里斯（Robert Morris）
1931年—

美国极少主义雕塑家和艺术理论家。才能卓著，兴趣广泛，几乎参加了1960年代和1970年代所有的前卫艺术运动。他使用木料和其他材料制作出涂成灰色的简单物体；还将软性材料悬挂起来；拍摄电影，从事大地艺术、行为表演艺术，用镜子和声音创作公共艺术作品，等等。1980年后，还制作大幅的黑白具象艺术作品。

在1968年底莫里斯的一次展览中，一部分作品使用硬性材料，如木块、金属、玻璃，等等（图169），另外一部分作品则使用软质材料，如棉布和毛毡（图170）。两种材料体现了他的两种艺术追求。硬性几何造型表现了极少主义艺术理念，软质材料则代表他对非固定形式的积极探索。各种形状和尺寸的随意堆积物，是制作过程（抛、割、悬挂等）的直接结果；严格控制的几何形式被随机变化的形态所替代，清楚地表明艺术家对艺术瞬间属性的追求。无法把握的瞬间性和不稳定性，正是过程艺术的特质，这种特殊的创作被他称为"制作艺术"。他在1968年发表《反形式》一文，指出："对重力的考虑变得跟对空间的考虑一样地重要。

图 170 莫里斯 致乔治亚·奥基芙4号
1992年，毡布和钢支架，208.3cm×205.7cm×163.5cm，私人收藏

莫里斯在创作中注重材料物理属性，善于通过力学作用，让材料凭借自身重力完成形状创造。大面积的毡布从墙上垂挂下来，产生厚重的下坠感；中间折出一个柔软的倒三角形，象征着肉身化的感性内容。特殊的材料，因重力作用产生的运动变化效果，形成一种与固定形式相对立的软组织艺术。材料的可变性质使它永远不可最终完成，由此暗示出时间的流逝，也让作品的产生过程通过直觉方式呈现出来，创作因此变得兼有极少主义和过程艺术双重特征。没有可完成的物体，只有可变化的材料，选择灰毡，是因为这种材料虽然柔软，但可塑性强，能够形成几何状结构。这个作品的标题与另一个艺术家有关，乔治亚·奥基芙（Georgia O'Keeffe）是美国当代女画家，善于绘制拟人化的植物和自然景象。莫里斯的这幅作品，形式上颇有奥基芙作品的神韵。

图171 列维特 有一个空位的三个立方体
1969年，涂色钢材，160cm×305cm×305cm，丹麦哥本哈根路易斯安娜现代艺术博物馆

图172 莱曼 温莎6号
布上油画，192.5cm×192.5cm，私人收藏

将注意力集中在作为创作手段的物质和重力上是没有预先设计形式的结果。对次序的考虑必须是随意的、不精确的和无重点的。任意的打桩、散漫自由的堆积、悬挂，给材料以流动的形式。既然材料的替换将产生另一种结构，偶然性就得被接受，不确定性就会蕴含其中。与事先设想好的持久的形式和秩序相分离是一种积极的主张。"

他的《每日不断改变的计划》（1969年）体现了过程艺术的特质：先将一堆杂物放在美术馆里，有泥土、锡纸、柏油、毯子、铅皮，等等，每天上午他拾掇一下这堆杂物，下午展出，这就让作品每天都不一样。观众看到的是这堆杂物的形态变化过程，除了过程，材料和形态本身毫无价值。莫里斯把这个过程拍成照片同时展出，到展览结束时，清洁工将这堆破烂清理掉，他保留照片成为创作见证。

极少主义艺术与抽象表现主义一样，是美国土生土长的艺术潮流，影响广泛，参与者众。除了上述主要代表人物，重要的极少主义艺术家还有索尔·列维特(Sol Lewitt, 1928年—)，他也是一个概念主义艺术家。曾在贝聿铭的建筑师事务所里做描图员，在创作中采用几何形式避免个人情感，

按照标准尺寸制造的白色空心立方体按照数学序列组合，每件作品根据现场空间的条件来摆放，体现无穷尽的组合可能（图171）。他创造了许多壁画和公共雕塑，能根据不同空间的需要设计作品，许多作品使用层层扩展手法，与环境十分协调。罗伯特·莱曼(Robert Ryman, 1930年—)，善于创作白色正方形作品，拒绝任何表现意味。作品只有两大形式：方块画布和白色。他认为，只有这种纯粹的形式，才能避免多余的心理暗示（图172）。罗伯特·曼格德(Robert Mangold, 1937年—)善于创作双连画形式，研究混合材料、纸张和画布的平面效果。多使用单一色彩，善于将冷静的几何线条和鲜艳的大面积色彩组合使用，对直线交叉和弧线比较感兴趣（图173）。色彩和面积的结合是他的兴致所在。

6.3 硬边绘画

硬边绘画（Hard edge，亦译锋刃派），是极少主义绘画的一种形式，流行于1950年代晚期至1960年代末的美国。艺术史家朱尔·兰斯纳（Jules Langsner）在1959年首次使用这个名词，

图173 曼格德 二分之一马尼拉曲线空间
1967年，板上油画，182.9cm×365.8cm，纽约惠特尼美国艺术博物馆藏

图174 马登 红、黄、蓝2号
1974年，布上油彩和蜡，74in×72in，洛杉矶当代艺术博物馆藏

用来描述名为"四个抽象古典主义"的展览，该展览是对抽象表现主义不感兴趣的美国西海岸画家的作品。英国评论家劳伦斯·阿罗威也用这个名称描述同时代的美国几何抽象绘画，他说这些绘画有"简洁的形式"、"丰富的色彩"和"干净的表面"。几何图形边缘的精确性，可能是硬边绘画的主要特征。但从实际画面看，归于硬边名下的作品并没有特别明确的标志，它同极少主义的其他绘画很接近，与色面绘画也难以截然区分。

6.3.1 整齐的表面

此类作品多为矩形构成，有光滑纯净的表面，两三个色调的色彩限制，前景与背景也没有区别。这一派艺术强调画面本身的重要性，否定任何幻觉效果和情绪表现，以平坦色面来实现造型与色彩的纯粹效果。这是在马列维奇和艾伯斯的作品中都很常见的手法。布里斯·马登（Brice Marden，1938年— ）在创作中坚持神秘主义立场，认为"神秘中有绘画和宗教的特点"。他早期创作的单色长方形的作品（图174），就有明显的硬边绘画特征。

阿德·莱茵哈特（Ad Reinhardt）
1913—1967年

美国抽象表现主义和极少主义画家。1937年开始创作抽象艺术，善于使用几何形和矩形构图。战后进入纽约艺术学院学习。1950年代初，他使用单一色彩作画，如红色和墨绿色，画面结构对称，形状看似坚硬；此后的创作则接近全黑色绘画，在单色画面中藏有调子微妙的矩形色块，如正方形或十字形（图175）。莱茵哈特有坚定艺术信念，他追求绝对抽象，是"没有线条和形象，没有形和构图，没有视觉、感觉和冲动，没有象征，没有装饰性、色彩或图画性，没有愉快和悲哀"。他认为："抽象艺术的一个目标，就是为了说明艺术只是艺术而非其他。它的唯一方向，是让它更独立，更封闭，更净化，更绝对，更孤傲，非对象，非具象，非象征，非意向，非表现，非主题。论说抽象艺术或艺术作为艺术的唯一方法，是只说什么不是艺术。"作为一个教师和作家，与他的创作一样有影响，他从1947年开始在美国多所大学任教，直至去世。

图 175 莱茵哈特 抽象绘画
1958年,布上油画,274.5cm×101.6cm,
日本Fukuoka现代艺术博物馆藏

图 176 凯利 石碑2号
1973年,风化钢板,320cm×299.7cm,华盛顿国家美术馆雕塑公园藏

晰明确,干净利落。另一件雕塑《石碑2号》则只是一块3米高的圆角正方形铁板(图176)。绘画作品《红蓝绿黄》将平面与立体装置结合起来,在垂直画面上用蓝绿两色构成边框,让中间的大块红色产生温暖明亮的效果,而平铺在地上的黄色长方形,起到了反射光的作用(图177)。

弗兰克·斯特拉(Frank Stella)

1936年—

美国极少主义艺术家。早期作品受汉斯·霍夫曼影响很大。1958年后从抽象表现主义转向极度简化和严格排序的创作,在黑底色上用画刀划出密集排列的白色折线,画面效果类似光效应艺术,被认为是极少主义的最早形态。1960年代,他制作出反复连续折角画面,连画框都制作成L形或U形。这种作品不需要外框,本身即为特殊几何形,厚度也超过一般油画作品,能在展墙上呈现浮雕效果(图178)。1970年代,他的画风有较大改变:使用混乱交叉的曲线形式,制作张狂浮躁的彩色铝板浮雕作品,形色俗艳,能让人眼花缭乱,与早期作品中的冷静和理性恰成对照(图179)。斯特

艾斯沃思·凯利(Ellsworth Kelly)

1923年—

美国硬边艺术家。早年从事建筑装饰工作,后来创作抽象油画和雕塑。绘画多是长方形色块组合,原色并置为主,形式单一,对比强烈。雕塑多用金属板切割而成,呈几何形。陈列于纽约现代艺术博物馆庭院里的钢板雕塑《绿蓝》(1968年),是一个直角转折的涂色铝板,两侧分别是正三角形和倒三角形,一边涂蓝色,一边涂绿色,清

图 177 凯利 红蓝绿黄
1965年，板上涂色画布（两块），222cm×137cm×222cm

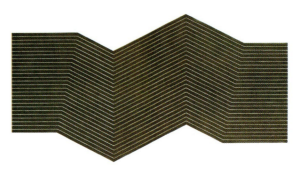

图 178 斯特拉 多还是少
1964年，布上油画，270cm×450cm，纽约Lannan基金会藏

图 179 斯特拉 海岛夜晚鸟巢
1976—1977年，着色铝材，251.5cn×318.5cm，美国纽约州布法罗市Albrght-Knox美术馆藏

拉的艺术名言是"眼见为实"。无论黑白还是彩色，素净还是花哨，都是一种客观存在，此外，他无意传达更多的东西。

6.3.2 排列的线条

通过排列整齐的几何线条制造平整的表面，是硬边艺术的另一种手法。肯尼思·诺兰德（Kenneth Noland，1924年—）是这种手法的代表人物。他与莫里斯·路易斯交往很深，他们曾共同尝试运用染色技术创作巨幅系列作品。1965年以后，主要研究各种平行的彩色条纹与画布形状之间的关系。此后又探索各种交叉的图案，还将画框剪裁成画面本身的形状。他说："色彩和表面就是一切。"在《走出忧郁》中，排列有序的彩色平行线，产生延绵不尽的视觉效果，不同彩度、明度和宽度的线条，在平面上产生了丰富的质感和节奏（图180）。阿尔·黑尔德（Al Held，1928年—）早年从事抽象表现主义创作，1960年代后转向色域绘画和硬边绘画。他不像其他画家那样使用染色法，而是使用厚涂法，画面有很强的肌理效果（图181）。1970年代，开始在白色底子上画黑线条，或者在黑色底子上画白线条。1981年去罗马旅行，对文艺复兴作品有新体会，开始在巨大画幅上绘制色彩丰富的抽象几何图案。

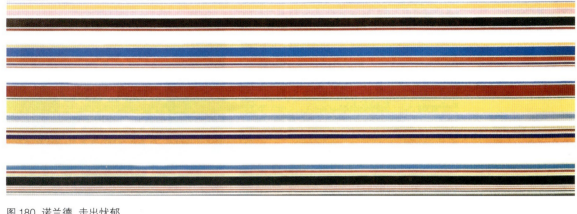

图180 诺兰德 走出忧郁
1967年，布上油画，229cm×671cm，私人收藏

6.4 过程艺术

图181 黑尔德 无题
1960年，布上油画，152.3cm×106.7cm，私人收藏

在西方当代艺术中，过程艺术（Process Art）很值得重视，因为它包含一种颠覆性的思想，即认为艺术不以实体呈现为最后结果，过程本身就是艺术。这种思想是当代艺术不同于此前所有艺术的一个区别点。概念艺术、行为艺术、装置艺术、大地艺术，都有忽略永恒价值的倾向。前述克莱因的人体测量绘画和波洛克的滴溅画法，被研究者们认为是过程艺术的早期形态。

过程艺术流行于1960年代中期到1970年代初期的美国与西欧。首先出现在1969年的两个展览中：一个是波恩美术馆的"当态度成为形式"展；另一个是纽约惠特尼美国艺术博物馆的"过程与材料"展。在后一个展览中，包括了波洛克的滴溅油彩作品和弗兰肯萨勒的着色绘画，因为他们的作品依赖于创制过程中的某种偶然效果。过程艺术的创作目标是以装置或行为，表现事物的转瞬即逝和变化的无所不在。为实现这个目的，过程

第六章 物体与过程

图182 杰列姆 喧闹形体 II
1969年，布上丙稀，300cm×190cm，装置，展出于华盛顿 Corcoran 艺术馆，艺术家自藏

图183 哈克 凝固立方体
1963年，有机玻璃、水、温度适合的环境条件，60.3cm×60.3cm×60.3cm，私人收藏

艺术家使用不能永久保留的材料，如冰、水、草、蜡、毛毡、布片等，以显现生命形式的暂时性。过程艺术给人看的是事物变化的过程而不是结果，过程艺术的结果不是不可改变的艺术珍品，而是可有可无的东西。由于与极少主义艺术的坚固形态刚好相反，所以，有研究者把过程艺术称为"后极少主义"。

否认艺术物理形态的必要性，质疑艺术的永久性和收藏价值，是在1960年代末至1970年代初期流行的艺术思潮。表达艺术的非实体性和非永恒价值，让艺术成为人的瞬间行为和非形体的事物，也是这一时期很多装置和行为作品的主题。艺术家们争先恐后创作那些不能被永久收藏的作品，体现出当代艺术家们不以作品的商业收藏价值为创作目标的雄心壮志。为了显示纯粹创作过程，过程艺术家在创作中往往采取多种方式：如采用展出后无法复原的软质材料，或者是以展出过程中的某种非永恒效果为表现内容。

萨姆·杰列姆（Sam Gilliam，1933年—）是美籍非洲抽象派画家，他从1960年代开始参与华盛顿抽象色面画派的创作活动，因创造出新画法获得声誉。他的画法被称为"窗帘"画法，是把画布松散地悬挂在墙上，然后用一些颜料泼上去。这样的材料和作品永远没有固定形态，每次展出都以不同的方式张挂（图182）。2005年10月，美国华盛顿的一家美术馆举办了杰列姆作品回顾展，走进展厅，人们就会看到一些色彩斑斓的布悬挂在天花板和墙面上。概念主义艺术家汉斯·哈克也创作许多表现时间过程的作品。其中《凝固立方体》是通过对环境温度的控制，让一个玻璃立方体中生出水蒸气，凝固在玻璃壁上（图183）。《蓝色航行》，是用电风扇吹动一块悬挂的绸布，随风力变化的绸布形态是作品的表现内容（图184）。汉斯·哈克说："这是一种非固态的、不确定的东西，看上去总在变化，不能准确地断言其形状。这是某种对光和温度变化起反应的东西，它有赖于气流，而且依赖地球的重力作用……这是某种置身于时间之中，并准许观众体验时间的东西。"另一位概念艺术家丹尼斯·奥本海默的名作《读本位置》（1970年），是通过展示两张照片表明时间过程。他裸露上身躺在阳光下的沙滩上，将一本书放在自己的胸部进行拍照；在阳光照射一段时间

图184 哈克 蓝色航行
1964—1965年，蓝色薄绸布、电风扇、尼龙绳，272cm×272cm，
美国旧金山现代艺术博物馆藏

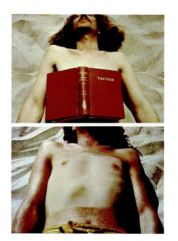

图185 奥本海默 读本位置
纽约Jones海滩，持续时间5小时，
录像展出时间1970—1974年

后,再将书本拿走露出刚才被书本遮挡的地方,再进行一次拍照。在这第二张照片中,由于遮挡没有被阳光照射到的那部分皮肤,清晰地留下了书本的印记。这件作品成为时间过程的纪录,是时间和自然力创造了人的身体上的图形（图185）。

伊娃·海瑟（Eva Hesse）
1936—1970年

美国极少主义画家和雕塑家。出生于德国汉堡,幼年时与家人移居到美国。1963年举行首次个展,受到评论界普遍赞誉。她在1965年后用石膏、绳索和纸浆制作特殊雕塑品,许多作品通过悬挂、捆绑和穿系在绳子上的方法完成,与极少艺术的呆板和固体形态截然相反（图186）。她偏爱柔软和可塑性强的材料,让松软的材料自然地形成某种样式,强调形态的自然改变过程,追求物质触感和手工过程,表达材料的弹性、肌理、半透明感和易腐朽的有限生命,很多作品有着直觉的、柔韧的、模糊的特征,有研究者认为暗示着性的内容。但海瑟说："不！我并没有看到这一点。我一点也没有意识到甚至没有想的意识。我认为它们可以被认为成那样,即使在制作的过程中,但我不是在那一点上制作作品的。"代表作《增长物》,是一个玻璃纤维编织成的箱子,外表光滑,里边布满了丝线头,看上去有刺扎感（图187）。研究者安娜·恰芙（Anna C.Chave）说："纺线和编织、缝纫和刺绣、缠绕和包扎：用棉线做活是传统女性的工作,而海瑟像同时代的许多女性一样,专门学习过缝纫、刺绣和编织。"海瑟是从女性的角度表达视觉体验,她的艺术实践早于西方女性艺术运动的兴起,可惜她后来因脑瘤而过早去世。

6.5 结语

极少主义是所有美国艺术运动中最为自觉的艺术革新运动,过程艺术的影响没有极少艺术那样广泛,但同样是改变视觉艺术属性的不俗创造。这两种艺术与我国的艺术传统距离较大,本章内容中有下列几点需要注意：

1. 极少艺术有严格的几何抽象形式,这种抽象形式很早就出现在欧洲,并非美国的独创。但美国极少艺术自有其独特的艺术理念,它不像欧洲抽象艺术那样强调形式背后的含义,而是有意识地摒弃人的心智作用,让物质实体成为艺术的全

图186 海瑟 无题（绳子）
1970年，橡胶绳、细绳和铁丝，共两串，纽约惠特尼美国艺术博物馆

图187 海瑟 增长物3号
1968年，玻璃纤维和塑料管，80cm×80cm×80cm，德国科隆路德维希博物馆藏

部。正如弗兰克·斯特拉所说，是"眼见为实"，排斥思想情感的介入，取消视觉之外的任何意义，体现出极少艺术的激进性质。

2. 一种看法认为过程艺术起源于抽象表现主义，波洛克的"滴流"艺术就是纪录身体运动的过程，只是在抽象表现主义中，这个过程还没有成为首要表现因素。还有一种看法认为过程艺术是极少艺术的一种形态，因为过程艺术往往也有简洁的形式。而反对艺术创作中的商业目标，则表明过程艺术的思想激进程度更甚于极少主义。

3. 托尼·史密斯的扭曲钢铁形体，唐纳德·贾德的序列铁皮抽屉，卡尔·安德列用砖头铺地，理查德·塞拉以铁板搭墙，所有这些简化的几何形，都在表明艺术家们对生活和艺术的理解方式。罗伯特·莫里斯的软形体构造，伊娃·海瑟的悬挂绳索，意味着可以把过程艺术理解为一种人生体验，只有瞬间真实，没有永恒世界，世界永远是变动不居的。

4. 从艺术传播上看，尽管极少主义是西方当代艺术中的主流之一，中国美术家多年来模仿西方艺术的热情也一直高涨，但这种艺术对中国当代艺术影响较小，这显然与中国自身艺术传统有关。在中国传统艺术观念中，不能表现社会思想的艺术，不能算有价值的艺术。

注释

①卡西米尔·马列维奇（Karimir Severinovich Malevich，1878—1935年）是俄国至上主义画家，最早在画面上使用了最少的几何形。代表作《白上白》（1918年），是在空白画布上画了一个略有倾斜的白色正方形。

②玻璃盒风格是功能主义建筑（Functionalism）的外观形态。这种建筑流行于1920至1940年代，作品通常有纯几何形式，由钢筋与玻璃构造，特别是能显现出无覆盖的"素混凝土"外观，使建筑的材料属性清晰可见。

③弗兰克·劳埃德·赖特（Frank Lloyd Wright，1867—1959年）是20世纪上半叶最具独创性的美国建筑师之一，他的建筑思想深深地影响了今日的办公大楼及居家设计。

第七章 思想的生产

7.1 概念艺术概述

传统的艺术理论，历来反对思想概念对艺术的介入，"概念化"被看成是创作大忌。但是在西方当代艺术中，却有表达概念的艺术流派，这就是概念艺术(Conceptual Art)。Conceptual Art 也被译成观念艺术，但在汉语中，观念和概念的意思是不同的："观念"侧重于思想内容，"概念"侧重于思维形式。考虑到西文中还有 Idea Art，似更接近"观念艺术"之意，所以这里还是尊重这个词的本义，译为概念艺术。

一般说，概念（Concept）是人们对事物本质的认识，是逻辑思维的最基本单元和形式。概念也分两种，一种是感性经验的直接概括，不抽象，比较简单。另一种是理论形态的科学概念，有较高的抽象性和概括性。无论何种概念，都是人类对外界事物的主观反映，都有着具体内容和不同规定性。如果将艺术划分为内容和形式两部分，内容是指人的内在思想感情，那么，概念无疑是属于内容部分的。上一章介绍的极少主义艺术，就是想取消无形的思想内容，只保留有形的外在样式，形式就是内容，形式之外无其他。而本章所谓概念艺术，其创作动机与极少主义相反，是试图取消任何有意味的形式，只保留思想过程本身。这当然有自相矛盾之处，对此，概念艺术家索尔·列维特有所解释："当一个艺术家采用了艺术的概念形式，这就意味着所有的计划都是事先决定的并且对此的执行就变得无关紧要了。概念是创造艺术的机器。这种艺术并不是纯理论的或对理论起任何说明作用，而是凭直觉获得的，它涉及所有形式的思想活动并不具有目的性。它通常不依赖于艺术家技艺的精湛，概念艺术家的目的是使他的作品引起观众思想上的兴趣，因此他通常会希望作品缺乏情感。当然，我的意思不是说概念艺术家要想方设法让观众觉得无趣，只是如果期盼出现表现主义者所惯用的情感上的冲击会妨碍观众真正感知艺术。"①

概念艺术这个名称，始见于 1967 年家索尔·列维特的《概念艺术短评》，但"激浪派"艺术家亨利·弗林特（Henry Flynt）在更早的时候，已经将自己的行为艺术称为"概念艺术"。更早的先驱者还有杜尚，他的现成品艺术，从根本上动摇了艺术作为审美形式的存在价值，从而为艺术史划出了界限。杜尚的作品提示人们，艺术不需要形式感，不需要独特风格和技巧，决定一个东西是不是艺术，取决于人的看法和环境。形式无所谓，想法和看法才是艺术。因此，库苏斯说："自杜尚以后，艺术就在观念的层次上存在着。"波普艺术家劳申伯格也玩过概念艺术的把戏，他在 1953 年得到一幅德库宁作品，用颜料将画面涂掉，然后拿到展览会上去展出，命名是《已擦除的德库宁作品》。他通过这种方式证明，形式无价值，大师的个性表现也无价值。1960 年，当他受邀参加一个以艺术经纪人艾里斯·克拉特（Iris Clert）的 40 幅肖像为主题的展览时，他给画廊拍去了一个电报，说"如果我这么说的话，这就是艾里斯·克拉特的肖像。"这个电报，将视觉意义上的肖像画转化成一个用文字传达的肖像概念。

概念艺术在1960年代中期到1970年代末期流行于西方，涵盖范围广泛，包括了各种各样的行为、事件和组织活动。它表明了一种新的艺术态度，即艺术不再作为一种物质实体而存在，而是作为思想、行为和时间过程出现，是非物质化的事物。但否认艺术的物质性，只是人的一种想法，想让这种想法为他人所知，也还需要特定的传达形式，但有了形式就不可能是纯粹的想法。这里就产生一个悖论，即否认形式的概念艺术也离不开形式。所以最简洁的概念主义作品就是文字，因为文字是记录思想的最好方式。在一些概念主义作品中，除了文字，没有其他视觉形象的存在。任何人，只要有想法，能写字，就可以成为概念艺术家。英语里把这种艺术称为"Free for All"，表明这是对所有人都开放的艺术。这种人皆可为的开放性，等于在艺术中取消形式，取消造型，取消制作技艺。这种对待艺术的态度，引起正反两方面反映，正方认为概念主义是思想传播者的胜利，反方认为这是国王的新衣。

但从另一方面看，语言文字也是一种形式，既然语言文字形式可用，那其他形式为什么不可以用？因此，概念艺术发展到一定阶段，就成了各种忽略形式的艺术的总称。作为艺术运动，1970年纽约举办两个重要展览，一个是纽约现代美术馆的"信息"（Information）展，另一个是犹太美术馆举办的"软件"（Software）展。从那时起到1972年止，是概念艺术的巅峰时期。纵观已有的概念艺术，大体上使用三种方法：一是让图片、草图、艺术家笔记等混杂呈现；二是通过身体活动和装置作品表达特定意识；三是使用语言文字直接表述思想。其中第三种方法最能体现概念艺术的本质。

7.2 图片与文字的混杂呈现

中国传统绘画常常使用图像和文字混杂的形式。有学者研究中国画的题画文字，说那是补充信息，是对于画面信息的进一步说明。概念主义艺术也有亦图亦文的形式，但他们却不是以文字辅助图像信息的传达，而是以文字否认图像信息的意义。因为他们认为无论怎样简单的图像，都容易产生表达上的歧义，与其从图到文，看图知事，间接地获得某种信息，不如直接进入思维领域。为此，他们深入研究语言现象，认为只要是表达与艺术有关的想法，那么语言就不是文学，数字也不是数学，它们都是艺术。在这类图文并存的形式中，文字往往是作品的主体，图片则是辅助部分。

约瑟夫·库苏斯（Joseph Kosuth）
1945年—

美国概念艺术代表人物和理论家。1960年中期投身于概念艺术创作。1975至1976年，与他人共同创办了《狐狸》杂志，致力于研究概念与图像的关系。早期创作形式是大量展示日常物品，并配以实物大小的照片和词典中的相关文字定义。如《一把和三把椅子》，是将一把真椅子，椅子的照片，从字典上摘录下来的对椅子这个词的解释文字，统一组合成作品（图188）。意在说明：实体的椅子，幻象的椅子（照片），都不过是椅子这个概念的表现形式而已。真实的椅子会破损，椅子的幻象会褪色，只有椅子的概念永存。概念是事物的永恒本质，实物或图像只是在说明概念时才有价值。如果能直接领悟概念，又何必去关心传达概念的形式？由此可知，概念艺术主要不是供眼睛享受，而是训练头脑，是一种柏拉图式的理念训练（图189）。他的另一个作品《钟（一个和五个）》

图188 库苏斯 一把和三把椅子
1965年，现成品和照片，纽约现代艺术博物馆藏

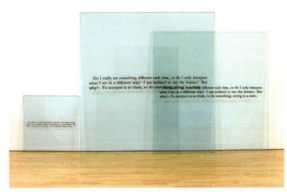

图189 库苏斯 不是第三号
1990年，装置，丝网印刷于3块玻璃板上，玻璃从左至右尺寸为80cm×80cm，197cm×197cm，170cm×170cm

  这是一件有哲学意味的作品：三块大小不同的玻璃板，呈浅湖蓝色，斜倚在画廊的墙边，其中两块是重叠的。在每块玻璃板上，都写着同样的文字："我真的每次都看到了不同的东西吗？或者我只是用一种不同的方式解释我所看到的东西？我倾向于说是前者。但这是为什么？解释是去思考，去做什么；而看只是一种状态。"虽然三块玻璃板上写的是同样的文字，但是两块重叠的玻璃板使这几段文字的某些部分看不清了。这种视觉效果表明，我们面对同样的事物却可能看到了不同的效果。这正是艺术家写在玻璃板上的文字所说的——每次都看到了不同的东西。

（1965年），使用同样手法，将实物钟、钟的照片和字典上对钟的解释组合成一件作品。通过这种实体与概念的并置，为观众提供一个思考实体和概念之间关系的触点。应该说，他提供的这种思考是哲学化的，他撰写了《追求哲学的艺术》（1969年）阐释他的艺术目标，他说："在人类的这一时代，在哲学和宗教之后，艺术也许完成了一种努力，即满足过去时代称之为'人的精神需要'的努力。或者换言之，艺术是在'物理学以外'本该迫使哲学做出论断的地方，来模拟地处理事物的状态。艺术的力量就在于此。艺术的唯一宣言是为艺术。艺术即是艺术之定义。"

约翰·巴尔德萨里（John Baldessari）
1931年—

  美国概念艺术家。1959年后，致力于向人们呈现"他们最理解的东西，书面文字和图像"，大量创造文图结合的形式，完成两个系列的绘画创作：一个是"叙事绘画"，是用文字把故事写在画布上；另一个是"丑陋的寓意画"，是用加注标题的照片组成画面。两种创作都使用摄影图片附加文字的手法。1971年，宣布"不再创作令人烦恼的艺术"，开始创作反对极少主义的作品，还制作了一个录像。《风景与街景》表现一个特殊主题：没有被污染的自然与没落的城市文化的对比。画

第七章 思想的生产

图190 巴尔德萨里 风景与街景
1992年，板上彩色照片、釉色塑料贴面，140cm×350cm

面中心是土耳其游牧民族照片与破败的城市街景图片的对比，城市图像中几个单薄的剪影人形，更显示城市生活的苍白和贫乏（图190）。画面两侧是一块坚实饱满的红色与一个塑料印花商标的对比，印花商标意味着人类生活的雕琢和做作，它甚至已经脱离画面，成为一个虽然位居边缘仍然搔首弄姿的形态。

维克多·布尔金（Victor Burgin）
1941年—

英国概念艺术家和评论家。以分析复杂的性关系和男女之间相互吸引为主题，创作手法是在摄影作品中配上文字。经常引用弗洛伊德、马克思和保罗·巴尔特斯[②]的理论，批判西方社会的意识形态和制度规范，支持女权运动和某些激进思想。他说："艺术只有在能够制造独特的作用时才有用，这些作用是用来保证或反对制度规范的。"1980年代中期他运用电脑、扫描仪和鲜艳的颜色，创作有怀旧情感的作品。著名系列摄影《办公室的夜晚》，是对美国画家爱德华·霍普（Edward Hopper）同名油画的仿制。他仿照原作中人物的姿态拍摄出人物照片，再与色彩鲜艳的抽象图形相

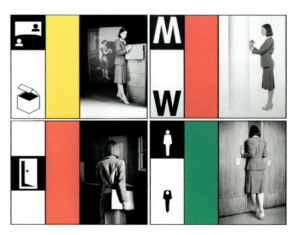

图191 布尔金 办公室的夜晚（7幅系列作品中的4幅）
1986年，每幅183cm×244cm，蒙特利尔加拿大建筑中心藏

并置，这幅表现女秘书和男老板在办公室里晚间加班的作品，暗示了一种"资本主义的性别结构"。《沃尔多·莱德克的肖像》是两幅很大的黑白照片。照片上一左一右是两个闭目的男人头像，背景中有一个妖娆的女子肖像（图192）；作品上印了一行法文："我没有看见森林中的捕捉。"男人闭眼，似乎表示出他们对某种色情形象视而不见，那他们心里在想什么呢？作者通过这样诡异的方式，引发观者的思考，尽管这种思考是不可能有什么结果的。

图192 布尔金 沃尔多·莱德克的肖像
1991年，黑白照片上涂绘文字，每张照片138cm×148cm

7.3 装置形式和政治主题

概念艺术是思想者的艺术，虽然这种思想的范围和深度有限，但对社会政治、历史、文化等复杂问题的关心，仍然成为一部分概念艺术家的创作目标。通过艺术手法，向大众社会传递对政治问题的看法，揭示被现象掩盖的历史真相，仍然是概念艺术的一大长处。而在当代艺术中，传达思想的有力形式莫过于装置艺术，因此许多热衷于表现政治主题的概念艺术家，都使用装置手法完成作品。

汉斯·哈克（Hans Haacke）

1936年—

德国装置艺术家。曾在卡塞尔美术学院和费城泰勒艺术学校学习，1965年举办首次个人作品展。其创作最大成就，是不局限于美学范围，而是以公共言论方式，对现实政治和社会文化进行批评，涉及艺术界和美术馆体制、企业与艺术的关系及国家政治等敏感问题。他曾经在作品中对美国的石油公司和烟草公司的某些黑幕行为进行曝光，导致这些公司以法律方式对为他举办展览的画廊进行干预。他坦率地对纳粹历史和德国统一后的国家问题发表看法，导致2000年德国的政党、艺术界和媒体，就是否邀请他为柏林新国会大厦制作公共艺术问题展开辩论，最后以260对258票的表决结果而险胜。

《美国隔离箱，格林那达，1983》（1983年）是批判美国里根政府的军事霸权和中南美洲政策的作品，展出于纽约大学。这是一个高244厘米的立方木箱，上边有"美国军队在格林那达点盐监狱里使用的隔离箱"字样。格林那达是加勒比海上的岛国，由于古巴在前苏联策动下向格林那达积极渗透，里根政府在1983年派遣7 000美军到这个仅有8万多人口的国家进行管制，造成100多名格林那达人的死亡。美军在机场设置了囚禁军犯的隔离箱，违反了日内瓦国际人权公约。哈克根据报载的构造和尺寸，仿制了这个密闭的木箱牢房，上边仅开四个小窗口和一些排气孔，其几何造型恰如极少主义作品。但正宗极少主义作品是不承载任何非物质含义的，所以艺术史家列奥·斯泰因伯格（Leo Steinberg）认为，这个大木箱一方面抗议政治现实，让美国政府难堪；另一方面反讽艺术现

第七章 思想的生产

图193 哈克 你们毕竟是荣耀的
1988年，环境装置，奥地利格拉兹市

图194 哈克 日耳曼
1993年，大理石地砖，尺寸不详，设置于当年威尼斯双年展中

1993年威尼斯双年展中获奖作品。采用简洁有力的手法，对德国历史进行反思。展览在1938年整修的德国馆进行，这是当今少数未遭拆除的纳粹建筑之一。汉斯·哈克在展馆入口处，陈列了1934年希特勒视察该馆的历史照片，并大胆改装建筑，将原来门上纳粹的鹰雕像换成统一后的德国马克硬币图案；展厅地面上的大理石地板被撬翻，状若废墟，观众不得在其中行走；展厅的墙上是用拉丁文写的"日耳曼"，展出时还配以纳粹军队行进的脚步声录音。这件装置作品气势磅礴，意义深厚，能结合特殊地点的历史意义，让两个时代的历史风云际会于此，创造出一种惊心动魄的空间意象。

实，令极少主义蒙羞。

《你们毕竟是荣耀的》是哈克应邀为奥地利的格拉兹市秋季艺术节所制作的装置作品。为了还原历史真相，他将该市的标志性建筑圣母柱布置成1938年纳粹庆祝占领奥地利游行活动时的尖塔样式（图193），使用了当时的红布料和纳粹国徽，并印上同样的标语"你们毕竟是荣耀的"。面对尖塔的一道墙上张贴着1938年印有纳粹宣传的报纸，在塔的下方，印着受害者的详细数目：300名吉普赛人、2 500名犹太人、8 000名政治犯、9 000名市民、27 900名士兵死亡，12 000人失踪。这样的设计使得复原的纳粹标语残暴无比。由于作品直接声讨二战期间纳粹屠杀当地犹太人和吉普赛人的罪恶，结果在展览期间被新纳粹分子以炸弹烧毁。多数报纸发表文章谴责新纳粹分子的恶劣行径，也有艺术家团体在烧毁的纪念碑下静坐示威，许多学生在夜间来此献花并点燃烛火向作者致意。

在人类艺术史上，能够将同时代的社会政治作为主题，并且坚持反思和批判立场的艺术家并不多见。哈克继承近代德国左派知识分子的文化政治观，从1960年代以来对艺术机制、企业赞助、多元文化、言论自由等进行反思和批判，尤其关注当代艺术家与资助机构的关系，认为这是决定艺术命运的重要环节，有无数的暧昧和丑恶深藏其中。他把照片、招贴画、缩写字母、商标和报刊文章等加以对比，对现实提出质疑。善于挪用政治宣传手法与形象广告、商品包装等设计形式，虽然文字无处不在，但恰到好处的视觉形式，能使他的文字锦上添花。只是由于哈克一直被评论界视为概念艺术家，人们容易忽略其成熟简洁的视觉创造力。纽约古根汉姆美术馆在1971年取消哈克预定的个展，使哈克此后的展览多局限于大学美术馆，在艺术市场上也趋于边

图195 波尔坦斯基 这些孩子正在寻找他们的父母
1993—1994年，15幅黑白照片和15个台灯，每幅150cm×97.5cm，德国科隆路德维希博物馆藏

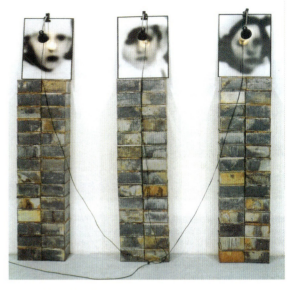

图196 波尔坦斯基 无题
1988年，84个白蜡盒组成3个柱子，3个镜框和3个台灯及电线，235cm×50cm×23cm，私人收藏

缘位置。直到1980年代后期，伦敦泰特美术馆、纽约现代艺术博物馆、巴黎蓬皮杜文化中心陆续为哈克举办回顾展，确立了他在当代艺术中的重要地位（图194）。

克里斯蒂安·波尔坦斯基
（Christian Boltanski）
1944年—

法国装置艺术家，也是一位关注战争和暴力侵害罪行的艺术家。自学成才，1986年之后开始创作表现战争灾难的系列装置作品，纪念纳粹大屠杀的场面和那些战争的受害者，尤其是战争中的儿童（图195）。他用死难者的照片布置成一面墙，照片下边是铁皮的骨灰盒，每一个照片用一盏暖黄色的小灯照亮，营造出庄严的气氛。《无题》纪念在纳粹屠杀中死去的犹太儿童，表达一种充满悲剧和压抑的回忆（图196）。作品所创造的光线氛围如同东正教祭坛的装饰屏，传达出悲怆气息和暴力的惨烈。画家本人说："我工作的基点就是关于脆弱性和消亡的思想。我的作品表现童年，不是因为我对童年感兴趣，而是因为我们身上最早死去的是童年。我们就是一些死去的儿童。"

关注社会政治题材的概念艺术家还有赫里克·朋格·雅各布森（Henrik Plenge Jakobsen，1967年— ），他认为："艺术不会受到它自身形式的限制。它是有选择性的，绝非生硬的主张。或许我是理想主义者，但我认为艺术可以成为一种批判性的工具。"他最重要的装置作品《笑气室》，是在一间用木板搭建的小房子外边安装两个气筒，观众进入房间坐下后，通过墙上的阀门吸入一氧化二氮，引起身体知觉的变化。这种特殊手段的应用，揭示现代科技文明的负面效果，也容易使人联想到二战期间纳粹分子迫害犹太人的毒气室。

第七章 思想的生产

图 197 卡巴科夫 卫生间
1992 年，装置陈列，德国卡塞尔第 9 届文献展

伊利亚·卡巴科夫（Ilya Kabakov）
1933 年—

俄罗斯装置艺术家。原住莫斯科，后来到纽约和巴黎工作。长期生活在极权制度下，早期生活充满噩梦般的感觉，后来生存环境改变，噩梦转为创作源泉。他在1970年后开始装置艺术创作，到 1980 年代，在西方艺术界已经很有名气。1989 年东欧社会主义阵营开始分裂，许多原来从事地下创作的东欧艺术家，开始登上世界艺术舞台，他们的创作被西方美学家称为：从社会主义向"后社会主义"（Post Socialism）转变期作品。卡巴科夫正是这种艺术的代表。

他通过装置手段再现前苏联的现实生活，让虚妄的乌托邦社会露出原形。代表作《卫生间》曾参加 1992 年第 9 届卡塞尔文献展。该作品是一个临时搭建的男女卫生间，室内陈列他在俄国各地洗手间里搜集的物品；卫生间被故意设置成两居室的房型，这是当时苏联两人公寓的常见户型（图 197）。他以玩世不恭的态度，通过公用空间私有化的手法，暗示前苏联公有制变成私有制的社会现实。其潜在信息是：原公有制如厕所一样肮脏，而新的私人生活只能建立在这个基础之上。他的

图 198 卡巴科夫 红亭
1993 年，装置陈列，威尼斯第 45 届双年展

图199 瑙曼 享受乐趣、美好生活（局部）
1985年，霓虹灯装置，175cm×25.4cm×40.6cm

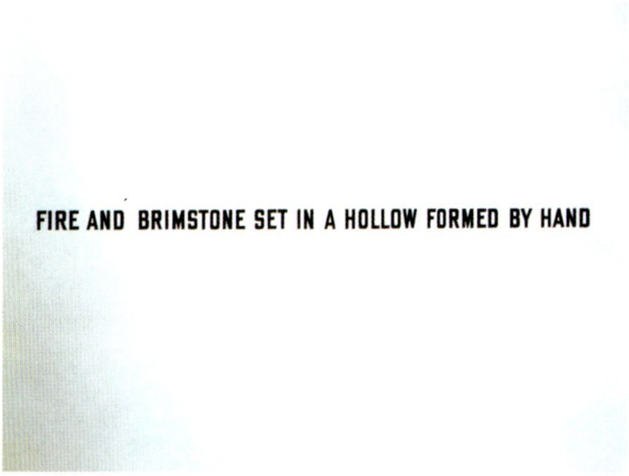

图200 维纳 用手形成的火和硫磺的真空
1988年，墙上喷涂文字，伦敦 Anthony d'Offay 画廊

另一件重要作品《红亭》，参加1993年第45届威尼斯双年展，是一个俄式小亭子，外墙上高挂红旗、红星、徽标等典型的前苏联政体标志，最高的旗杆顶端悬挂着几个扩音器，不停地传出诗朗诵的声音（图198）。卡巴科夫自称："一个装置是运动的瞬间，它囊括了过去、现在和将来。"从这些作品看，再现特定制度和社会环境下的怪异生存状态，是他作品中最重要的主题。

7.4 使用文字

文字，是概念主义的主流手法，只有这样，概念主义才能不同于其他艺术形式。重视文字而不是重视其他更容易产生视觉效果的手段，说明了概念主义希望能准确表达思想含义。但从现实情况看，他们虽然使用了与哲学家和文学家相同的手法，但是表达的内容仍然偏于肤浅，大都是简单的个人语录或离奇古怪的词语，并不能创造出有系统的思想。

装置艺术家布鲁斯·瑙曼（本书10.5）的灯光作品，能通过各种颜色的螺旋式霓虹灯表现文字内容，但这些内容都十分单调。《享受乐趣、美好生活》由两组稍微有一些重叠的螺旋字母组成，左边的螺旋文字是："热和冷；干和湿；北和南；东和西；上面和下面；前面和后面；向前和向后。"右边的螺旋文字是："我生活在我享受乐趣的美好生活之中，你生活在你享受乐趣的美好生活之中，我们生活在我们享受乐趣的美好生活之中，这就是美好的生活，这就是乐趣。"这样的作品，除了眼花缭乱的视觉效果，并不包含有价值信息（图199）。概念艺术家劳伦斯·维纳（Lawrence Weiner，1940年—）在1968年放弃绘画，以文字为主要创作手段，认为观众只需要阅读艺术品上的文字，便足可以体验该作品。与其他概念艺术家主张艺术的非物质化不同，他致力于概念的物质化，为此确立了能使人想到材料的基本表述词汇。他经常制作墙上标语，这些标语所用词句多与具体物质材料有关。如《用手形成的火和硫磺的真空》，是一排写在墙上的文字，没有任何形象出现，但这些文字却能够引起观者对材料物理属性的思考（图200）。

纽约画家罗伯特·巴里（Robert Barry，1936年—）致力于使用电磁波、超声波和惰性气体来表现眼睛看不见的东西。1977年后创作"墙上的文字"系列，即把文字排列成树形、对称、放射、旋转等形式，还能与室内外环境结合在一起（图

第七章 思想的生产

201）。他说："我利用文字，因为它们可与观众沟通。这些文字是我们自发的。对于我们来说，它们并不陌生。它们缩短了观众与作品之间的距离。"德国艺术家阿纳·达尔伯文（Hanne Darboven，1941年—）主要使用数字创作。发明个人"数字宇宙学"，常年在方格纸上书写数字。运用文学创作的概念把荷马史诗《奥德赛》译成密码，写作《文化史》，编写包括标志、照片以及政治和社会分析的百科全书（图202）。他说："我只使用数字，因为这是一种不用去描写的方法。这与数学毫无关系，一点也没有！我选择数字，因为它们稳定，有限制，是人造的。人类创造的唯一的东西就是数字。"以数字去除煽情的表达，是一种在艺术中追求纯粹客观描述的态度。

珍妮·霍尔泽（Jenny Holzer）
1950年—

美国概念主义女艺术家。曾学习艺术设计，1977年后在艺术中探索文字的表现力量。经常创作系列作品，善于利用大众传媒表达各种看似不经意的观点，主要题材有性、死亡和战争。招贴画、T恤衫上和广告灯箱上的线性排列文字，几乎成为她作品的标志（图203）。她说："当我的东西与广告或其他形式的公告混合在一起时我感到非常高兴。"她注重语言文字的表现力，情感色彩浓厚，形式单纯有力，包括了长句、短句、成语和叙述。大型公共灯光广告箱和电子液晶显示屏成为她表达思想的媒介（图204）。1970年代后期以来，她的灯光告示遍布纽约，还将"滥用权力已见怪不怪"这句话，展示于纽约时代广场的大型电子广告牌上，影响巨大。1993年她创作了《幸存》系列，全部由简单的霓虹灯招牌构成，上边只有文字，如"我想拿什么保护我"、"性感也是杀手"等等。她相信语言是对世界上一切事情的

图201 巴里 墙上和窗上的文字（室内景观）
2005年，美国新泽西州Montclair艺术博物馆

图202 达尔伯文 给奥本海默的安魂曲
1985年，192件加外框的纸上作品，每幅71.1cmx53.3cm，私人收藏

图203 霍尔泽 滥用权力已见怪不怪
Lady Pink 的模特穿着T恤衫，1983年，纽约

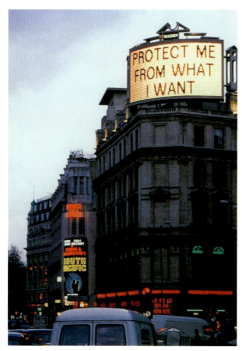

图204 霍尔泽 我想拿什么保护我？
1988年，电子广告板展示，设置于伦敦马戏城

最直接反映。这种通过电子传媒向广大人群传播思想的手法，使她的创作成为个人思想与公用事业相结合的优秀范例。

7.5 结语

在对当代艺术的界定中，概念艺术是一个最含混不清的概念，它可以涵盖大部分当代艺术活动，所以很难确定它的独立属性。本章的介绍也是管中窥豹，只对一些比较典型的作品加以解说。为此，我们需要注意下列几点：

1. 概念艺术反对任何对他们作品的限制性定义，很多概念作品也难以归入某种确定的类型，或者说，在许多不被命名为概念艺术的艺术活动中，同样有传达思想概念的作品。本章的分类也只为服从体例。事实上，收藏概念作品的博物馆遇到同样的难题，据说当库苏斯的《一个和三个椅子》撤出展厅时，拥有这件作品的博物馆因为无法确定该作品的类别，最终将它收藏在三个地方：椅子藏于设计部，椅子的照片藏于摄影部，从辞典上影印下来的文字被放到图书馆。

2. 从信息传播的角度看，一部分概念艺术作品很简单，是为表达某个词语的概念，约瑟夫·库苏斯的作品就是这样。但更多的作品是为表达复杂的社会观念而作。汉斯·哈克对政治和经济问题提出质疑；克里斯蒂安·波尔坦斯基控诉纳粹在战争中迫害犹太人的暴行；伊利亚·卡巴科夫再现前苏联社会生活的鄙陋和荒诞；珍妮·霍尔泽通过灯光广告向公共生活领域传达心声，都充分体现了西方当代艺术家的社会责任感，以及通过艺术手段介入公共生活的创作目标。这是西方当代概念艺术最可贵的品质，也是我国当代艺术所欠缺的品质。

3. 从现实针对性上看，概念艺术不但致力于社会文化改革，也能冲破极少主义形式至上的限制，远离波普艺术世俗化和商业化倾向，成为表达深刻思想的艺术演练场。我们可以把概念艺术看成是承载思想信息的艺术，正与形式主义的艺术相对立，是一种"内容主义"的艺术。

4. 最后还需要说明，本章只是从狭义角度介绍西方概念艺术。按照比较广义的看法，装置艺术和行为艺术也都是一种概念艺术，甚至整个西方当代艺术都可以被视为概念艺术。与此类艺术相比我国现当代美术局限在很小的圈子里，长久以来社会影响力很小。西方概念艺术中的公共价值可供我们参考借鉴。

注释

① 现代艺术杂志特辑《概念艺术》，第34页，2002年。

② 保罗·巴尔特斯（Paul B.Baltes, 1939年—），德国心理学家。

第八章 壮观的大地

8.1 大地艺术概述

大地艺术（Earth Art or Land Art）流行于1960年代末期至1970年代的美国和北欧，从极少艺术演变而来，也可以认为是环境艺术的一种。1968年10月，纽约举办了一个"大地艺术"展览，4个月后，美国康奈尔大学也举办了一个同名展览。两个展览的参加者，都是后来大地艺术的主要艺术家，预示了大地艺术的良好开端。此后十年则是大地艺术的黄金时代。大地艺术代表了1960年代的两个艺术潮流：一个是拒绝艺术的商业化，另一个是支持生态活动。

战后美国博物馆业务的发达，使都市中的一切艺术活动都能立即成为文化消费品，在这种情况下，到远离人间烟火的自然中去进行艺术创作，就成了追求自由的艺术家的选择。他们以回归大地和反都市化的态度创作艺术品，带来了大地艺术创作中的两种主要手法：一种是以激进手法制作类似土地工程似的景观，改变自然原貌，如史密森、克里斯多等人；另一种是通过对自然的加工或修饰，让自然本身呈现美感，从而能保持原来的生态环境，如海泽等人。这两种方式有时间先后的区别。早期大地艺术偏重于改造自然，艺术家们制作巨大的土方工程，是为显示人工力量。1980年代以后的大地艺术，偏重于观念传达，大地成为思想的媒介。很多大地艺术家坚持大地作品不是为人类创造的，他们的作品常常由于位置偏远而全无观众。制作材料的平等化和无限化，使大地艺术成为"贫穷艺术"。由于作品通常是露天存放，因气候和环境影响难以长久保存，它还是一种"过程艺术"。

8.2 土木工程艺术

大地艺术中最为显赫的创造物，就是在荒无人烟的地方完成的大型土木工程。这种工作要克服孤独感和技术难度，还要面临现场没有观众观摩的窘境，所以显得既崇高又悲壮。这部分大地艺术只能借助照片形式展出和传播，但由于作品气势不凡，所以仍能给观众以精神上的震撼。

罗伯特·史密森（Robert Smithson）1938—1973年

美国大地艺术家。1960年代开始创作抽象表现艺术作品，后来参加了极少主义运动。1966年，他决定创建一种"本身就是材料"的艺术，成为大地艺术创始人之一。史密森以对巨大风景的重新组合而闻名，通过大型推土机和挖掘机的帮助，他在采石场、湖泊、工业船坞等一些特殊场合工作。他最有影响的作品是《螺旋形防波堤》，是在犹他州大盐湖制作的长达数百公尺的螺旋形防波堤。当地有"湖底的漩涡"的传说，他以此为题，雇用承包人，租来运土机，把超过6吨的垃圾和石头倒入盐湖红色的水中，形成了一个巨大的螺旋形堤坝，螺旋形的中心离岸边很远，观众可以顺着堤坝走到尽头（图205）。史密森关注大地艺术对环境的修复作用，努力追求生态与工业之间的平衡，他说："整个国家有许许多多的矿场、采石场和被污染的湖泊河流。对这种被肆意破坏环境的一种实践的解决，应是大地意义上的陆地和河流的循环利用"。1971年他在荷兰的一个废弃采石场实现环境改造计划，

图 205 史密森 螺旋形防波堤
1970年，石头、盐块、土和水，长457.2m，宽4.6m，美国犹他州大盐湖

图 206 海泽 城市联合体
1972年，混凝土、钢材和取自东内华达州中心地带的土，716.3cm×4267.2cm×3352.8cm

完成《缺损的圆——螺旋形山丘》，一个深入水中的半圆形堤坝和一个螺旋形小山丘。作品是暂时性的，但是当地居民十分喜欢这件作品，投票决定将这块地方改造为公园。1973年史密森为创作大地艺术乘飞机拍照，因飞机失事而遇难，年仅35岁。

迈克尔·海泽（Michael Heizer）
1944年—

美国大地艺术家。1967年开始在内华达州的荒漠上制作大地艺术，所有作品都体量巨大，被认为是大地艺术的"考古学家"。他的《城市联合体》位于美国内华达州的一个平坦荒凉的山谷中，海拔5500英尺。它的造型是以作用夯紧的泥土构成的几何形山丘，夹在两个钢筋混凝土的梯形墙之间，有粗大的悬臂梁将它折屈（图206）。如此巨大的作品由作者和两名助手运用机械工具完成，其制作的艰苦程度可想而知。完成后的作品像一个巨大的防御工事，孤独地栖身于荒野中，这里还是美国内华达核试验场的边缘。除了修建高于地

第八章 壮观的大地 125

图207 海泽 双重负型
1969—1970年，24万吨流纹岩和砂岩，位于美国内华达州 Overton 地区

面的工程，他还在地面上挖出大坑或"像楼房一样高度"的深沟。成名作《双重负型》，是在内华达州的梅萨河上，开凿了一条长457.2米，宽15.2米、深9.1米的河道（图207）。海泽对此解释说："在沙漠中我可以发现一种未经污染的、平和的宗教般的空间，这是艺术家放置他的作品的最佳地点。我的作品存在就够了，我不需要向任何人表明它的存在。"由此可知他在创作中，保持了内心自足状态。他的一些作品在地面上是无法辨认的，只能在空中或站在高山上俯瞰。1988年以来，他开始用巨型石块雕刻出史前人类的工具和武器。

瓦尔特·德·马利亚（Walter De Maria）
1935年—

美国极少主义、大地艺术和概念主义艺术家。初学历史，后学绘画，1967年成为大地艺术创始人之一。1968年创作《千米长卷》，是在内华达州沙漠上用粉笔画了两道间距3.658米、长1 000米的平行线。另一件知名作品《闪电的原野》，是在新墨西哥州阿尔伯克基西南部的高原上，埋下400根钢桅杆，每根都有一个针样尖端，排列如一张巨大的钉床，覆盖了一块巨大的平原（图208）。由于那块荒地上空经常出现雷电暴雨，所以每根钢杆都能起到避雷针的作用（虽然雷电真正击中它们的时候也不多）。即便没有雷电闪耀，这些排列有序的金属立柱，仍然显示出与大自然并立的人工力量。这件作品虽然不是直接修筑的土木工程，但其宏大规模和精巧构思，仍然显示了大地艺术家在天地之间构造奇观的雄伟气魄。

8.3 自然物质组合

挪动、改变、包装自然界的外观形态，是大地艺术的又一种创作方法。利用自然材料本身构造艺术品，让大地艺术有了环境保护功能。其中安迪·高兹华斯的作品手法精湛、寓意深远；阿格尼丝·德尼斯的艺术有很强的公益性和社会责任感，都是感人至深的。

理查德·隆（Richard Long）
1945年—

英国大地艺术家。1967年，当他还是伦敦圣马丁艺术学校的学生时，就反对世俗的波普艺术和复杂的结构主义雕塑。此后他到世界各地旅行，在旅行中即兴创作。从撒哈拉到北极圈，从爱尔

图208 马利亚 闪电的原野
1971-1977年，400根钢桅杆矗立在新墨西哥州西南部，高约470cm~830cm，面积 1.6km×1km

兰到秘鲁，他靠步行走完了世界上的许多地方。第一件大地作品《走出的直线》，是在一片草地里来回走，脚印压倒草形成一条直线（图209）。这种直线成为他此后行走创作的常用手法：1974年他在路旁每隔1英里放一块石头，形成一条164英里长的线；1981年在玻利维亚搬开石头裸露土地形成线条；1983年在尼泊尔扫走落叶形成线条。除以直线为基础外，他的大地艺术还有圆形、正方形、螺旋形、十字形和Z字形。他收集鹅卵石、木头和树皮，将这些东西摆放在画廊和博物馆中成为作品。这些作品有叙事性质，因为这些材料来自于他生活或走过的某个地方。这样的展览还附有标题、解说词和注释，以及他的大地作品图片、地图和行走路线等，构成完整的艺术创作资料（图210）。他说："我希望我的图片、文本和地图可以引发对作品的想象，而我在画廊里展出的雕

图209 隆 走出的直线
1967年，尺寸不详

第八章 壮观的大地

图210 隆 十字位置
1983年，总共534块石头，每条直线1050cm×125cm，德国科隆路德维希博物馆

图211 克里斯托和克劳德 油桶墙：铁幕
1962年，240个油桶，430cm×380cm×170cm，巴黎维斯康蒂路

塑则可以带来对作品的感觉。我相信我的作品是互为补充的，全部加在一起便提供了对我的艺术的全部体验。"从美学风格上看，理查德·隆的艺术奇崛壮美，不但有对山川土地的执著信仰，更体现了人与自然相互依存的生态关系。他不但是一个有才能的艺术家，也是一个了不起的旅行家，他在那些荒无人烟的地方留下自己的工作痕迹，标志出人类精神的极点。

加瓦切夫·克里斯托和珍妮·克劳德
（Javacheff Christo & Jeanne Claude）
1935年—

著名包裹艺术家。加瓦切夫·克里斯托1935年6月13日出生于保加利亚，在索菲亚美术学院接受教育，后去日内瓦和巴黎工作。1958年在巴黎与珍妮·克劳德相识，她与克里斯多同年同月同日出生，他们结婚后开始共同创作。初起时做一些小物体包裹，后来越包越大。他们在1961年把科隆桥包裹起来，1962年用很多油桶把巴黎最狭窄的维斯康蒂路暂时封住，创作了抗议柏林墙的《油桶墙：铁幕》（图211）。1964年以后他们到纽约定居，设计了一些大型的覆盖计划，对建筑物、乡村、城市和海岸进行包裹、分割或着色。其中《峡谷屏幕》用橙色巨型尼龙布制成，重达8000磅，横贯于美国科罗拉多1200英尺宽的莱福山谷中。《奔跑的栅栏》用白色尼龙布制成，长24.5英里、高18英尺，位于美国加利福尼亚的马林和索诺马县之间。《环绕群岛》用红色遮雨布制成，分布在美国佛罗里达沿海的岛屿周围。这样的大型制作包含人力、物质、技术、法律、组织、公关等多项工作，需要政府的批准，要依赖基金会、画廊以及一些商业机构的支持和赞助，要同律师、工程师、政府官员、保

图212 克里斯托和克劳德 包裹柏林国会大厦
1971—1995年，135.7m×96m×42.5m

　　位于柏林的德国国会大厦是个有名的历史建筑，见证了德国自魏玛共和国以来的复杂历史。包裹这样有影响的建筑自然能获得轰动性的效果，但创作者所经历的困难也是常人难以想象的。为了完成这样宏伟的作品，克里斯托夫妇前后经过24年的申请和游说，终于获得德国议会的批准。1995年6月17日，当这件耗资1 000多万美元的作品展出时，柏林城中万人空巷，前后大约有400万人观看了通体闪烁银光的国会大厦，据说为当地旅游业带来了10亿马克的营业额。

险商、蓝领工人、农民和农场主等打交道。完成一件这样的作品，通常需要长时间的准备和努力。

　　克里斯托的很多作品都能成为有轰动效应的新闻事件，他说："我绝不计划不能实现的事，诸如包裹克里姆林宫之类，我清楚那是不能办到的。我们的创作几乎是立足于不可能的边缘，道路非常狭窄，但这正是令人激动的工作。"合适的目标，准确的判断，冒险的激情，在这些巨型作品后边，体现了艺术家不畏艰难和挑战自我的精神。同时也说明，当代艺术创作与传统创作的不同，过去的艺术家终身致力于形式风格问题，而现在的艺术家，不但要有艺术创造的才能，还要有社会攻关、组织协调和商业谈判的才能，否则，就不大可能完成出现在公共空间中的规模宏大的作品（图212）。克里斯托在这个方面的卓越表现，是他的艺术成就的重要组成部分。

第八章　壮观的大地

图 213 高兹华斯 枫叶流水
1987 年，生态装置作品，位于日本 Ouchiyama-Mura

图 214 高兹华斯 石墙
1997—1998 年，生态装置作品，位于美国纽约州哈德逊河谷的 Storm King 山

安迪·高兹华斯（Andy Goldsworthy）
1956 年—

英国环境艺术家和摄影师。1980 年代后期投身大地艺术创作，善于使用自然物件为创作媒材，如树枝、树叶、石头、雪和冰，在野外制作出暂时性或永久性的雕刻品，并通过摄影加以记录保存。许多作品易逝、短暂，唤醒人们通过感悟自然提升生命意识，传达逝者如斯的哲理，有些创作思想源于日本宗教和哲学（图 213）。早期参加英国坎布里亚郡森林雕塑公园工程，利用森林中的材料创作，最后让作品自然腐化，回归自然。此工程后成为世界上此类作品最大的收藏之一。在此后的创作中，他将河滩的卵石砸裂，让无数卵石的裂缝，连成一条长长的天然缝隙；按光谱顺序将色彩不同的树叶排成一个同心圆；用双手将雪搓成许多冰条，并把它们组成一个冰的光环。这都是在思考人与自然、文明与生态的关系，并寻找自然材料和形式表达特定观念（图 214）。他的艺术思想是环保主义，创作方式和目的都以自然为本。作品主要分布在英国的约克郡溪谷、加拿大北部海湾、波兰北部、日本、澳大利亚内地、美国密苏里州等地。

阿格尼丝·德尼斯（Agnes Denes）
1931 年—

美国环境艺术家。出生于匈牙利布达佩斯，国际知名学者，概念艺术的创始人之一。她研究身体物理和社会科学，涉及哲学、语言学、心理学、历史学、诗歌和音乐。她在世界各国举办过 300 多个展览，出版了 4 本书并获得博士学位。她是环境艺术和生态艺术的先驱，最知名的作品是《麦田——面对面》：1982 年夏天，她在纽约曼哈顿下城炮台公园的填土上种了 2 英亩麦田，这里紧邻后来倒塌了的世贸大厦。到了收获季节，一片金黄色麦浪出现在曼哈顿的水泥楼群中。她收获了 1 000 磅小麦，麦草送给纽约骑警，一部分麦子随着援救世界饥饿活动而全球巡回展出（图 215）。她说："当我收获时，这个面对纽约港边的广袤环境的小小麦田，又要回到亿万地价的奢华结构中去，曼哈顿将再一次把它变成一个颓废、经不起打击的要塞。但是我相信，这个世界中心将会记得一个高贵的黄金田。"

图215 德尼斯 麦田——面对面
1982年,大地艺术,纽约曼哈顿炮台公园

图216 德尼斯 树山——生活时间的太空舱(11 0000棵树—11 0000个人—400年)
1983年草图,1996年开始种植

1988年她在澳大利亚和委内瑞拉种植濒危树种的森林。1996年,她又在芬兰创作《树山——生活时间的太空舱》,这是一个大地艺术和开垦工程:组织11万人在芬兰山脉种11万棵树(图216)。这些树沿着一个碎石坑顶开始,以螺旋式向山下种植。她认为这是芬兰对解除地球环境压力的一大贡献,是第一次由艺术家来完成的环境重建使命。这项种植计划要持续到未来400年。德尼斯的这些创作都是围绕着环保和生态进行的,传递的是人类可持续发展观,这些作品与她的科学研究工作相结合,体现出当代艺术推动社会进步的巨大作用。

8.4 结语

大地艺术使用最自然的材料,创造出当代艺术中最壮观的形式。它远离红尘,象征着人类与自然的融合,其形式与风格也较易理解。与一些反文化、反艺术的艺术活动相比,大地艺术有正面的文化建设意义。下列要点值得注意:

1. 大地艺术分为前后两个阶段:从1960年代末期到1970年代是第一个阶段,作品多以大规模的工程制作为主,但这种情况到1970年代中期就渐趋消失。1980至1990年代的大地艺术中,多为保持自然原生态的小规模作品。此后,只有个别艺术家从事较大规模的工程制作。

2. 大地艺术在极少艺术基础上发展,也受到史前艺术的影响。日益加剧的工业化和商业化社会环境,使人们逐渐厌倦了都市艺术,转而向荒野景象寻求新刺激。这是大地艺术出现的重要原因。从这个角度看,大地艺术依据20世纪人类亲近自然的愿望产生,起到了保护环境和生态的良好效果。

3. 迈克尔·海泽的深坑和堡垒;理查德·隆的直线和圆环;罗伯特·史密森的海岸防堤工程;加瓦切夫·克里斯托和珍妮·克劳德的巨型包裹;安迪·高兹华斯的转瞬即逝的树叶和冰块作品,都是人类社会和自然界的奇观。与波普艺术大力复制商业消费品相比,大地艺术以反工业和反城市的美学倾向,创造出有"原始文化"意义的土木工程博物馆和新的自然景观,为20世纪末的人类文化增添了清新的气息。

4. 当代艺术中有许多一次性作品,创作目的有时只是为了获得记录这个过程的资料和照片,大地艺术中很多作品也是如此。这样的作品有与艺术市场对抗的意图和可能,但最后通常不能完全成功,因为无孔不入的艺术市场,可以让记录这些创作活动的文献资料成为流通商品。

第九章 比照片还逼真

9.1 当代写实艺术

像，还是不像，永远是视觉艺术的基本问题。从文艺复兴开始，绘制和塑造宛若真人的形象，就成了西方艺术家的普遍追求。荷兰17世纪的静物画中，就有极度逼真的描绘手法；19世纪也有很多法国画家热衷于写实技艺。但是进入20世纪后，由于抽象主义、表现主义和反理性思潮的盛行，写实技艺遭到灭顶之灾。直到1960年代，西方艺术潮流向现实生活回归，波普艺术带来复制、仿制日常生活物品的风尚，在这个背景下，一种极端写实的艺术出现在美国，古老的艺术习俗又有了新面貌。

新的写实艺术有很多样式，但从定义上说，不过是两种：一个是特指，即复制照片和模塑人体的作品，被称为"照相写实主义"（Photo Realism）或"超级写实主义"（Super Realism）；另一个是泛指，是对众多以具象手法完成的写实绘画的总称，其内部包括不尽相同的艺术风格，可以笼统地概称为"当代写实绘画"。这两种写实艺术都受到波普艺术影响，以纪录日常生活为能事。同时也受到极少主义追求物质属性的影响，如照相写实艺术的创作目标，就是复制视网膜反射的光学现象。

照相写实主义出现于1960年代中期的美国，后来影响到欧洲。通常认为这个名称是纽约艺术经纪人路易士·米塞尔（Louis Meisel）提出来的，用来指称一种以复制照片为基本技艺的绘画手法。

这种手法是运用机械辅助手段，如使用幻灯机或投影仪，将素材照片放大转移到画布上，再使用油彩和画笔对影像图形进行描绘。

客观、中立、不搀杂任何个人成见，是照相写实艺术的最高境界（也是照相机材料性能的最高境界）。所以，此类作品的创作，是艺术家有意将自己等同于一个绘制工具。这样的作品在1972年德国卡塞尔文献展首次集中出现时，受到许多艺评家的嘲笑，结果导致1970年代末以后不再流行，只在局部地区有所发展。艺评家的嘲笑可能是有道理的，因为如果大家都画这样无需阐释的画，艺评家们可能就会失业了。好在收藏界尚能看好这种通俗易懂的艺术，正是在收藏界的支持下，从1960年代至今，美国已产生三代超级写实主义画家。

9.2 照相写实主义画家

照相写实主义画家多热衷于再现日常生活细节，所以也可将照相写实主义绘画看成是波普艺术的分支。由于复制照片很难形成个人风格，而没有风格会影响艺术家的声誉和市场效果，所以照相写实艺术家往往分别承包某种特定题材。比如，有的专画橱窗反射效果，有的专画某种类型的汽车，有的专画模糊不清的照片，有的专画正面头像，等等。

图217 莫利 福吉谷的美国水兵
1968年,布上油画,150cm×125cm

图218 克洛斯 约翰
1971—1972年,布上丙烯,254cm×228cm,纽约Pace Wildenstein美术馆藏

马尔科姆·莫利（Malcolm Morley）
1931年—

美国照相写实主义画家和雕塑家，出生于伦敦。他被认为是从波普艺术过渡到照相写实主义的人物，其创作体现了两个画派之间的联系。早年创作单纯的几何抽象作品，1965年后开始热衷复制大众图像，能通过复制明信片和旅行手册作画，并且发明一种局部复制照片的绘画方法：用打格放大的方法将画面分成N多小块，创作时将整幅画面用布帘挡住，只留出正在绘制的一小块，这部分画完再用同样的方式画另外部分。这种按照机械程序进行的方式，有利于排除创作中的主观干扰，体现了复制手法本身的价值。他的作品被称为"平面图画的再图画"，能再现动物、风景、船舶、战争和灾难场面。1971年后他开始根据实景作画，作品也产生叙事性质，涉及社会、种族和资产阶级的生活。1978年他加入"坏画"[1]运动，创作了一些表现暴力和色情的画。《福吉谷的美国水兵》是根据明信片完成的作品。福吉谷（Valley Forge）是美国独立战争时的革命圣地，现在是美国国家历史公园。画面上的仪仗水兵气宇轩昂，持国旗站在纪念碑前（图217）。由于所复制的图片内容极具政治历史色彩，该幅作品的功能就超出纯粹视觉欣赏目标了。

查克·克洛斯（Chuck Close）
1940年—

美国照相写实主义代表画家。曾先后在西雅图、耶鲁和维也纳学习艺术，善于通过投影方法在画布上制作正面人物头像，运用非常大的尺寸再现真实，被放大的脸部细微特征被可怕地展示出来（图218）。1967年举办首次个人作品展，同年开始创作自画像，最初的作品都是黑白的。

图219 埃斯蒂斯 荷兰旅馆
1984年，布上油画，114cm×181cm

1971年后开始使用彩色作画，但只依次使用红色、蓝色和黄色。1973年经历一次中风后，改用"格点画法"，就是将画面分成无数方格，然后一格一格填充颜色，完成后效果如同透过方格棱形玻璃看到的人脸。据说这种新方法可随观者与作品间角度不同，出现一些视幻变化。克洛斯说："我之所以喜欢摄影，是因为它能表现停止的瞬间，就像诗一样。不论绘画的时间有多长，它总在讲述着这一微妙瞬间。"

理查德·埃斯蒂斯（Richard Estes，1936年—）是美国照相写实主义画家。早年从事商业插图和广告绘画，致力于通过写实图像描述纽约历史，尽管他不是在纽约出生，但纽约已成为他生活几十年的第二故乡。最喜欢表现反射在商店玻璃橱窗上的光线和室内外景观，创作过程是先拍摄和搜集典型照片，然后通过手绘完成。作品有深厚凝重的气息，笔下的建筑物仿佛承受了岁月洗礼，由此传达出一个城市的历史感（图219）。拉尔夫·戈因斯（Ralph Goings，1928—）被认为是技巧最熟练的照相写实主义画家。1971年前后在加利福尼亚旅行并大量拍摄小型卡车照片，这些照片成为他后来创作的基础。特定的表现内容赋予他的作品以社会观察的视角，在描绘美国城镇生活的平常景象后边，是作者对底层社会生活的关注（图220）。罗伯特·科廷汉姆（Robert Cottingham，1935年—）是美国波普艺术家和最早的照相写实主义画家，曾在洛杉矶设计艺术学院任教。早期以商店霓虹灯招牌为主题，仰视角度取景，通过对日光投影和玻璃反射光的描绘，取得华丽明亮的效果。晚近时期也以特写手法描绘办公设备，刻画细致入微，效果简洁明亮（图221）。

图220 戈因斯 金色道奇车
1971年，布上油画，152.4cm×182.9cm

图221 科廷汉姆 林恩的手提式打字机
2004年，布上油画，66.5in×66.5in，纽约Forum画廊藏

杰哈德·里希特（Gerhard Richter）
1932年—

德国当代艺术家，西方当代艺术的重要代表人物之一。出生于德累斯顿，学过会计和俄语，16岁后转学艺术，考入东德的艺术学院接受来自前苏联的"正确"训练，1959年去西德参观卡塞尔文献展②受到震动，两年后逃到西德，进入杜塞尔多夫美术学院，从此开始了自由创造的艺术生涯。在东德的早年生活经历使他厌烦把艺术作为政治工具，也不喜欢一切大众狂热行为。他智力超群，技法全面，能避免一切固定的风格，以多变方式从事创作，广泛涉足波普艺术、抽象艺术、概念艺术、照相写实、光效应艺术和新表现主义等领域。本书将他放在这一节里介绍，也仅仅是遵从体例需要。德国《艺术》杂志在世纪之交邀请120名世界博物馆馆长，评选全世界最伟大的当代艺术家，他被公举为架上绘画的"状元"。

1960年代早期，他热衷于描绘来自照片的写实形象。认为摄影是最客观的第二自然，可以用客观的摄影作品来纠正人的先入为主的偏见。他的照相写实作品以模糊不清见长，远看如照片，近看如同抽象画（图222）。1977年后他开始创作抽象作品，

图222 里希特 下楼梯的裸女
1966年，布上油画，200cm×130cm，德国科隆路德维希博物馆藏

第九章 比照片还逼真 135

图223 里希特 S.D.I.
1986年，布上油画，320cm×400cm，加拿大Napa，Hess收藏

有独到制作方法，是先用木板后用铲刀在画布上拖曳颜料而成。这种作品虽然在式样上类似抽象表现主义作品，但它们完全是按照非表现主义的、机械的、客观的方式制造出来的，就如同模仿一幅照片一样，但却有生动的制作痕迹和肌理效果（图223），被称为"用表现主义的笔法来反对表现主义"。

与德国其他当代艺术家相比，里希特能在创作中保持一种中立与隐忍的态度，力图去除一切主观痕迹和与他人作品的相似处。他虽然也复制照片，但与美国的照相写实主义有明显区别，是用不像照片的手法复制出照片效果（图224）。他的抽象作品也明显不同于美国的抽象表现主义，是用程式化制作手法去除作品的精神含义。他的作品代表了战后德国艺术家试图复兴民族绘画传统的一种努力，这种传统的起源是中世纪绘画和雕像，包含精确制作术和强烈情感表达两个方面。

9.3 超写实主义雕塑

一般认为，超级写实主义的雕塑创作比绘画要出色些，这是因为超写实绘画完全依赖照片，其独立价值屡遭质疑。而超级写实雕塑却有独到的表现手法和制作技艺。使用树脂、有机合成材料和玻璃纤维，从真的人体上直接翻模制作，然后涂上真实的颜色，植上真实的头发，穿上真实的衣服，用具也完全是真实的，这样的雕塑可以乱真。这种复制实物的方法源于波普艺术。美国艺术家乔治·西格尔和爱德华·凯因霍尔茨，被认为是从波普艺术过渡到超级写实艺术的雕塑家。

图224 里希特 1977年10月18日
（系列组画中的3幅）
1988年，布上油画

在这些模糊不清的黑白画像中，我们看到的是被囚禁和处死的恐怖组织的女性成员。这个德国极左派团伙制造了一系列爆炸、暗杀和银行抢劫案，遭到警察和法庭的围剿惩处，后来该团伙的头目在狱中不明原因的死亡，在社会上引起持续争论，给德国人心理上投下沉重阴影。里希特也深有感触，认为他们不是特定的左派或右派意识形态的牺牲品，而是意识形态本身的牺牲品。任何一种极端的意识形态信仰都是不必要的、威胁生命的。他以该媒体照片为底本，使用黑灰两色，创造出模糊沉闷的狱中人像和恐怖场景，画面气息凶险压抑，传递了悲悯哀伤的信息。尽管无法从这些作品中看出作者对社会事件的态度，但这个题材本身就有感时伤世的意义。这套组画被《纽约时报》称赞为"视觉艺术史上唯一的严肃尝试"，并在1989至1995年期间在全世界巡回展出。

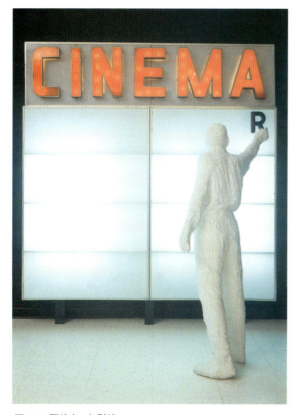

图225 西格尔 电影院
1963年，石膏、照明、树脂玻璃和钢铁，299.7cm×243.8cm×76.2cm，美国纽约州布法罗市Albrght-Knox美术馆

乔治·西格尔（George Segal）
1924年—

美国波普雕塑家。1959年从绘画转向雕塑，他最早以白色石膏从真人身上翻制模具，然后再用布条缠绕，造成真人打上石膏的感觉，完成后的作品如同白色木乃伊。他将这些雕像放到公共空间中，如加油站、地铁长椅、楼梯和咖啡馆等，用以表现人在日常生活环境中瞬间和偶然的动作，看上去就像某一瞬间被忽然固定了，所以有人称他的作品是"速冻的偶发艺术"。出现在实际环境中的这些真人大小的白色石膏像，看上去与周围世界距离很远，由此传递了现代都市人的孤独感（图225）。1970年后，他的创作开始涉及社会敏感问题，如政治和宗教，并尝试将绘画与雕塑结合起来，1980年代后还创作了一些青铜作品。

图226 凯因霍尔茨 存在17
1979—1980年，综合材料装置，3m x 8.5 x 4.3m，私人收藏

　　一个窄小的旅店房间，因潮湿壁纸已经破裂，桌子上有一个旧电视机，一条内裤晾在右侧墙上的衣服挂上。一个年纪很大的男人以三种姿态同时出现：一个躺在床上读书，打发漫长而孤独的时间；一个低着头坐在床边上；最后一个人面朝窗外，似乎只有这个人的思想超出了狭窄房间的限制。在平静的画面形式中，暗示出充斥着腐朽、性压抑和社会暴力的现实。在平静的画面形式中，暗示出充斥着腐朽、性压抑和社会暴力的现实。作品标题涉及一部长篇小说《战俘营17》，那是有关战争中被困的故事，士兵如囚徒般在痛苦和被限制中等待增援。作者1970年代的创作都立意不凡，能通过装置手法对美国社会提出控诉。

爱德华·凯因霍尔茨（Edward Kienholz）
1927—1994年

　　装置艺术家，善于从平常生活中提取素材，表达现实生活的荒诞和恐怖。他制作写实的真人大小的雕像，也使用综合材料制作荒诞人形。他对宗教、政治和性进行反思，再现医院、室内和妓院场景（图226）。早期装置名作《州立医院》（1966年），是一间门被锁住的木板房，人们只能通过门上的小窗户看到里边的景象：一张上下铺的双人床，躺着两个体态干枯的病人模型，他们被捆绑在床上，身上污秽不堪；最恐怖的安排，是将病人的头用两个金鱼缸代替，里边还有金鱼在游动。据说这件作品在展示时，还附有人工合成的臭味。研究者们认为，这件作品是作者以隐喻手法对美国社会禁锢人性自由的批评。另一件著名作品《便携式战争纪念碑》，是用雕塑复制二战时期的一幅著名照片——美军士兵将星条旗插到敌人岛屿上，但他将背景环境改成一个咖啡馆的休闲阳台，墙上还有征兵广告和食品招牌，如此不协调的场面产生强烈的荒谬感，使人思考战争与日常生活的关系（图227）。

　　作为对生活现象的复制和仿造，超级写实雕塑很接近波普艺术，只不过由仿制消费品变成了仿制消费者。杜安·汉森（Duane Hanson，1925—1996年）是美国超级写实主义雕塑家，作品原型取自日常生活，有流浪汉、小资产阶级、游客和运动员，展现了人生活动的横断面，大部分作品都是对乏味无趣的日常生活的写照，也有批判消费社会的含义（图228）。他受西格尔影响，从真人身上翻模复制，还给人体雕塑加上假发、玻璃眼睛、适合的服装和有关道具，能达到乱真的程度。有评论说他的作品反映现代人生存处境，是孤独、疏远和相互隔绝。另一名超级写实主义雕塑家约翰·德·安德里亚（John De Andrea，1941年—），使用与汉森同样的手法，也是在真人身上直接翻模后制作加工，最后植上头发和睫毛。但他并不关心

图227 凯恩霍尔茨 便携式战争纪念碑
1968年，多种材料的环境装置、录音机、可口可乐售货机，
285cm×950cm×240cm，德国科隆路德维希博物馆藏

图228 汉森 奎尼
1995年，彩色青铜与混合媒介，高166cm，私人收藏

社会生活题材，而是将注意力集中于女人体的塑造，创造出一种类似美术学院裸体模特姿态的样式，放置于纯白展台上（图229）。这种作品虽然姿态优雅，但有时难免做作，但这正符合中产阶级的审美需要，所以他的作品在艺术市场上大受欢迎，常年处于供不应求的状态。

9.4 当代写实绘画

写实绘画本是各个历史时期都存在的艺术手法，这个手法的核心是只画看得见的。正如法国19世纪写实主义创始人库尔贝（Gustave Courbet）所说："我不画天使，因为天使是肉眼看不见的。"虽然1960年代以来，当代写实绘画也偶有出现；但当代写实艺术，不再仅仅拘泥于可见事物的外观，而是结合了复杂表现手法和思想观念。因此，如何命名这类创作活动，就成了一件不容易的事情。

1962年纽约的一次波普艺术展览，曾被命名

第九章 比照片还逼真

图229 安德里亚 坐着的交叉双臂的金发女人
1982年，涂色乙烯聚合物，152cm×86cm×93cm，新奥尔良 Virlaine 基金会藏

为"新写实主义"，但这个命名与法国1950年代的"新写实主义"相重复。此外，对于1960年代以来的这类绘画，还有"叙事具象"（Narrative Figuration）、"新绘画"（New Paiting）等称呼，意思也都差不多。由此可见，所谓当代写实艺术，涵盖范围广阔庞杂，精确描述困难较大。本书里使用"写实绘画"这个名称，也只是泛指忠实于描绘对象，采用非抽象、非表现、非怪诞的表现手法，画面视觉效果合于普通人的视觉习惯，并且没有被纳入其他当代艺术运动的绘画风格。这样风格的绘画作品流行于1960至1980年代的美国和欧洲。其中许多作品能结合平面空间、巨大尺寸和简化色彩，呈现出不同以往的面貌。在这些作品中，吕西安·弗洛伊德的心理刻画功夫与阿里克斯·卡兹的强烈简化形式，分别代表了其中较为极端的两个方向。

9.4.1 心理刻画

当代写实艺术的一个方向是心理刻画，这当然是西方传统人物画中惯用的表现方法，历史上也出现众多的经典作品。但由于时代变化的缘故，当代艺术家还是在创作中捕捉到了一些特殊的当代气息，比如颓废、粗陋和鄙俗，就大量地出现在弗洛伊德的作品中。而阿丽丝·尼尔的作品，则让我们看到了人性的高贵。

吕西安·弗洛伊德（Lucian Freud）
1922 年—

英国当代肖像画家。生于德国，是精神分析大师西格蒙·弗洛伊德的孙子。1931年随家人移居伦敦，后获得英国国籍。1951年举办首次个人作品展。战后，弗洛伊德在他的画室里用模特儿画了一些肖像和人体，这些作品中的人物充满肉体欲望，造型上略有夸张，肢体语言粗野质朴，没有感情，看上去只是肉体呈现（图230）。他说："我经常把脸留到最后才画。我想把表现力留在肉体中。头颅只能是另一个肢体。"以这样的眼光去观察人体，他创造出异乎寻常的肉体真实感，也使画中人物的神态有些木讷或神经质，批评家们因此盛赞他善于刻画心理世界。他的素描作品线条繁复，笔法精细，有独到美学风格。他对于同时代其他艺术潮流毫不关心，一些作品有自传意义，表现自己及周围亲朋好友的精神世界。通过传媒的介绍，他的作品对中国当代的一些油画家产生影响，模仿追随者不少。

阿丽丝·尼尔（Alice Neel）
1900 — 1984 年

美国当代写实画家。出生于美国宾夕法尼亚铁路职员家庭，就读于费城设计学校，早年曾因婚

图230 弗洛伊德 天窗下站立的利夫
1994年,布上油画,297.2cm×120.6cm,
纽约 Acquavella 当代艺术公司藏

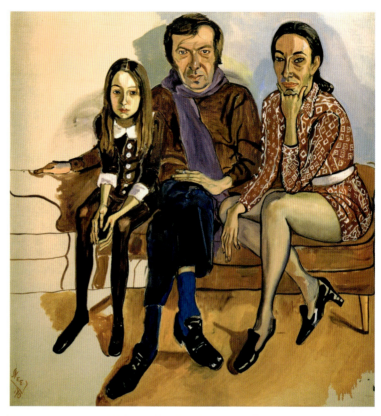

图231 尼尔 一家人（约翰·格林、简·沃尔森和朱丽亚）
1970年,布上油画,147cm×152cm

姻破裂住进精神病院，病愈后移居纽约。1940年后，专注于肖像创作，描绘对象通常是贫穷的人。创造出一种介于北美写实主义和表现主义之间的风格。因为与当时纽约流行的画风不同，所以直到1960年代早期才得到社会关注，这时她已经超过60岁。而在此之前，她的私人生活也因不合传统而困难重重。她在创作中从来不打素描稿，而是直接在画布上创作。作品色彩明朗，色层表面稀薄，线条有流动感，也能深入刻画人物的精神状态，这为她带来"在如同平面镜子一般的画布上捕捉人类最伟大的永恒思想的瞬间"的名声。她的作品展现20世纪普通美国人的生活面貌，也如同她的自传，这些肖像画就是她的全部世界（图231）。尤其值得赞赏的是，她能同时表现生活的艰辛和人性的高贵，这是一种非英雄豪杰的普通人的高贵，开创出充满人性力量的一种艺术类型。

9.4.2 社会暴露

在技巧上并无所长，但能暴露某种社会问题或不大常见的私人生活景观，是当代写实绘画的又一种类型。这种类型的作品是以内容的批判性和隐私性为吸引观众的手段，也能在某种意义上突破传统绘画的局限。代表人物是艾里克·菲谢尔，他的作品仿佛是偷窥狂的心灵轨迹，而莱昂·格鲁伯等人的创作则是暴露社会弊端。

图232 菲谢尔 生日男孩
1983年，布上油画，213.3cm×274.3cm，私人收藏

埃里克·菲谢尔（Eric Fischl）
1948年—

美国当代写实画家、摄影师。1979年举办首次个人作品展。多以人体为主要表现对象，赤裸裸地表现美国中产阶级的丑陋、怪诞和困惑的家庭生活，尤其是人的私密情欲，如酗酒、乱伦、同性恋等景象，因触及社会禁忌，所以常能引起舆论关注。作者在表现私密的性生活和情欲幻想时，有意借用青春期男孩子的视角，仿佛充当有窥阴癖的角色，也因此将观众置于欣赏过程中的尴尬境地（图232）。他的创作也反映出这类写实绘画的可悲状态，即除了通过内容的冷僻和怪异去吸引大众眼球，其他方面已乏善可陈。

巴尔蒂斯（Balthus）
1908—2001年

法国当代画家。原名为巴尔塔扎尔·克洛索斯基·德·罗拉（Balthasar Klossowski de Rola），父母是巴黎画家，他从幼年就开始学画，1934年举办首次个人作品展，此后长期居住巴黎近郊。从1920年代开始，他就脱离当代前卫艺术思潮，以继承西方古典大师的传统为目标，尤其受早期文艺复兴艺术影响，试图实现完美的技法和平稳的构图。多年来潜心作画，从不招摇，创作题材包括风景、室内、肖像、人体和宠物，绘制手法千篇一律，构图刻板生硬，色彩也很不明朗。1930年代后，热衷于刻画有色情意味的室内青春期少女，常有意制造生涩笔法和变形姿态，画面十分做作，所描绘的场景也如同与世隔绝的古代世界（图233）。也能通过一些有意味的细节，体现色情偷窥暗示。因享有一定的国际声望，1990年代对我国部分油画家产生影响，有许多人盲目模仿，甚至一度形成风气。

莱昂·格鲁伯（Leon Golub）
1922—2004年

美国当代人物画家。出生于芝加哥，二战后期曾作为士兵被派往欧洲战场。他在1950年举办首次个人作品展，此后多以军事题材入画。1960年以后，格鲁伯常以巨幅画面表现当代社会生活，反对各种不公正和暴力，作品中的人物都来自社会真实事件，他以匿名方式将他们表现在画面上。制作方法是厚涂颜料，然后再利用溶解剂来反复溶解画面，他说这样可获得"一种像雕像似的人物形象，虽然有些损毁和腐蚀，但仍保持了主要的结构"。但这种斑驳的处理让他的人物形象单薄而琐碎，画面构图也往往类似插图性。《雇佣兵4号》描写了雇佣兵之间的惯常的冲突，以此批评世界性的制裁、杀戮、恐怖和暴行。空白背景构造了紧张的画面空间，根据媒体资料作画确保了服装和装备的真实性，地点则可能是拉丁美洲或者非洲（图234）。《审问3号》（1981年）则是描写两个警察在拷问一个赤裸的妇女，画面形象残暴而扭曲，有很强的社会针对性。

罗伯特·隆格（Robert Longo）
1953年—

美国艺术家和版画复制专家。几乎运用了当代艺术的所有形式，如素描、油画、雕塑、摄影、

图233 巴尔蒂斯 金色的日子
1944—1946年，布上油画，
148cm×200cm，华盛顿
Hirshhorn博物馆和雕塑公园藏

图234 格鲁伯 雇佣兵4号
1980年，布上丙烯，305cm×
584cm，伦敦Saatchi收藏

表演、装置、录像，等等，以表现时代的疯狂和人性的扭曲。他使用雕塑手法塑造战争魔鬼，使用油画和环境艺术手法表现恐惧场面，拍摄过7部短片和摇滚录像，用黑蜡和白蜡创作巨幅几何形式的浮雕以暗喻死亡。1980年代初他使用幻灯将照片投放到画布上，制造去掉背景后的黑白照片复制效果，画面上多抽搐和扭动的病态形象，突出表现人物的紧张和慌乱，许多内容是对城市暴力、强权、媒体煽动性和大众狂热行为的批判（图235）。这类作品在手法上与超级写实主义如出一辙，但内在性质不同，隆格的作品是社会批判意识的载体，而并非如实照录生活现象，所以他也被看成是新表现主义者。

克马尔和梅拉尼德（Komar & Melamid）

美国当代艺术家。韦塔利·克马尔（Vitaly Komar, 1943— ）和亚历山大·梅拉尼德（Alexander Melamid, 1945— ）都出生于莫斯科，1967年毕业于莫斯科斯特诺加洛夫艺术与设计学院，此后二人联手创作，被外界称为"克马尔和梅拉尼德"。

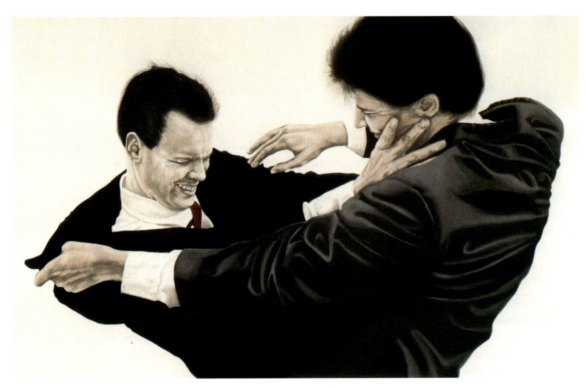

图235 隆格 无题
1981年，纸上木炭、石墨、丝网、墨水和坦培拉画法，
152.4cm×243.8cm，私人收藏

1974年，他们在莫斯科举办的展览被推土机压碎，由此引起西方艺术界关注。1976年他们移居纽约，自称是"后社会现实主义"艺术家，以苏式学院派的写实手法，组合现实中的矛盾情节，创作大量反映政治历史的油画（图236）。如在雅尔塔会议上的罗斯福长着一张外星人的脸，克里姆林宫只是掩藏在红幕布后边的背景，列宁在麦当劳门前招手打出租车，斯大林和缪斯女神在一起……他们还将一些可笑的政治性图像与色情场景、艺术史内容和日常生活用品拼凑在一起，自称是反映"少年时期的记忆和性观念"。但是西方研究者指出："在形式方面，20世纪70年代的苏联后乌托邦艺术首要的是具有了一种全新的叙述方式，这种叙述与前卫派对文学性的拒斥背道而驰，而是在继续社会主义现实主义的叙述形式。"这个评论是很准确的。

图236 克马尔和梅拉尼德 镜子前的斯大林
1982—1983年，布上油画，182.8cm×121.9cm，私人收藏

图237 卡兹 红色帽带
1978年，布上油画，
180cm×370cm，私人收藏

9.4.3 形式构造

无论什么样的作品都有形式构造，但写实作品容易以具象内容遮蔽抽象形式，不容易产生纯粹的形式美感。但下面几位写实画家，都能在描绘现实形象的同时，将具体事物转化为平面构成的某些元素。他们不关心叙事内容，而是更注重简洁单纯的视觉效果。

阿里克斯·卡兹（Alex Katz）
1927年—

美国波普艺术家。早期创作受抽象表现主义影响，1954年举办首次个人作品展，从此转向具象领域，以创作大幅写实油画见长。他的创作题材广泛，笔法爽利，色调明朗简易，画面效果整洁敞亮，能表达生活中的轻松内容，代表了当代艺术中追求视觉愉悦感的创作方向（图237）。大部分作品是肖像画，包括了家人、纽约的知识分子和自画像。善于捕捉对象的形式特征，并能率直地表现出来，作品有简约的形式和明亮的光感。他对流行的东西很敏感，描绘中不乏发型和服装的细节，所以，尽管他的很多作品已简略至极，但仍趋向于具象传达而非抽象概括。1986年以来，也画一些风景画，是他从画室看到的景色，还完成了一些平涂的花卉作品，都有很强的图案效果。卡兹说："与共产主义、学院派、法西斯、严肃的前卫艺术、宗教复兴、新纳粹和法国哲学家相比，我更喜欢表面的东西。"由此可见他追求纯粹视觉效果的态度，这种态度从创作立场上看，似乎更偏于现代而不是后现代。《黄房子》是他晚近的创作，画面中纷纷扬扬的光斑，有很强的放射效果，两侧的树叶向中心聚集，有助于增加画面的节奏感，也为这幅平面化的作品增加了一点深度空间（图238）。

图238 卡兹 黄房子
2001年，布上油画，120in×120in，纽约PaceWildenstein画廊藏

图239 皮尔斯坦因 有印度红椅垫的椅子上的女模特
1973年，布上油画，122cm×106.5cm，美国北卡罗莱纳州 Ackland 艺术博物馆藏

菲利普·皮尔斯坦因（Philip Pearlstein）
1924年—

　　美国写实画家。1955年获得纽约大学艺术硕士学位，善于以静物写生的方法描绘画室里的裸体人物，发展出一种特殊的构图风格和表现技巧（图239）。他在创作中有意识排斥对人物性格和情感的表达，将身体作为一种物质对象来精细刻画，画面上只有身体部分，通常看不到人物的头和脸，加上对人体角度、光线和画室背景的精心安排，尤其是对人体骨骼和松弛的皮肉给予特写般地表现，使人体更加"生物化"。这样的作品表现了作者客观实证、无动于衷的冷静态度，以此区别西方传统艺术中富于情感的人体表现方法。

费尔南多·波特罗（Fernando Botero）
1923年—

　　哥伦比亚画家、雕塑家，有独特的艺术风格。创作题材广泛，手法幽默，擅长肥胖造型，不论是人物、动物、风景、静物或其他物体的造型，都如同膨胀的气球，并给予连续的夸大和重复表现。他的作品大体分两部分：一部分是对现代日常社会生活的幽默描绘，另一部分是以增肥手法改画历史上的经典作品，如改画《蒙娜丽莎》，是把原来的形象改画成肥胖圆润，把神秘微笑换成轻松笑脸。在作者笔下，"肥胖"意味着快乐和享受，彰显了生命力的蓬勃。他将任何人和任何物体，都看成永远不变的膨胀物，没有任何偏见和歧视。所

图240 波特罗 跳舞的人
2000年，青铜，美国华盛顿波特兰大街

图241 波特罗 周日下午
1967年，布上油画，175cm×175cm，私人收藏

以，在他的作品中，肥胖是美感的必要因素（图240）。《周日下午》以梳着高高的双螺旋形头发的母亲为中心，一个家庭的成员正在享受传统的星期日下午野餐（图241）。父亲手中夹着香烟，似乎忧愁地正在想着什么，母亲怀中抱着身着旧式服装的小孩，远处稍大一点的孩子穿着海军服，手持玩具刀，做出卫兵的姿态，旁边还有一个孩子在地上爬。周围的小山丘如同波浪般涌动，身后的树干如一道栅栏，凸显出人物的巨大尺寸。与波特罗的其他人物作品相比，这幅作品有沉闷和拘谨的效果，据说有批评哥伦比亚宗教文化的含义。

9.5 结语

起源于1960年代的当代写实艺术，主要涉及绘画和雕塑两种形式。一般认为，当代写实雕塑的成就明显高于绘画，这是因为，比起那种纯然复制照片的绘画，雕塑总还有一些属于自己的制作技术。另外，超级写实主义雕塑也是前所未见的一种雕塑形式，而照相写实主义绘画所带来的精确描绘技法，在文艺复兴时期的作品已有先兆，如荷尔拜因（Hans Holbein，1497—1543年）的肖像画，已经达到了写实技巧的顶峰，而当代照相写实作品不过是尺寸较大而已。因此，本章中对这部分作品难以给予过高评价。此外，还有一些问题也需注意：

1. 美国和欧洲的艺术家，在艺术创作上有不同的追求。欧洲艺术家偏重于借助形式表达思想，美国艺术家则热衷于纯粹制作仿真品。如查克·克洛斯以巨细无遗的手法制作正面像，态度冷静客观，杜安·汉森和约翰·德·安德里亚制作的人物雕塑，也是恍若真身。而杰哈德·里希特和罗伯特·隆格则是有选择地复制照片，能体现社会批判意识。

2. 尽管当代写实艺术的范围很广，但对于视觉真实感与人性关怀的探求，仍然是这种艺术的基本方向。吕西安·弗洛伊德的颓废欲望和肉体；菲利普·皮尔斯坦因的熟练解剖功夫；阿丽丝·尼尔的悲天悯人情怀；费尔南多·波特罗的快乐肥胖人形，都为我们刻画出此时代的众生相，成为我们认识这个世界外在形色的全息镜像。

3. 就当代写实艺术的发展过程来说，商业因素起到了不可低估的作用。如果没有艺术市场的收藏活动，可能不会有那么多艺术家参与到具象创作中来。事实上，当代影像复制技术对写实手法的冲击太大，任何画家都难以与影像技术抗衡，因此，能在这个领域默默耕耘也颇为不易。从艺术地位上说，今天的写实绘画，已失去了传统时代那种统领天下的雄姿，它只是人类某种传承已久的特定手工技术的演练活动而已。但这种演练还会长久延续下去，只要它还有商业价值。

4. 无数事实证明，依赖现代摄影和其他制作手段的写实绘画，虽然能制作出吸引眼球的巨幅图像，但已很难取得欧洲传统绘画那样的成就。就目前的情况看，无论是摄影术的复制、隐秘内容的发掘，还是某种有针对性的社会主题，都不足以使架上绘画这一古老形式重振雄风。也许可以说，当代写实艺术的主要贡献是对生活内容的叙述，从这个角度看，它既是一种记录手段，也是一种保持古老形式的大众艺术。

注释

① "坏画"（Bad Painting）是1978年出现在美国的一个展览的名称，后来扩展为一种写实的绘画潮流。所谓"坏"，是指与当时流行的"好"的艺术——极少主义和概念主义相对立。其艺术特征大体上是具象表现、制作粗糙、有个人特点和幽默感。代表画家是朱安·布朗（Joan Brown）和尼尔·杰内（Neil Jenney）。

② 卡塞尔文献展（Documenta in Kassel）是在德国卡塞尔市举办的国际艺术大展，始于1955年，每5年举办一次，与威尼斯双年展、巴西圣保罗双年展并立为世界三大艺术展。

第十章 肉身的磨难

10.1 行为艺术概述

使用身体动作、行为和语言从事表演活动,是戏剧艺术的手段,但戏剧演出是按照剧本由专业演员扮成角色进行,有特定的演出场所和固定内容,明显有别于日常生活。没有文学剧本,没有专业训练,也不是装扮成某种角色,但仍然要在人前进行某种身体、语言和行为的表演,被称为"行为艺术"(Performance Art)。

行为艺术不是一个具体派别,而是一种在当代艺术中频繁出现的表现手法。有关行为艺术的称谓很多,因时间地点不同,表现为"身体艺术"(Body Art)、"偶发艺术"(Happenings)、"行为艺术"(Action Art)、"事件艺术"(Event Art)和"表演艺术"(Performance Art)等等。它是出现于1960年代晚期并活跃至今的国际性艺术潮流,能最大限度地跨越艺术门类界限,综合使用文字、诗歌、戏剧、音乐、舞蹈、建筑、绘画、录像、电影、幻灯以及讲故事和谈话等多种手段,可在剧场、酒吧、车站、大街等公开场合表演。表演形式无所拘束,表演时间可长可短,表演内容可以是一次性的偶然亮相,也可以反复出现、不厌其烦。

行为艺术家致力于打破艺术与生活界限,以身体为载体,通过肉体、动作展示某种意图或思想,有着反叙事、重复、重视过程、随机、隐喻及在地性等特点,并由此发展出一套有别于表演艺术的演出模式。无论是承受各种外力的一切躯体动作,还是源于身体内部的吃、喝、拉、撒、睡、做爱等生理机能,都是行为艺术家借以表现某种意图的手段甚至身体的分泌物,如尿液、经血、毛发、粪便、呕吐物、口水、泪水、指甲等等,或其他有生命的动物和无生命物品,都可成为辅助身体动作的可用创作元素。

行为艺术起源于20世纪早期的现代艺术活动,如1909年意大利未来主义艺术家举行"未来主义之夜",在城市的广场上从事政治演说、诗歌实验、剧本演出、高声朗诵和大声欢呼等狂乱活动。1913年、1914年,俄国未来主义者也举行过身着奇装异服的街头游行和由普通公民参与的戏剧节。1916年,一些在瑞士躲避战火的艺术家和诗人们,在小酒吧里举办朗诵诗作、悬挂绘画、唱歌、跳舞、演奏音乐等活动。1921年,达达主义者在德国科隆举办展览,展出大批可以自由搬弄的物品,其中马克斯·恩斯特的一件雕塑上挂着一把斧子,观众可以用它去捣毁雕塑本身,当大量展品被观众摧毁而遭人质疑时,恩斯特回答:"我们说得挺明白了,它是一个达达展览,达达从来就没有说过跟艺术有任何关系。如果观众混淆了这两者,那就不是我们的错了。"1920年,巴黎达达派举办"周五文学沙龙",包括了伴有噪声的集体朗诵和在黑板上画画的表演,引发观众把现场能找到的各种各样的垃圾扔向表演者。1936年,前德国包豪斯学校的平面设计教师约瑟夫·艾伯斯和桑迪·沙文斯基(Xanti Schawinsky),在美国的黑山学院开创新的研究领域,包括音乐、舞蹈、电台音频、噪声等内容,强调表达日常真实状况,为日后的行为艺术创建重要基础。

从上述历史事件可以看出，行为艺术由来已久，是现代艺术中反传统、反艺术的虚无思想的极端表现。尤其是1960年代以来，为对抗艺术的精英化和商业属性，西方许多流派的艺术家都致力于打破艺术与生活的分野，使艺术彻底生活化和日常化，前述大地艺术、过程艺术、废品艺术，都显现了这样的追求。经过这样的努力，艺术的门类界限被彻底打破，艺术不再源于生活、高于生活，而是等同于生活或混同于生活。创作者可以使用各种手段，像在生活中一样表达自我。因此卡普罗说："如今的青年艺术家无需再说，'我是一个画家'、'一个诗人'或'一个舞蹈家'，他就是一个'艺术家'。全部生活对他开放，他将发现普通的事、普通的意义，不再试图使它们变得特别。唯有真实是被关注的。在虚无之外将发现超凡脱俗，并且这或许是同样虚无。人们将是愉快的或恐怖的，批评将被拒绝或令人感到有趣。但我相信，这将是20世纪60年代的炼金术。"

行为艺术有五个明显特点：一是非角色特征。即行为艺术是个人真实行为，而不是像演员那样扮演虚构角色。二是肉身体验的极端性。个人真实的身体活动带来肉身体验的真实性，这种体验常常因为表演内容的自残自虐性质，产生惊世骇俗的社会效果。三是感官综合手法。行为艺术家通常不满足于单一感官的使用和表现，他们会利用视觉、声音、运动、身体、气味、触觉等多种方式从事表演活动。四是观众参与。这在美国的行为艺术中表现最为明显，许多行为表演需要借助表演者与观众的互动效果。五是强烈的破坏力量。行为艺术通过非常规表演方式，意在摧毁一切正统艺术观念和欣赏趣味，从而带来强烈的审美破坏效果。也正是因为行为艺术的这些特点，所以在行为艺术泛滥的地方，很容易引起大众的质疑和声讨。

从已有情况看，大多数行为艺术不具有被广泛接受的可能性，但在商业风潮席卷一切的时代里，行为艺术也能通过其"无用"和"放纵"的特质，显示被主流文化所遮蔽的某种人类精神。艺术家们通过身体试验，探索了人体可能具有的表演潜力，也通过各种与现实社会规则相对照的极端活动，引发对特定社会环境下人类行为的思考。从1960年代晚期到1970年代早期，涉及舞蹈、音乐、电影和戏剧的行为艺术，成为最具争议性、创造力和广泛影响的主流艺术活动，涵盖众多团体和艺术家。下面介绍其中比较重要的运动和艺术家，以求能大致描述这种混杂无章的艺术现象。

10.2 偶发艺术

偶发艺术，就是"偶然发生"的艺术，特指艺术家创造的没有预先设计的行为表演活动，是行为艺术的一种早期形态和类别。这种艺术始于美国，流行于1950年代晚期和1960年代早期。主要特征是在不同场合和时间里制造一些自发的、无情节的人物活动，通常辅以材料装置、灯光、声音、幻灯放映和观众参与等要素。它能使艺术成为一种"事件"，并由此去除传统艺术的技巧性和永久性价值。偶发艺术的概念宽泛，既包括艺术家制造的某种人为活动，也包括艺术家随意截取并参与其中的某个瞬间生活现象，这后一种情况意在证明普通生活与艺术毫无区别，所以很多偶发艺术内容枯燥，毫无趣味。偶发艺术的名称来自美国艺术家卡普罗在1959年10月4日的作品《分为6个部分的18个偶发事件》，该作品在纽约的鲁本画廊（Reuben Gallery）举办了6天。

阿伦·卡普罗（Allan Kaprow）
1927—2006年
美国行为艺术家，偶发艺术的创始人和倡导者。曾就读于纽约的汉斯·霍夫曼艺术学校，后师

图 242 卡普罗 房架子
1994 年 5 月受美国康奈尔大学委托创作的偶发艺术

从作曲家约翰·凯奇并深受其影响。1952 年首次举办个人作品展,展出油画和其他种类作品。但他对西方当代艺术最主要的贡献是创造偶发艺术,即通过大胆实践,将毫无意义的行为变成艺术作品。代表作是《分为 6 个部分的 18 个偶发事件》,这是第一件偶发艺术作品。表演内容是将一家画廊分割成三个小房间和一条走廊,伴随电子音乐,两男三女在几个房间里来回走动,偶尔做出一些简单的动作,其中一个房间里还放映幻灯片。

从卡普罗的创作看,偶发艺术是把行为、影像、声光、文字、实物等效果组合为一体,把许多不相干的东西同时呈现出来,并让观众置身于演出现场中。他说:"偶发艺术,简言之,就是事情的发生。然而,最好的偶发艺术有一种决定性的强烈感染力,那就是,人们感觉到'这儿发生了一些重要的事',它们不知走向何处,也没有特别的文字观点。和以往的艺术相比,它们没有结构的开端、中间过程和结尾。它们的形式是开放的、流动的;不寻求什么,也不得到什么,除了一些引起人的特别注意的时间。它们仅表演一次,或是几次,然后就永远消失了,而新的作品将取而代之。"由此可知,偶发艺术的内容毫无精彩之处,但正是这种不精彩才能起到消解传统艺术的作用(图 242)。也就是说,如果普通事物成了艺术,那么艺术与非艺术就没有差别,人的日常活动与艺术活动也就没有差别了。这也正符合偶发艺术理论的倡导者约翰·凯奇所说的:"这不是一种与生活相异的艺术,而是生活中的一种行动的艺术。"

吉姆·迪恩(Jim Dine)

1935 —

美国波普艺术家,偶发艺术的最早参与者。1959 年后致力于多种艺术活动,创作油画、雕塑、版画和摄影等。作品中反复出现心脏、衣服、维纳斯、花、鸟、工具、绳索和肖像等视觉符号,许多作品有叙事和个人自传性质。曾为公共空间制作出许多巨大心形雕塑,表现出对情感世界的关注。1970 年后定居伦敦。1980 年以来,创作组合面孔、风景、骷髅和硕大心脏的两联或三联画。他的行为艺术创作出现在 1960 年(图 243),他曾这样描述一次创作过程:"有一张桌子,上面放着三个颜料瓶和两支画笔,画布被涂成白色。我绕着它转,有一束灯光照在我身上。我全身是红色的,口又大又黑,我的脸和头全是红的,身上穿着一件红色的拖到地上的大大的罩衫。我用橙黄色和蓝色在画布上画上'我喜欢我正在做的'。在我写'正在做的'几个字时,我的手突然加快了速度。我抓起一个颜料瓶猛喝,然后把另外两个瓶子的颜料浇在头上,很快,颜料往下流,自然地流过画布。灯光暗了下去。"

第十章 肉身的磨难

图 243 迪恩 微笑工作者
1960 年，行为表演，纽约 Judson 美术馆

图 244 布里斯利 今天，我无所谓
1972 年，行为表演，伦敦 Event 画廊屋

10.3 事件艺术

1960 年代的欧洲，差不多与美国出现偶发艺术的同时，也出现了一些较大规模的行为表演活动，因其组织方式和表演特点容易形成某种社会公共事件，因此被称为"事件艺术"。事件艺术与偶发艺术不同之处，是表演成分较多，通常是由艺术家通过极端行为表演刺激观众，挑战人的生理、心理和道德极限；又因为表演内容不是日常生活内容，所以也不需要观众直接参与。

以集体行为制作事件艺术的著名团体，是维也纳行为艺术小组（The Vienna Aktionists），这个小组的活动性质已超过一般的事件而成为"事端"。这是因为该行动小组热衷于制造血腥、污秽、摧残和暴力场面。他们向中世纪的神秘剧寻找灵感[1]，创造出有强烈挑衅性的仪式场景，如用血和排泄物做颜料，男女裸体相交和相互击打，践踏动物内脏和尸体，等等，所用工具也多是手术刀、止血钳、注射器、纱布、绷带等。这些离经叛道的行为表演，是对社会禁忌的逾越和挑衅，所以大众媒体对此给予极低评价，也经常引发法律与治安方面的冲突。

过分追求生理刺激的事件艺术带来的负面结果是，创作中自残自虐行为偏多，成为后来自虐式行为艺术的始作俑者。如英国艺术家斯图尔特·布里斯利（Stuart Brisley，1933 年—）在《今天，我无所谓》中，将自己浸泡在灌满脏水和动物内脏的浴缸里，维持了整整一周的活动（图 244）。法国艺术家吉娜·帕纳在表演中不断用身体撞向周围的墙壁，甚至用刀片刺破自己的身体，都是这种自虐行为艺术的例证。这种对自我肉体的摧残和迫害，固然能体现表演者的坚忍意志，但对传播效果而言，必然是惊骇大于审美，是间接地对观众意志和心理承受能力的挑战和摧残，也自然很难得到普遍理解和好评。

赫尔曼·尼茨（Hermann Nitsch）
1938 年—

奥地利行为艺术家，维也纳行为艺术小组的创始人。青年时期学过素描，1958 年后，用波洛克的行动画法，制作红色滴画《肉和血的红色》。

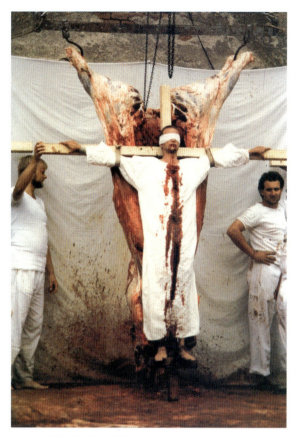

图 245 尼茨 第 80 次行动
1984 年，在普林森多尔城堡的行为艺术的摄影，奥地利

1962 年以后开始从事行为艺术，举行"神秘和狂欢剧场"仪式，将激烈的行为艺术搬上舞台，在引起观众强烈反响的同时，也因有伤风化和妨碍公共秩序被监禁。1971 年，他买下奥地利北部葡萄酒生产地区的普林森多尔（Prinzendorf）城堡，作为他"神秘和狂欢剧场"的演出中心，也由此躲避警察的干预。他所创作的所有场景和每个动作都事先设计并绘草图，音乐和语言也由他本人设计，据说演出内容包含了亚里士多德哲学、弗洛伊德心理学以及传统戏剧、酒神狄俄尼索斯等诸多西方文化元素，是一种涉及人的全部知觉的神秘体验活动（图 245）。1996 年他在城堡中进行了 6 天的仪式表演，约 500 人参加演出。他在这些演出中身着祭袍，用圣餐杯把鲜血洒在演员裸露的身体上，通过解剖动物和放纵情欲，使感官冲动到达极限。这种以血液、虐杀动物和裸露身体为主的演出形式，因触及社会禁忌而备受非议，常遭到大众媒体的抨击。尼茨说，他的艺术是让人对性与死亡两种极端体验达到极限，然后得到精神上的净化。法国批评家乔治·巴塔耶[②]（Georges Bataille）则认为，尼茨行为表演的核心意义是想要与现代文明带来机械化的冰冷僵硬对抗。

事实上，此类极端行为艺术创作往往与作者心理状态有关，维也纳行为艺术小组成员中有不少行为乖僻者。如奥托·穆埃尔（Otto Muehl，1925 年—），是维也纳行为艺术小组创始人之一，多次主持丑陋不堪的行为艺术表演，让男女裸体相互纠缠、击打，使用食物、绷带、鸟和颜色覆盖在演员身上，表现"泥巴、人、抹布、面包和水泥的同等价值"。1991 年因"教唆未成年人荒淫"被判处 7 年监禁。他的思想正如他自己所说："生活在这个文明的世界，有时我真想像猪一样在泥潭里打滚。我想用生活把所有光滑的表面玷污。我趴在上面，把垃圾抛向四面八方。"甘特·布鲁斯（Gunter Brus，1938 年—）在 1964 年参加维也纳行为艺术小组，专注于"身体的分析语言"研究。创作使用自残工具，如刀片、钉子和剪子，在身体上制造伤口（图 246）。1968 年参加"事件：艺术与革命"运动，喝自己的尿，用粪便涂满自己的身体，一边唱奥地利国歌，一边当众手淫。为此他被判处 6 个月的监禁。后来他流亡到柏林并转行从事写作。鲁道夫·施瓦茨克格勒（Rudolf Schwarzkogler，1940—1969 年）也是在 1964 年参加维也纳行为艺术活动，1965 年首次创作行为艺术《结婚》，此后又创作了五个极端的行为艺术表演，使用了剪刀、刀子、电线和鱼摧残身体，甚至自我阉割生殖器。1968 年后他使用文字和素描从事创作，1969 年因抑郁而跳窗自杀。

第十章 肉身的磨难

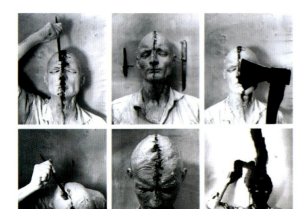

图246 布鲁斯 自我装饰
1964年,行为表演照片,维也纳,Otto Muhl 画室

图247 迪克·西根斯(Dick Higgins) 危险的音乐2号
行为表演,1962年

10.4 激浪派

激浪派(Fluxus)音译是"福鲁克萨斯",其词义为流动和延续。是1960年代初期出现的虚无主义艺术思潮,始于德国,扩展至荷兰、英国、法国、瑞典和美国,1970年前后进入巅峰状态。激浪派是名副其实的激进派,是杜尚的嫡传。以反艺术为基本特色,认为社会目标比美学更重要,主张彻底的个人自由和解放,反对一切艺术陈规,认为艺术与日常生活没有区别,生活就是艺术。作为艺术组织,激浪派十分松散,成员也不固定。他们的活动集中在两个方面:一是组织表演和制造事件,二是出版杂志和制作年鉴。其最大特点是把音乐、戏剧、诗歌和视觉艺术的界限弄得模糊不清,创造出现成品、行为表演、街头剧场、电子音乐会、综合艺术、邮件艺术、无声演奏、报纸拼贴等各类随意作品(图247、248)。作为多学科和国际性的艺术运动,参与者来自欧洲和日本、韩国、巴西以及纽约和加利福尼亚等,形成跨领域的国际运动。这样的艺术活动范围广阔杂乱,实难精确定义,所以一度被艺术史忽略。

图248 威廉姆·德·里德(Willem De Ridder) 欧洲的邮件–激浪派库房
1964—1965年,1984年重新制作

图249 马休纳斯的行为艺术表演,与女艺术家互换不同性别的衣服

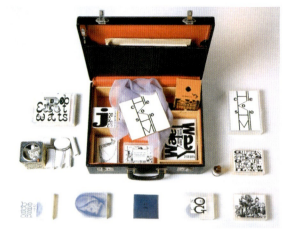

图250 马休纳斯 激浪派工具箱
1964年,一个装有马休纳斯制作的各种文件资料的小箱子,德国斯图加特州立绘画馆藏

乔治·马休纳斯(George Maciunas)
1931—1978年

激浪运动的倡导者和组织者。出生于立陶宛,学识广博,对设计、建筑和音乐都有所涉猎。1961年,他为办一本艺术杂志,仿效当年达达派命名办法,翻开一本字典,用手任意指向一个词,就是Fluxus,杂志由此命名,并在后来延伸为画派名称。1962年马休纳斯在德国威斯巴顿市(Wiesbaden)主持最早的激浪派活动(图249)。此后他们连续在巴黎、哥本哈根、阿姆斯特丹、尼斯、斯德哥尔摩和奥斯陆等城市举办活动,吸引了来自世界各地的前卫艺术家。他的创作包括了行为艺术和装置作品:在一场钢琴演奏会上,他用铁榔头敲打钢琴,意在以钢琴损坏反衬榔头坚硬;他的装置作品就是他的出版物,是一种小盒子,里边有图片、文字和各种小物件,这种盒子在激浪牌的商店里有售。1964年后马休纳斯将主要精力用于编辑激浪派出版物,但他的艺术主张却成为激浪派的活动宗旨。他说:"各个艺术门类间的界限正在趋向于模糊,事件艺术和环境艺术可以相互渗透,艺术和非艺术的界限也可以相互渗透,这是艺术上的一个新的方向。过去的艺术太专业化、太程式化、太寓意化,现如今我们则要去掉这些束缚,让艺术变成简单的、易行的、人人可为的、生活的,甚至就是生活本身。反艺术就是回到生活,就是回归自然,就是全心关注和体会具体的现实。总之,反艺术的范畴是极其广阔,无所不包:下雨是反艺术,鸟叫是反艺术,打喷嚏是反艺术,两只蝴蝶打架是反艺术。所有这些何尝不美丽?何尝不能当作艺术那样被欣赏?一个人如果能够像感受和欣赏艺术那样去感受围绕着他的现实,那么,艺术就没有必要存在,艺术家也没有必要存在。"[③]

视日常生活为艺术,是西方当代艺术的主流倾向。激浪派以此为纲,必然反对旧式权威,反对传统技巧,否认艺术家比普通人更懂艺术,反对任何艺术分类(如将美术分成绘画、雕塑等专业),其最终的目标就是废止艺术。马休纳斯担负组织和创作之责,编辑大量激浪派出版物,包括与事件有关的乐谱、定期刊物和电影胶片等,其艺术生涯与激浪派共始终(图250)。他去世后,激浪派活动也就停止了。

第十章 肉身的磨难

约瑟夫·博伊斯（Joseph Beuys）
1921—1986年

德国概念主义艺术家，激浪派最重要的成员，广泛影响战后世界艺术的艺术大师，西方当代艺术中最具感召力的领袖，一个编织艺术神话的传奇人物，一个悲天悯人、充满济世救民理想的艺术家。出生于德国的克雷菲尔德，青年时对艺术略有接触，二战中参加德国空军，接受了斯图卡式俯冲轰炸机飞行员的训练。

他能掌握多种艺术形式，包括雕塑、行为艺术、电视艺术和装置艺术。博伊斯的毛毡和油脂作品，记录了他从战场归来的故事：战争中作为纳粹飞行员的他，在苏联克里米亚半岛上空执行任务时被击落，被当地的鞑靼人所救，这些土著居民为了让他保持体温，用动物油脂堆积在他身上，又用毛毡把他包裹起来。这个故事的后一部分不是出自博伊斯本人之口，但还是成了博伊斯神话的一个组成部分。此后他经常使用毡子进行创作，著名的《毡制服》就是挂在墙上的一件毡衣服（图251）。博伊斯最初穿上这种衣服，是在1970年12月24日的一次死亡行动中。这个衣服是固定的用来表现保护个体生命的一种材料，是人类的孤独本质的符号。它还意味着囚犯身份，是纳粹集中营里的特殊服饰。另一件《雪橇》则是一辆敞开后门的货车，挂有32具雪橇，雪橇上捆绑着毡布卷、油脂和手电，看上去如同准备探险和应对紧急情况。仍然是表达被游牧部族营救的体验（图252）。

博伊斯在战后全力以赴从事创作。1946至1951年在杜塞尔多夫美术学院学习。1950年代的大部分时间里，主要从事素描。1961年，他成为杜塞尔多夫美术学院的雕塑教授，不过在1972年，由于坚持他的班级必须对所有想来学习的人敞开接纳之后被解职。为此他的学生们向校方提出抗

图251 博伊斯 毡制服
1970年，装置，德国汉堡现代艺术博物馆藏

图252 博伊斯 雪橇
1969年，装置，木制雪橇、毛毡、手电筒、黄油，伦敦泰特美术馆藏

图253 博伊斯 脂肪椅子
1964年，木头、油脂、金属，47cm×42cm×100cm，德国达姆施塔特市黑森州美术馆藏

图254 博伊斯 我爱美国，美国爱我
1974年，行为表演艺术，纽约Rene Block画廊

有凶险特色的行为表演作品：博伊斯在纽约肯尼迪机场一下飞机，就将自己包裹在毛毡里，然后一辆救护车将他送到表演场地。这是一个用栅栏隔离出的屋子，他在这里，手拿一根像道具一样的手杖，与一头荒原狼共同度过3天（还有5天和7天之说）时光。表演结束后，他被同样的方式送回机场，然后离开纽约。作品题名是"爱美国"，但整个表演过程中，作者只和一只狼在一起。狼，是美国土著——印第安人信奉的神灵，但在白人文化中遭到明显鄙夷。博伊斯通过这个行为艺术，表达了他对当代美国文化的看法。

议，他被允许保留画室，但还是丢了教授职位。他坚信艺术的更大作用是有益于社会，提出"扩展艺术概念"和"社会雕塑"的积极主张。他说："我们需要社会艺术的精神性泥土，透过此者，让所有的人变成创造者，能够掌握世界。一个护士或农夫的能力是否能转为创作的力量，必须先视之为生命中必须完成的艺术课程。"

博伊斯认为可以把人类一切行为和媒介都纳入到艺术的概念中来，提出"人人都是艺术家"的经典口号。认为人的思想形成以及由此产生的社会行为，就是社会肌体的塑造过程，有形的社会肌体是建立在无形的思想观念基础上的，是思想观念的物质化呈现。他相信好的艺术应该起到治疗社会弊端的作用，这个弊端就是工业化、技术化和专业化所带来的精神价值失落和人情淡漠。他在创作中大量使用毛毡、油脂、蜂蜜、铜、电池等媒介，也是因为这些媒介都有传递温暖的象征作用（图253）；他还亲近自然、热爱动物，是热心的环保主义者，相信自然和动物能够使人类摆脱狭隘的利己主义立场，获得新的精神力量（图254）。在最著名的行为艺术《如何向一只死兔子解释绘画》（1965年）中，他的脸上涂满蜂蜜和覆盖金箔片，围绕着美术馆来回走，并且对怀里抱着的死兔子说话，内容是解释以前的绘画。观看这个行为艺术的观众被限制在外边，只能通过后边的一块清晰的屏幕看到表演。博伊斯说这个作品与人类和

第十章 肉身的磨难

图255 博伊斯 卡塞尔的7 000棵树
1982—1987年，现在这些树已经长得很高了

《卡塞尔的7 000棵树》是公共艺术作品的经典范例。在1982年德国卡塞尔文献展上，博伊斯与他所创办的自由国际大学的学生们，开始了这个庞大的计划。博伊斯在展馆门前种下第一棵树，在树旁立了一块取自附近山上的花岗石。随后，经过卡塞尔栽种事务委员会的协调，市民被动员起来，种植渐渐成了一种公民意识，捐钱种树的人还能在树旁埋下一根有种植者姓名的石柱。只是这个计划未及完成，博伊斯就去世了。但在1987年又一届卡塞尔文献展开幕时，博伊斯的儿子在5年前父亲所种的那棵橡树旁，种下了第7 000棵橡树。如今橡树已经长大，与石柱的比例也日渐悬殊，人们也许已经淡忘这是一件艺术品，因为它早已成为市民生活情境的一部分。这样的作品是对社会公共生活的塑造，也是人类维护环境、审视自我和创造世界的永恒丰碑。

动物的觉悟有关，是一个有关思想和语言的难题。

博伊斯是一个关心政治的艺术家，他甚至创办政治团体，包括1967年的德国学生协会、1970年的"直接民主组织"和1980年的"德国绿党"。1982年他开始实施7 000颗橡树的计划，要将7 000颗橡树种植在卡塞尔，在卡塞尔文献展开幕式那天，他亲手将第一颗橡树种在展场前面的空地上（图255）。1979年，一个大的博伊斯作品回顾展在纽约古根汉姆博物馆举行，确立了他在当代社会里最重要的艺术家的地位。1986年，他在杜塞尔多夫因心脏病突发而去世。

约翰·凯奇（John Cage）
1912—1992年

美国作曲家。1931年后开始试验音乐创作，兼及诗歌、绘画创作，曾创建打击乐队。1938年，他在钢琴之中放入钉子、橡皮之类材料，让其发出各种不同的声音。此后受日本哲学家铃木大拙演讲的感染，对东方哲学产生兴趣，并在哥伦比亚大学修习禅学。他热衷运用日常生活音响制造音乐，如《水的音乐》（1952年）是钢琴家在台上倒水，在水中玩扑克；《0'00"》（1962年）是他自己上台切菜、搅拌，发出的音响扩大放出，名曰"生活音乐"。虽然大部分听众对这些作品很反感，但他得到许多现代派作曲家的支持，也影响了许多青年艺术家，如中国当代作曲家谭盾就深受其影响。

凯奇的美术成就包括素描、水彩、油画和版画，在纽约和德国为激浪运动做出了推动性的贡献（图256）。他领导的美国黑山学院的"7"小组，是1952年成立的偶发艺术团体，参与者有舞蹈家肯宁汉（Merce Cunningham）、音乐家图多尔（David Tudor）和画家劳申伯格等，这些人后来成为美国舞蹈、音乐和美术领域的先锋人物。另一位艺术家卡普罗也受到凯奇启发创造了偶发艺术，并由此引发西方当代美术中更剧烈的身体、行为、大地等艺术风潮。

图 256 凯奇 音乐演奏（钢琴）
1950 年，纽约肯宁汉舞蹈基金会藏

图 257 菲利欧 永恒的工具房
1969 年，有霓虹灯的园艺工房，250cm×300cm×300cm，德国 Remscheid 市私人收藏

凯奇最著名的作品《4分33秒》（1952年），是用1分40秒、2分23秒和0分30秒，构成了三个乐章。表演时钢琴家上台后在钢琴前坐下，观众们在台下安静地等待，但钢琴家只是这样在钢琴前坐着，时间一秒一秒地过去……钢琴家站起来谢幕："谢谢各位，钢琴作品《4分33秒》演奏完毕。"从形式上看，这件作品与法国画家克莱因那个空无一物的展览（本书4.2）如出一辙，都是以无为本。这件作品还出版了唱片，里边有流水、风、鸟鸣、教堂钟声、汽车驶过、蚊虫飞舞等声音，但都轻微的几乎听不到。生活里的动静就是音乐，把观众注意力引向日常生活，让听众在这4分33秒中聆听一切来自生活的声音。生活比艺术重要，是这件作品的用意所在。

罗伯特·菲利欧（Robert Filliou）
1926—1987 年

激浪运动的积极参与者，出生于法国，曾在美国的大学里教授经济学。1964年以后从事艺术创作，涉及装置艺术、行为艺术、录像和电影艺术（图257）。主张艺术和生活紧密结合，提出激浪派的思想原则，是"没有任何决定，没有任何选择，没有任何喜好，没有任何判断，没有自我意识，保持高度警惕，安静地坐着，什么都不做"。在1960年代和1970年代举办过许多奇怪的展览，如"思想的坐席"，是一把不能坐上去的椅子；举办庆祝艺术诞生1000010年的节日；开办一个从来没有开张的"画室的商店"，等等。他的名言是：使生活变的比艺术更有趣就是艺术。

第十章 肉身的磨难

图 258　莫尔曼和白南准　电视乳罩
1969 年，电视设备和大提琴，行为表演与录像艺术

图 259　小野洋子　切片
1964 年，行为表演，纽约 Carnegie Recital 大厅

夏洛蒂·莫尔曼（Charlotte Moorman）
1933—1991 年

美国行为艺术家。幼年开始学习大提琴，后成为美国管弦乐团成员。1963 年后参加纽约前卫艺术活动，是纽约 1960 至 1970 年代前卫艺术标志性人物之一。她既是实验音乐的表演者，还是艺术展览的组织者，由她策划的一年一度的纽约前卫艺术节（New York Avant Garde Festival），是音乐及表演艺术界最通俗的观念艺术活动。她在 1964 年遇见韩裔艺术家白南准，与之开展了数十年的合作，共同完成一批重要作品。在《电视乳罩》中，莫尔曼穿着用小电视做成的乳罩拉大提琴，电视屏幕上同时播出这次演奏的实况（图 258）。在《年轻生殖器交响曲》（1962 年）中，莫尔曼演奏巴赫大提琴奏鸣曲，每演奏完一个乐句，她就脱去身上的一件衣物，最后她完全赤裸地站在地板上演奏。

小野洋子（Yoko Ono）
1933 年—

日本出生的当代艺术家和音乐家。在中国的一些出版物上，她的名字曾错译为"大野洋子"，已有专家给予纠正。出生于日本东京一个银行家庭，幼年随父进入纽约，后学习哲学，但为嫁一个作曲家而中途退学，此后的第二任丈夫也是音乐家及电影制片人。她在 1960 年后参加纽约前卫艺术活动，成为激浪派成员。早期名作《切片》，是邀请观众用一把剪刀将她身上的衣服剪成碎片，直至一丝不挂（图 259）。1966 年她访问英国，在伦敦一次展览会上遇见了英国甲壳虫乐队歌手约翰·列农（John Lennon），迅速跌入爱河并导致双方原有婚姻的崩溃。在蜜月中她与列农共同完成著名作品《Bed in》（英语里军事用语：固定炮位，准备射击），展出于阿姆斯特丹的希尔顿酒店，内容

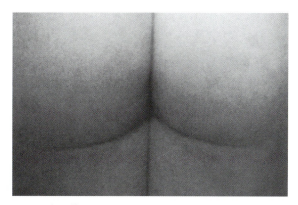

图260 小野洋子 No.4
1966年，实验电影

是夫妻相拥躺在床上。此后他们创作很多狂放音乐和电影作品，直到列农在1980年12月被一个疯狂的歌迷枪杀。

学者王瑞芸评价说："小野洋子是个非常有个性的、意志力超乎常人之上的女性。"确实，她的许多作品离经叛道，惊世骇俗。影片《苍蝇》（1970年）由列农和洋子共同执导，25分钟的画面是苍蝇在裸睡女子身上爬来爬去，苍蝇的声音则由小野洋子模拟唱出。《No.4》是拍摄了一群等着拍广告的人的赤裸臀部，整个银幕上就是连续的臀部大特写（图260）。列农死后洋子成为著名的反战人物，在世界各地从事和平事业。她自己承认是一个概念主义艺术家，她的艺术活动范围宽广，包括社会活动、表演、录像、素描、作诗、作曲等。

白南准（Nam June Paik）
1932—2006年

亚裔享有国际声誉的前卫行为艺术家之一，被公认为"影像艺术之父"。出生于韩国首尔，1950年因朝鲜战争随家人先后移居香港、日本。1956年，在东京大学完成音乐、艺术史和哲学课业，继而去德国继续学习西方古典音乐及现代音乐。1958年与约翰·凯奇相遇，转而探索电子实验艺术。1959年创作"行动音乐"《向约翰·凯奇致敬》，

图261 白南准 越多越好
1988年，1003个电视装置，高7.5m，汉城国立当代艺术博物馆

一座通到天花板的圆锥形组合电视塔，为1988年汉城奥运会所作。由1003台电视机组成，作者用这个数字纪念韩国人10月3日的开天节——民族建国的日子。作品盘旋而上抵达顶部天窗，天顶自然光和电子影像在空间中相互辉映，产生神秘庄重的效果。作品造型和安放位置，能使人联想到亚洲古代神话故事中的通天塔。

演出时他随着音乐摔鸡蛋、砸乐器，被评论界讥为"文化恐怖主义"。1963年，在德国首次举办个展"对音乐的说明——电子显像"，把11台经过改装的黑白电视机胡乱放到地板上，没有方向和序列感，所有屏幕都播同样节目，但很难看清，因为这些图像被压缩成平行线状。这个展览被认为是里程碑式作品，他在此后一发而不可收，大量使用电子设备从事创作，开创显像管取代画布的时代，不断吸纳新技术，多次把数十台乃至上千台电视机组合起来（图261）。将电子显像设备组合成"机

第十章 肉身的磨难

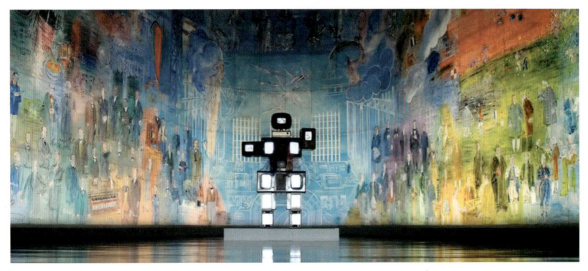

图262 白南准 机器人
1989年，12个电视机组成，巴黎国立近代美术馆，背景墙上是法国野兽派画家杜飞在1937年完成的巨幅壁画

器人"，是他的拿手绝活（图262）。他熟悉导线、仪表、放大器、示波仪等电子音像设备，狂热爱好电子技术，努力学习电子、光学、机械等方面的知识，创造了电视装置和视频装置两种新艺术形式（图263）。电脑技术成熟后，他又利用数字化影像技术来整合电视图像传输系统。1960年代初期，他参加了与前卫音乐关系密切的激浪派活动，1979年后在德国杜塞尔多夫艺术研究院担任教授。1996年中风，在轮椅上度过他生命中最后10年。

沃尔夫·弗斯特尔（Wolf Vostell）
1932 — 1998年

德国当代艺术家。青年时代曾学习影印石版和绘画技术，战后去巴黎学习纯艺术。1957年去杜塞尔多夫美术学院学习，1960年后参加偶发艺术，是激浪派的创始人之一。他在创作中经常表现时代主题和战争暴力，以及对生存的无聊和死亡的不可抗拒的困惑。他创作偶发艺术、行为艺术和装置艺术，作品有破坏性的视觉结构，能使用多种媒介和材料。他说："我从来不可能说我做的只是批评艺术，在我的物体中有两极：暴力和爱情，忧伤和美

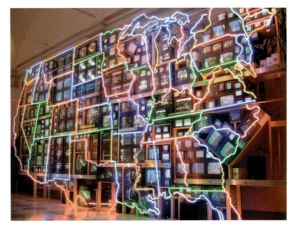

图263 白南准 电子高速公路：美国大陆，阿拉斯加州，夏威夷群岛
1995年，312个电视装置，12m×4.5m，华盛顿Smithsonian美国艺术博物馆

曾在威尼斯双年展中展出，使用312台电视机排成一堵墙，创造出直立的电视美国地图。布满了象征州界的霓虹灯管线，管线后边的电视屏幕上则不断播送各种生活图像，如工业生产线、时装展示、好莱坞电影、交通事故、环境污染，等等，构成如碎片般的社会现实图景，由于每个电视机播放的内容都不相同，所以观众会在这个充满信息的世界里迷失方向。该作品的创意出现在1974年，那一年白南准受洛科菲勒基金会委托，完成了一份有关无线电通信网络的报告，并说"这将成为一个跳板，人类将通过它实现令人吃惊的成就"。后来电子科技的发展让"信息高速公路"成为时代流行语，所以这个作品还有另外一个副标题，是白南准的戏言："比尔·克林顿偷了我的主意。"

图 264 弗斯特尔 街头刷牙表演
1963 年，法国尼斯

丽，等等，一切都由于矛盾而运作。如果人们购买一辆汽车，人们也就购买了事故；如果人们爱某个人，同时人们也可以毁灭他。"他的《街头刷牙表演》，就是在街头当众刷牙，目的在于混淆生活和艺术的界限（图 264）。如果连这样平常的生活细节都可以成为仪式般的表演艺术，那还有什么不能成为艺术呢？他还有另一件类似作品，是在伦敦一家画廊橱窗里住了一个星期，他在这个橱窗里吃喝坐卧，一切都与日常生活无异。画廊橱窗本是展出艺术品的地方，弗斯特尔通过这样的行为，证明了日常生活就是艺术。这不禁使人想起中国禅宗所谓"挑水担柴，皆为妙道"的说法。

10.5 非派别的表演

作为一个含义广泛的运动，行为艺术发展到 1970 年代早期，已经超出最初抗拒艺术的物质性和商业收藏价值的目标，涵盖音乐、舞蹈、诗歌、影像等形式，使此时的行为艺术具有空前的视觉感染力。其中有许多艺术家没有以团体形式从事行为艺术，他们以个人身份在公共空间里从事行为表演。1970 年代末以来，第二代行为艺术家开始出现，与早期的行为艺术家习惯在画廊里即兴演出不同，他们更多地将行为艺术制作成录像带或影片，由此行为艺术与新媒体艺术有机地结合起来，在更宽广的社会层面上传播。但从内容上看，摧残身体，构成刺激，制造耸人听闻的事件，挑战社会禁忌，仍然是当代行为艺术的常见形态。

维多·阿孔西（Vito Acconci）
1940 年—

美国雕塑家和装置艺术家，行为艺术中的激进分子。生于意大利移民家庭，生长环境相对贫穷落后，但在音乐和艺术上较早受到熏陶，自己回忆说 5 岁的时候想学习写作。早期曾在纽约几个学校里教授英语写作和文艺理论，写作长短篇小说在杂志上发表，并投身诗歌写作。1969 年后转向视觉艺术，创作身体艺术、表演艺术、装置艺术、建筑艺术、电影、录像和多媒体装置。他在表演时请人拍摄记录，完成的作品都以录像方式保存。其中《短暂跟随》是任意挑选一个过路人，然后跟随他直至他或她消失在跟踪者视线不能及的私人空间里（图 265）。他在一个月的时间里每天如此，并打出一个每天跟踪的清单，发送给艺术团体中的不同成员。1970 年代是他身体艺术创作的高峰期，对于行为艺术的推广和传播起到重要作用（图 266）。他最早的行为艺术《商标》（1970 年），是以瑜伽姿势坐在那里自己咬自己，再让印刷工用墨水拓下咬痕，然后再将这些标记转移到其他事物的表面上。此后的《敷用》（1970 年）是先由一个女子用嘴唇给阿孔西赤裸的上身印满口红，然后他通过身体摩擦，将身上的口红转印到另一个艺术家（丹尼斯·奥本海默）的身上去。《修正》（1970 年）是手持一根点燃的火柴将脖子后边的毛发烧焦，录像画面上只有从后边看的脖子和双肩。

图265 阿孔西 街道作品4号（短暂跟随）
1969年，行为表演，纽约建筑同盟策划，纽约

图266 阿孔西 苗床
1972年，装置和行为，木制坡道和扩音器，304.8cm×1828.8cm×670.6cm，纽约Sonnabend画廊

出现在纽约SOHO区Sonnabend画廊里的一次著名行为艺术表演。阿孔西隐藏在装置作品的坡道下边进行手淫，并通过扩音器，让走在坡道上的观众听到他发出的声音。这样的作品自然引起大众反感，但作者宣称有诗意的动机，说人置身于斜坡下如同在大地下面，进行手淫让精液喷洒，是抽象地表现人类和植物的繁衍过程。尽管真实的传播效果与作者动机相去甚远，诱使观众在不自觉中成为"窥淫癖"，也有失尊重，但此类作品的确代表了西方当代艺术的一种倾向，就是试图冲破社会禁忌，将一些本来属于个人隐私范畴的事情公开化。这样做的结果是什么？这样的视觉艺术是否有积极的作用？在文化上有什么意义？或许今仍是一个值得思考的难题。

《转换》（1971年）中他用一支蜡烛把自己一个乳头周围的汗毛烧光，然后努力推挤乳头使之成为女人乳房的模样。

1980年以后他开始关注个人私密行为与公共空间的相互作用，开始从事包括其他人在内的场所表演，一些作品出现在公园、运动场和反战活动上。他自己回顾创作历程，说这是自我锻炼和自我延伸的过程："开始是我和'我'，然后是我和'他'或'她'，再后是我的声音与'他们'交谈，再后是我的声音把'你们'带到一起，再后是你们可以营造的地方，现在是我们可能在的地方。"他的这段话不乏理想主义倾向，表明了他在创作中试图融合他人生活经验的良好愿望。

克里斯·波顿（Chris Burden）
1946年—

美国行为艺术家。善于用肉体试验各种暴力过程，创作主题涉及政治和社会，尤其注重对影响社会的技术、金钱、暴力和军事力量的评判。在1970年代创作了几乎是自杀性的系列作品，有电刑、火烧、淹溺和枪击等（图267）。1971年当他还是一名艺术学生时，将自己连续5天锁在一个约2立方英尺的铁制贮藏箱里，箱内上方放置5加仑饮用水，下方放置能存放同样多的废水的空罐。他在进入铁箱前几天就禁食，以避免排出废物。此后又完成重要作品《枪击》（图268）和《伊卡洛斯》（1973年），前者是让朋友向自己的胳膊射击；后者是赤身裸体从一个火圈中逃生。他在完成触电作品《进入天堂》（1973年）后说："我把两根有电的电线插入我的胸口的皮肤下面。当两根电线接触到一起的时候，它们发出火花，融化了，烧伤了我，但是却避免了触电而亡。"1975年后开始创作复杂装置作品，完成许多巨大的由许多细小物体组合而成的装配艺术，还通过铸造的办法，将很多手工制作的木头展盒装

图267 波顿 轻轻穿过黑夜
1973年，街道行为表演，洛杉矶

将双手绑在身后，赤裸上身爬过50英尺长的铺满碎玻璃的街道。这个行为表演以电视为传播媒介，拍摄10秒钟录像，每晚在洛杉矶电视台第9频道11点钟新闻之后播放，共持续1个月之久，为作者赢得广泛名声。这件作品与《枪击》一样，都是以摧残肉身为吸引大众眼球的手段，作品的价值与创作者的身体承受力相关，通常很难唤起观者共鸣。事实上，行为艺术在1980年代后，逐渐演变为技术性较强的舞台演出，对行为的体验，也由纯粹个人行为逐渐转变为对社会问题的思考。

配起来。1977年后开始研究物体组合和桥梁结构，创作一个28英尺长的桥梁模型"地狱之门"，安置在纽约。

蕾贝卡·霍恩（Rebecca Horn）
1944年—

德国女性装置艺术家。早年在汉堡学习艺术，1972年以行为艺术家身份进入纽约。创作中以个人身体经验为中心，创作范围涉及绘画、行为艺术、机械、装置艺术、电影、录像等领域。具有德国人的实验精神，制作各种笨重可笑的身体机器，用于感知外部空间。如：戴上1米多长的尖细手套去拿东西；头上带着独角兽的角在森林和麦田里行走；头上顶着一根长于身体4倍的木板做平衡，甚至制造过一个血液循环机，让人通过多条透明管，体验血液在体外循环的感受。尤其对鸟类感兴趣，经常使用羽毛制作稀奇古怪之物，如将羽毛用铁架固定在肩膀上，拉动连线羽毛即可煽动等（图269）。曾因在创作中大量使用聚酯和玻璃纤维而中毒，被迫住院一年。因住院郁闷，开始制作身体雕塑，使用棉花、绷带、羽毛和面具，把自己包裹如蚕茧，同时又留有很多空隙，可以伸展躯体。1980年代开始以机器替代身体，让金属与自然材料结合，制作出仿佛有生命的作品。如《孔雀机器》能不断摇动羽毛，跳求偶舞蹈（图

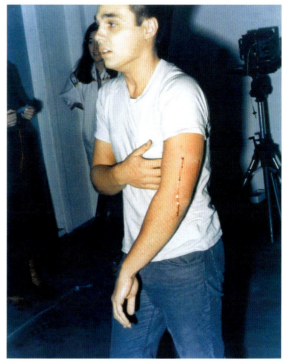

图268 波顿 枪击
1971年，画廊行为表演，纽约惠特尼美国艺术博物馆

波顿让他的一位朋友在15英尺远的地方，用22毫米口径步枪向他的左臂开枪，表演完成后即去医院疗伤。当有观众误认为这种表演属于戏剧演出时，他解释说被枪击是真实的，表演过程中没有假装的成分。事实上，身体暴力虽然是各种文化现象中的常见现象，但正常人通常不会去主动体验被暴力侵害，此类意在受虐兼自虐的作品，一方面能切实证明人类某种坚忍意志的存在，另一方面则属于特殊时期的艺术现象，与反文化的流行思潮有关。

第十章 肉身的磨难

图 269 霍恩 有翅膀的监禁
1978年，白色孔雀翅膀、木头、金属和电动机，100inx39.3in，私人收藏

图 270 霍恩 孔雀机器
1981年，金属、孔雀羽毛、电动机、3个玻璃柱，尺寸不详，展出时附有给观众的说明文件，德国科隆路德维希博物馆

270）。1990年后制作有娱乐性质的机器，有自动演奏的小提琴、大提琴；在墙上挥洒颜料作画的自动绘画机器，等等。此外，她还编写电影剧本，拍摄电影和录像，其中《回旋之浴》（电影，1982年）是一个极为感人的鸟类迁徙的故事。

布鲁斯·瑙曼（Bruce Nauman）
1941年—

美国装置艺术家。善于从行为、语言和每天的生活中发现灵感，从事雕塑、录像、电影、版画、行为艺术和装置艺术（图271）。1960年代开始从事行为艺术创作，主题涉及政治、生命和死亡，构思荒诞无稽，使用体现粗野生活细节的方法，成为激进的当代艺术家之一。

早期作品关注自己身体，用全息摄影拍摄扭曲的脸，或者将身体包裹在蜂蜡之中制作模糊的雕塑。1966年后制作系列的螺旋式霓虹灯，以变幻的灯光文字表达思想内容，如《白色愤怒、红色危险、黄色危险、黑色死亡》（1972年）或《由于谋杀与自杀而引起的性和死亡》（1985年）等。1968年后，他使用有意制造悖谬的手法，创作强制的、可以控制观众行为的环境作品，自称是"一种攻击观众的艺术"。其中《生活录像走廊》：观众被要求进入狭窄的走廊装置，在墙壁之间体验压力和迷失方向的感觉；走廊里设有监视器，当观众走向监视器时，能看到自己的背影，但走近影像会远离摄像机，所以出现越想靠近自我影像，就离自己越远的情况（图272）。另一装置作品《双重铁笼》（1974年）中，在两个囚笼中留出一狭窄的通道供观众通过，让观众体验被监禁的感觉。瑙曼的作品遍及当代艺术的全部形式，他说："我要使艺术强烈、有攻击性，因为这样可以使人们对此给予关注。"从传播结果上看，这点他做到了。

图271 瑙曼 喷泉自画像
1966年，照相行为艺术，51cm×60.8cm，纽约惠特尼美国艺术博物馆

图272 瑙曼 生活录像走廊
1970年，装置作品，533cm×1220cm×90cm，意大利私人收藏

普罗施·吉尔伯特（Proesch Gilbert）

1943年—

帕斯莫·乔治（Passmone George）

1942年—

两名英国行为艺术家，著名的"活体雕塑"的创作者。吉尔伯特出生于意大利，乔治出生于英国。他们的创作范围涉及绘画、摄影和行为艺术诸多方面。最初的行为艺术实践出现在1969年，伦敦当代艺术学院举办一个艺术展览，他们没有受到邀请，于是他们扮做活雕塑在展览会上走来走去，获得了异乎寻常的成功。此后他们将俩人名字合写为"吉尔伯特和乔治"。开始穿着老式礼服，手和脸上都涂上金色，一个戴着手套，另一个手持拐杖，动作僵硬，表情呆滞，神情淡漠地到处比比划划，让人想到那些英国的旧式绅士（图273）。他们希望由此和大众之间建立一种亲密、明确、无条

图273 吉尔伯特和乔治 在拱门下面（歌唱雕塑）
1970年，行为表演艺术，德国杜塞尔多夫市立美术馆

第十章 肉身的磨难 167

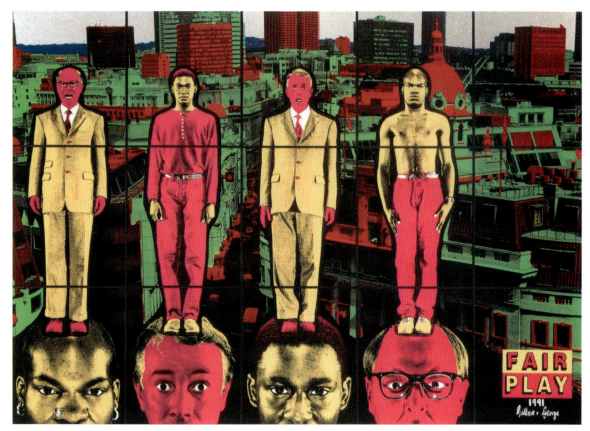

图274 吉尔伯特和乔治 美好的扮演
1991年,照片,253cm×355cm

件的关系,让艺术和观众直接对话。1970年代初,他们将活体雕塑的自我形象改造为"照片雕塑":在有伦敦街道和他们自己形象的巨幅照片上,打上黑色的方格。他们以这种形式表现更为广阔的主题,涉及同性恋、艾滋病、宗教、战争、民族主义、种族主义、极权主义等内容,视觉效果华丽喧嚣,有着对性、身份和宗教进行煽动性质问的倾向(图274)。有研究者认为,他们的活体雕塑有象征意义,隐含了某种对社会的批判和反讽态度。

瓦妮莎·比克罗夫特(Vanessa Beecroft)
1969年—

意大利当代艺术家。1990年代中期以来,组织着装很少的年轻女孩,在公开场合进行行为表演。而在晚近的表演中,这些女孩已发展到一丝不挂。这种表演有人体雕塑性质,表演者会排列出固定的队列,然后纹丝不动地站在观众面前。工业设计、时装模特、戏剧和电影,对她的创作形式都有一定影响。着装和化妆都一样的裸体女孩,有点像机器产品,冷漠无情,看不出任何个性特征。有时候她们会蒙面出现,更能产生冷漠无情的心理效果。这种以机械化方式排列女人体的做法,是将人体看成是一种抽象的视觉元素,不涉及生命本身的意义(图275)。

谢德庆
1950年—

出生于台湾。早年学习过美术,高中没念完就退学,1970年代初期在台湾创作过几件作品,其中《跳楼》导致摔断脚踝;《马粪》是将自己泡在

图275 比克罗夫特的系列作品
上图：行为表演
1996年，美国宾夕法尼亚大学当代艺术学院
中图：MiuMiu 商店展览
1996年，纽约
下图：Deith 计划
1996年，纽约

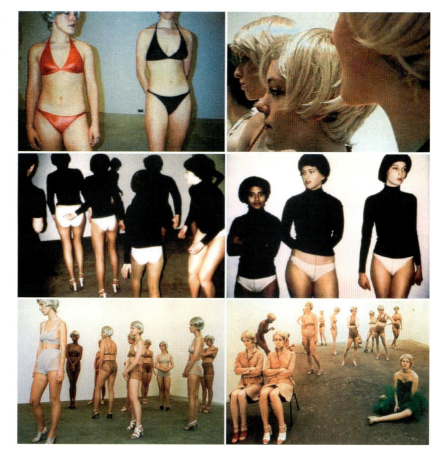

马粪桶中。1974年偷渡到纽约，以非法居留者身份在餐馆连续4年洗碗谋生。1978年后开始创作每次为期一年的行为艺术：《笼》（1978—1979年）是将自己关在一个木笼里，在一年的时间里独自生活，不接触任何外界信息，只有一个朋友负责照料他的生活。《打卡》（1980—1981年）是在一年中坚持每小时一次，将卡片插入打卡机打卡，并通过录影机将他每次打卡的动作都录下来。《户外》（1981—1982年）是一整年生活在户外，随身只带一个睡袋，不进入任何建筑或其他可以遮风挡雨的空间。《艺术／生活》是用一条绳子将他与另一位女行为艺术家绑在一起，在一年时间里，两人必须不能分离也不能接触，每天可用录音机录下各自的生活和对话。这件作品使他在西方世界里获得广泛名声。此后又创作《尘世》（1986—1999年），他自己表述说这个作品的内容是："我使自己存活下来了"，这意味着在这13年里，他没有去做任何艺术创作。

10.6 结语

行为艺术涉及许多敏感话题，最容易引起争议。即便在西方国家，也不容易被大众接受。另外，因为其技术含量低，也给判断行为艺术的价值增添了困难，甚至免不了鱼目混珠、泥沙俱下的情况。在本章的讲述中，下面几个问题值得注意：

1. 行为艺术是西方当代艺术中一种复杂形式，也是当代艺术中与传统艺术形式（绘画和雕塑）差距最大的形式。它致力于突破视觉艺术的狭隘限

第十章 肉身的磨难

制,更多借助它种艺术的表现手法(如戏剧和表演)。这种表现形式和艺术类别的转变,一方面增强了视觉表现力,另一方面也与颠覆传统艺术的创作目标有关。

2.偶发艺术、激浪派、维也纳行为艺术,都是行为艺术表演团体,虽然这些团体的组织形式并不严密,人员也不很确定,但他们都有开拓行为艺术之功。其中偶发艺术侧重于即时表达;激浪派侧重于打破生活与艺术的界限;维也纳行为艺术是艺术活动中自残身体的早期实践者。

3.博伊斯是杜尚之后的里程碑式人物,影响遍及全世界。他的创作不止于行为艺术,提出"人人都是艺术家"的社会主张,虽然有乌托邦意味,但却不失为一种济世救民的理想,比杜尚的一味消解传统有更积极的意义。无论是抱着死兔子讲美术史,还是动员卡塞尔市民种橡树,或者是使用毡子、蜂蜜、油脂、铜等材料表达人间暖意,都有鲜明的现实针对性。他的作品是当代艺术的最重要成果。

4.阿伦·卡普罗开创反设计的偶发艺术;赫尔曼·尼茨在他的城堡中策划血腥表演;乔治·马修纳斯组织系统的激浪派活动;白南准热衷于电视装置;维多·阿孔西挑战社会禁忌;克里斯·波顿不惜以身试枪;蕾贝卡·霍恩创造羽毛机器,诸如此类,都体现了西方艺术家对艺术的社会思考、执著探索、坚忍的意志力和超常的献身精神。

5.行为艺术的弊端也是明显的,最大的问题是视觉暴力。那些极端化的行为艺术如果出现在公共空间中,会给普通观众带来巨大心理压力,是对观众审美自主权的蔑视和挑战。所以,西方很多极端的行为表演都是在封闭空间里举行的(如画廊或私人住宅),然后通过录像或照片公开展示。

这也使人联想1990年代以来,中国也出现了一些行为艺术表演,其中有贸然在公共空间中表演的,理所当然地遭到媒体批评和大众指责。由此可知,那些自残自虐、污人眼目的行为艺术是不宜于在公共空间出现的,西方如此,中国也如此。

注释

①在中世纪,舞台是古代施行魔法仪式的祭坛,参与者唯有经过鞭笞肉身、切割肢体等残酷的考验,才能超越肉体阻碍获得形而上的精神和谐。

②乔治·巴塔耶1897—1962年)是法国评论家、思想家、小说家。博学多识,思想庞杂,作品涉及哲学、伦理学、神学、文学等领域,有强烈的反叛精神。他把人的禁忌分为三大类,即关于性、死亡和排泄物的禁忌,被称为"后现代思想的策源地之一"。

③转自马永建著《西方后现代艺术20讲》,第103页,上海社会科学院出版社,2006年。

第十一章 女性的心声

11.1 女性艺术概述

1960年代晚期至今，女性主义艺术（Feminist Art）在西方十分流行。尽管此前也有声誉不低的女性艺术家，但她们的作品并未关注女性特有的生存状况和审美需求，历史上的女性艺术家在创作中常向男性风格靠拢，或者创作无性别艺术，以便适应男性文化基础上产生的艺术规则。

回望人类数千年历史，女性真正勇于表达、争取独立话语权不过是近40年的事，这当然是一个伟大的觉醒。从1969年开始，美国许多女性艺术家组织开始奋力争取创作权力：1970年，女性艺术家特别委员会（The AD Hoc Women Artist' Committee）在纽约惠特尼美国艺术博物馆前进行游行示威，抗议那里举办的美国艺术年度展长久以来歧视女性艺术家；1972年，洛杉矶女艺术家会议（Los Angeles Council of Women Artists）通过法律手段，抨击该地区美术馆所举办的展览中，女性艺术家数量过少的不平等现象。

女性艺术的主要创作方向是，摧毁男权社会对图像世界的性别控制力，批判按照男人意愿塑造女性的传统价值观，在艺术中完整体现女性的真实感受和需要。当代女性艺术关注传统艺术体系中的卑微形式，重新评价历史上的手工产品和装饰艺术。作品立意新颖，形式多样，内容深厚。女性艺术家能使用纤巧、艳美、花哨、琐碎的形式语言，创作出遍布图案的装饰性作品。还能大胆制作出花瓣、孔洞、裂缝、溪涧等形式，以直接表露性器官的手法去摧毁男权文化的遮羞布。但是到1970年代末期，那种只表达女性生理特征的创作，受到了女性艺术家和批评家的质疑，她们认为女性艺术的本质，是社会性而非生物性。美国第一代女性主义批评家露西·里帕德（Lucy Lippard）提倡女性艺术在政治和文化生活中应该担负职责，主张"我们认为艺术理所当然地不仅仅是'表现某个自我'，它还有一个重要得多的任务就是：表达作为一个更大的统一体和共同体一分子的自我"。

进入1980年代后，女性主义创作出现表达社会观念的新倾向，作品之间的面貌也拉开了距离。时至今日，随着社会的发展，女性主义观念已被人们普遍接受，但女性主义艺术的意义并非局限于视觉领域。正如台湾学者陆蓉之所说："女性主义运动的意义，除了上述美学上的辩证之外，更重要的是社会性的实质改革意义。如此看来，女性运动才刚刚开始而已。在后现代以后，性别研究，包括女性、男性、同性、异性、双性都将是热门的课题。"

11.2 图案与装饰运动

图案与装饰运动（Pattern and Decoration）是一个完全在美国本土成长的艺术流派，也称"新装饰"运动。这是西方历史上第一次以女性为主导的艺术运动，不仅提供了传统女性艺术的更新可能，而且通过女性艺术向主流艺术的成功转换，推翻了传统艺术体系中陈腐僵化的艺术偏见。

视觉艺术中的"图案"和"装饰性"通常流行

图 276 库施纳 破浪而去
1983 年，布上不同织物和丙烯，221cm×523.2cm

于东方，阿拉伯图案、拜占庭镶嵌画和中国古代丝绸都有圆熟流畅的装饰传统。但西方主流艺术史排斥这类艺术，很少见于著录和研究，尤其战后20年间，抽象表现主义和极少艺术，都推崇气势雄浑和刚健理性的风格，细腻、纤巧、感性的艺术被完全忽略。1974年，在米丽安·夏皮洛的组织下，20名美国画家在纽约召开会议，探讨装饰本质的问题，意在提高装饰艺术在当代艺术中的地位。随后，他们创作了许多图案和装饰作品。这些作品尺幅巨大，色彩艳丽，如同充满花卉图案的壁纸，有甜美、艳丽和玩世不恭的审美价值取向。其中罗伯特·查卡尼西（Robert Zakanitch，1935年—）是不彻底的实践家，使用色彩很节制，创作巨大的有织物印花图案效果的严肃作品。罗伯特·库施纳（Robert Kushner，1949年—）吸收阿拉伯垂挂织包的流动特征，使用多种材质，风格细腻自由（图276）。金·迈考乃尔（Kim MacConnel，1946年—）除了创作风格艳丽的平面作品，还制作许多垂挂布条或在家具器物上作画。乔伊斯·科兹罗夫（Joyce Kozloff，1942年—）使用玻璃、瓷砖和织物，制作有连续图案的大型公共艺术（图277）。

米丽安·夏皮洛（Miriam Schapiro）
1923 年—

美国综合媒介艺术家，女性主义艺术的杰出代表。出生于加拿大，早期从事抽象表现主义创作，1970年在加州大学圣地亚哥分校艺术系首创女性艺术研究课程，从此介入女性主义活动。当时她已47岁，而且功成名就。她曾回忆说："当我成为一位女性主义者时，许多曾经是我朋友的人都不愿与我交谈，当然也不能进入画廊。大家都以为我疯了，他们都非常地惧怕我，以为我要砍断男人的雄风。但那不是真的，他们并不了解我。我相信女性主义，也深信女性主义是人道主义的一部分，某些女权主义的原则最终会被男人了解和采纳。"

1971年她与朱迪·芝加哥在加州艺术学院共同创建"女人之屋"，带领21名女学生，把一座废弃的房子改建成完全属于女性的空间。她们在房间各处和花园里布满作品，这些作品以传统手工方式完成，包含女性身体、生理、婚姻、家庭、社会角色、生活状况等内容。1972年创作《娃娃屋》，是在六个房间模型里，布满绚丽的布料、图案和各种女人喜欢的小摆设（图278）。在这些创作中，作

图277 科兹罗夫 维多利亚湾区、迪考湾区、芬克湾区（局部）
1982—1983年，手工着色瓷片和玻璃马赛克，旧金山国际机场

者否定了曾接受过的鄙视装饰的现代美术教育，运用针线、扣子、棉布、丝绸、毛线、刺绣、缝纫、金属亮片、滚镶花边、拼片、编织片等，发展出一种以传统手工和图案装饰为基础的女性技术。此后她在波斯细密画、日本和服与折扇、美国拼布式被子、欧洲针织蕾丝花边等基础上，创作出有心、蛋、房屋、扇形等样式的系列作品。由此向世人证明：一直被主流美术体系轻视的装饰和家庭手工（多由妇女完成），可以成为新时代的艺术先锋，也由此启动了1970年代的"图案与装饰"运动。

上述作品中涉及编织、缝纫和日常手工等技术，有明显的女性技艺特征。这类被西方艺术界长期轻视的女性创造力，在图案与装饰运动中获得巨大释放，改变了女性艺术历来遭受歧视的状况，也自然成为西方女性主义运动的重要组成部分。此外，图案和装饰艺术家在寻求市场和商业销路方面也很成功，能够迅速吸引收藏家投资，这也是该运动能声名远播、迅速发展的一个重要原因。

图278 夏皮洛 娃娃屋
1972年，综合材料，213.4cm×101.6cm×104cm，华盛顿美国艺术国家博物馆

11.3 女性艺术家

如果说在以往的美术史中，女性艺术家所占比例很小的话，到了1970年代以后，这种情况就起了变化。以美国为中心，许多女性艺术家登上艺术舞台，她们通过身体表演、装置艺术、摄影、录像和绘画，创作出许多令世人惊叹的作品，在这些作品中体现出来的胆识、坚忍、抗争与反叛，足以让许多男性艺术家望尘莫及。在这个充满反叛精神的运动中，身体表现、性别经验、权利争取和心理表白成为重要内容。其中最极端的现象，莫过于以直露手法表现女人身体与性器。女性主义认为，男女的性是同质同构的，但是千百年来的社会总是以男性为中心，所以造就了严重压抑女性身体的文化体系。女性艺术家以自己的身体为主题，通

过非色情的展示,表达她们摆脱男性文化压迫、在精神上自我更新的理想。

11.3.1 身体展示

女性艺术的身体展示有暴露和丑化两种形式,都是对男权社会中色情眼光的剿灭。正如露西·里帕德所说:"不管是好是坏,女性身体在很大程度上仍然是女性主义艺术的核心,与我们对于经济、家庭和传媒的探究交织在一起,处于我们对于生育权利的追求和对于歧视性'保护'法律的反抗中心。"

朱迪·芝加哥(Judy Chicago)
1939年—

美国装置艺术家,女性艺术理论、艺术史和艺术教育的先驱。出生于芝加哥一个犹太家庭,在加州大学学习绘画。1960年后潜心钻研女性艺术,由绘画转向雕塑。1969年起朱迪在加州艺术学院开设女性艺术课程,在教学相长的过程中,她反省自己被男性艺术语言所制约的创作,鼓励学生以开发性别经验的模式完成作品。其成名作《晚宴》,是当代女性艺术中最具影响力的巨型装置作品,在6年时间里动员400位妇女完成。以象征女性生殖器的三角形为餐桌框架,中间地板上书写着999个古今女性名字,周围连在一起的39个餐桌代表39位女性,餐桌上摆了39套状如女性生殖器的陶瓷餐具。这些图案以刺绣、彩绘陶瓷等被艺术史贬为低级的艺术方式来完成(图279)。作品展出当晚,收到通知的1 200位妇女代表在全球各地同时举行聚餐,洛杉矶展馆前的观众排起长龙,展览成为世界性的女性主义运动的盛大节日。但这种以女性阴户象征女权的做法,并没有得到社会普遍认可,人们批评说这是把女人退化为生殖器具。朱迪则认为:女人不能正视自己的身体,是女人身体长期被男性

图279 芝加哥 晚宴
1973—1979年,综合材料,14.6m×14.6m×14.6m,艺术家自藏

随意滥用的结果,女性艺术要从正视女性的身体和欲望开始。虽然她的说法有疏漏,不符合现实中女性生活状态由历史文化形成的事实,以至于被讥为"本质论",但这件大型装置仍不失为20世纪艺术的里程碑式作品。但由于体量过于庞大或其他原因,这件名声显赫的作品居然至今没有被机构或个人收藏。

卡洛丽·史尼曼(Carolee Schneemann)
1939年—

美国行为艺术家、导演与作家、最早的女性艺术实践者,才能广泛,行为大胆,尤以对肉体、性和情欲的研究而闻名,在创作中能深入到古老视觉传统中去发现灵感,大胆破除性禁忌,通过油画、摄影、行为表演和装置艺术,创作出惊世骇俗的作品。1964年的《肉体快乐》,是将一群裸体男女、肉鸡、香肠、绳索、油漆和死鱼搅在一起表演,色彩斑驳滑腻,污秽与活力并存,产生强烈的视觉心理刺激效果。1975年创作著名的《内在卷轴》,是将身体涂上颜料,赤身裸体站在平台上,慢慢从

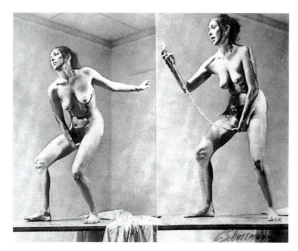

图 280 史尼曼 内在卷轴
1975 年，行为表演照片，私人收藏

图 281 维尔克 SOS 满是伤痕的物体系列
1974—1982年，黑白照片和口香糖雕塑，104.1cm×147.3cm，私人收藏

自己的阴道里抽出一个10英尺长的纸卷，然后大声朗读她写在纸卷上的诗句（图280）。这个表演一反传统文化中关于女性身体的阴暗神秘意向，以明朗公开的形式，将女性的性器官演绎成知识与文化的策源地。

汉娜·维尔克（Hannah Wilke）
1940 — 1993 年

美国行为表演与摄影艺术家。创作范围包括雕塑、素描、摄影和录像，主题是社会、政治和性。参与同时代多种艺术运动，相信肉体和精神的自我展露，是展现灵肉美学的过程。作品使用多种材料，如泥土、麻布、橡胶、巧克力、口香糖等，造型上隐喻器官和性别暗示，以花朵暗示人体，以松弛或悬挂的形式暗示堕落和退化，有色情、恐怖、美丽和破坏的综合效果。她在1970年代和1980年代早期的创作中，试图以对自己身体的丑化，去对抗艺术史和大众文化中的女性形象。这些作品激怒大众批评领域，引发有关讨论，讨论的范围涉及"性感和自我尊重，美感和严肃"。女权主义者们认为这样的身体胜于让男人满意的形式，体现了女性艺术家在男权文化统治下争取自由的努力。在《SOS 满是伤痕的物体系列》创作中，作者将一些口香糖分给观众，待观众咀嚼后再收集回来，制成小的逼真的男性生殖器形状，粘在赤裸的胸前、乳房和腹部，有暗示创伤或身体疤痕的含义（图281）。然后拍照留念，意在表明男性的色情态度是对女性的一种伤害。晚年她身患癌症，将治疗过程中被药物摧残的个人形象记录下来，完成了系列作品《内在维纳斯》（1992—1993 年）。在这些照片中，她疲惫衰老，被病魔缠身，但是她的坚定目光和自信态度，依然让人感动和钦佩。

妮基·德·圣法勒（Niki De Saint Phalle）
1930 — 2002 年

法国当代画家和雕塑家。出生于银行家庭，还是演员、作家、电影导演。外貌美丽，当过模特和著名时尚杂志的封面女郎，是女性时尚话题的制造者。1951年进入巴黎学习戏剧，后来因精神疾病进入医院接受治疗，发现绘画有利于康复，遂听从医生劝告转行从事造型艺术。她在1961至1963年间与她的丈夫丁格利致力于《射击绘画》系

第十一章 女性的心声

图282 圣法勒 娜娜
位于德国汉诺威

图283 圣法勒和丁格利 史特拉文斯基喷泉
1983年，位于巴黎蓬皮杜文化中心

《娜娜》（Nana）是法国人对年轻、媚人女子的俗称。巨大、多彩、肥胖的塑像，如同怀孕般膨胀的女性躯体，蕴含着旺盛的生殖力。该作品出现在世界很多大城市中，富于色彩、能量和生命感的丰满女性之躯，暗示出灰暗的男人文化对人类影响力的消退。圣法勒在1966年拍摄的传记影片中说："男人们很有创造力，它们发明了所有这些机器，它们造就了工业时代，但是他们却不知道如何美化世界。"

列，用卡宾枪向挂在白色雕塑上的彩色布袋射击，从而使雕塑沾上斑点。对此她回忆说："1961年，我向所有人开枪：我的父亲、所有男人、小男人、大男人、有名望的男人、胖男人、普通男人、我的兄弟、全社会、教会、修道院、学校、我的家庭，而所有男人、我的父亲也都向我回击。"1965年后创作大量体态丰满的《娜娜》——一种布满刺眼图案的膨胀人形，体现了女性特有的生命感（图282）。其中的《她》（1966年）是一个巨大的仰面躺倒的女人雕像，身长28米，阴户处被设计成一个门，门里边有很多游乐设施。该作品似在表明，女性身体并非是窥淫观赏的对象，而是欢乐生命力的所在。此外，受法国总统密特朗之托，她和丁格利在巴黎蓬皮杜文化中心旁建造的《史特拉文斯基喷泉》，是根据作曲家史特拉文斯基的音乐作品，创造的20个小雕像（图283）。

安娜·门迪塔（Ana Mendieta）
1948—1985年

美国行为艺术家。出生在古巴哈瓦那，10岁的时候同姐姐来到美国爱荷华州，成为14 000名得到天主教支持在美国取得政治避难权的儿童之一。后来在爱荷华大学就读，开始行为艺术创作。以摄影、特殊的8毫米电影和录像为主要创作手段，以身体、身份和暴力作为最重要的主题。在1970年代完成一系列表现身体的摄影、电影和录像，显示出强烈的女性意识和原始宗教意识，许多创作以特定地点为基础。《强奸现场》（1973年）针对一宗校园强奸案，将自己下身涂上鲜血趴在宿舍的桌子上，用以提醒人们关注现实中的罪恶。她最有影响的作品是那些与自然同在的身体仪式表演：将个人身体覆盖在沙子、泥土、花草和水里，或者就地取材，用青草或树枝在大地上围出女人身形，充满自然浪漫气息。这种手法源自原始社会女神崇拜习俗，也与当代大地艺术有联系（图284）。《花季》（1973年）完成于墨西哥的一个古墓群中。在敞开的古墓里，不知名的白色野花覆盖在平躺着的门迪塔身上，隐藏在野花下面若隐若现的赤裸身形，使人感觉到这些花朵仿佛从她的身体里生长出来。作品表达了对人与自然的关系的看法，身体是自然界的消耗品，美好的身体在时间里生成，也在时间里化为泥土。她还通过在玻璃上扭曲变形的肖像，创作有强烈女性主义意识的摄影作品（图285）。1985年不幸因意外去世，但她的移民身份和作品中的女性主题，在此后受到艺术研究者的重视。

游击队女孩（Guerrilla Girls）
1980年代

一个匿名的美国女性艺术家团体。该组织成员在公共场合出现时，一律着短裙、长袜和高跟鞋，并且戴上大猩猩的面具——该组织的重要标记。英语里的大猩猩（Gorilla）与游击队（Guerilla）十分接近，而Gorilla还有"残暴的男人"含义，所以，以此为标志既是对男性暴力的反讽，也是对男人观看女性惯用的色情眼光的消解。该团体在1985年举行示威活动，抗议纽约现代艺术博物馆举办当代艺术回顾展时，参展169名艺术家中只有13位女性。她们还对美术史中性别不平等现象进行批评，指出很多男艺术家是在妻女甚至情人帮助下获得成功的，但这些女性却没有获得相应的地位。1989年，游击队女孩创作著名海报《女性一定要裸体才能进入大都会博物馆吗？》（图286），画面上是戴有大猩猩面具的《土耳其宫女》（19世纪法国新古典主义画家安格尔所作）。右下方文字："在现代艺术领域只有不到5%的艺术家是女性，但是却有85%的裸体是女性的。"这样的数据对比，是对西方艺术中性别偏见的致命一击[①]。

图284 门迪塔 无题系列之一
1982年，录像剧照，美国新墨西哥州

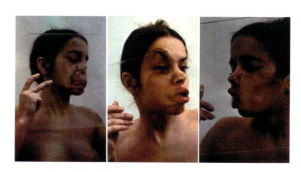

图285 门迪塔 玻璃前的肖像
1972年，行为表演，美国衣阿华大学

第十一章 女性的心声

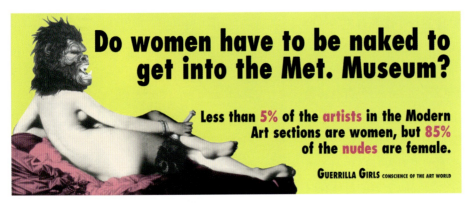

图 286 游击队女孩在威尼斯双年展上的海报
1989 年，27.9cm×71.1cm

路易斯·布儒瓦（Louise Bourgeois）
1911 年—

大器晚成的美国抽象表现雕塑家，心理环境装置艺术的先驱人物之一。生于巴黎挂毯织工家庭，早年学习数学，1938 年与丈夫移居美国。对父亲的失望和童年噩梦是她的艺术动力（她的父亲和保姆有十多年的性关系）。"我必须对和我们住在一起的父亲情人视而不见，对我母亲的痛苦视而不见，对我自己有点虐待兄弟视而不见，对我姐姐和街对面男人的变态关系视而不见。我的生活充满了疯狂的母性爱。作品看上去每每不同，主题却都是相同的：对恐惧的摆脱。在它面前躲藏、逃跑、表现、驱除、耻辱，最后成了对恐惧的恐惧。"1949 年以后开始雕塑创作，早期创作是彩色木制图腾的拼接，70 岁以后使用乳胶、石膏等材料，制作有神秘球形和泡状物的"洞穴"景色，暗示男女性器形象。也创作单独形体的作品和家庭群像。能在创作中不断变换材质和风格，深入表达人的复杂心绪，虽抽象深奥却有情绪上的感染力。1990 年代，作品尺寸急剧扩张，代表作品是"大蜘蛛"，顶天立地，有达利般的梦幻造型，象征充满欲望与繁殖力的女人身体（图 287）。

图 287 布儒瓦 蜘蛛
1997 年，金属与综合材料，444.5cm×665.5cm×518.2cm

11.3.2 自残行为

传统社会和男权文化将女性身体视为色情对象，女性艺术家则一心要将这个对象的自然样态破坏，由此产生了自我丑化和暴露的创作，这样的创作发展到极端，就必然自残。自残，是当代行为艺术中的陋俗，女性艺术也未能幸免，尽管她们通过这种方法，完成了一些反抗性很强的作品。

图288 阿布拉莫维奇和尤列 明暗
1977年，画室里行为表演的照片，持续20分钟，德国科隆国家展览馆

玛丽娜·阿布拉莫维奇（Marina Abramovic）
1946年—

　　南斯拉夫行为艺术家。年轻时受到家庭和社会的压抑式教育，产生强烈的逆反心理。1970年代开始行为表演，使用极端手法，探索精神与肉体的承受限度，在痛苦、疲惫和危险中寻求精神的解脱，尤其关注巴尔干地区的政治变迁与传统社会意识（图288、289）。最著名的作品是从1972至1974年的《节奏》系列表演，内容包括尖叫到无声为止，跳舞跳到筋疲力尽而跌倒，撞机器撞到昏迷不醒，服毒品服到神志恍惚，等等。其中《节奏：0》（1974年），是将各种暴力工具放在一张桌子上，有钢笔、剪刀、铁链、斧头和装好子弹的手枪。展厅墙壁上写着："我是你的对象，桌上有72样物件随意你在我身上使用。"在表演过程中，她的衣服全部被扯碎，身体被涂抹和划破，最后当一个疯狂的观众用手枪抵住她的头部时，才被其他观众所制止。这件作品似乎试探出人性的底线，当人们可以随意处置一个不会反抗的女人时，竟然有很多人会去无端地伤害她。不过从另一个角度考虑，能主动去看这类残忍表演的人，或许多有某种不健康心理因素吧？一个显而易见的事实是，

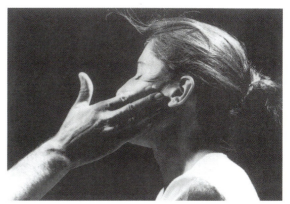

图289 阿布拉莫维奇 巴尔干半岛的情爱史诗
2005年，录像剧照

　　多集录像组合作品《巴尔干半岛的情爱史诗》，意在展现巴尔干历史文化中的性爱习俗。在传统巴尔干文化中，男人和女人的性器（如阴茎、阴道和乳房）是用来对付大自然的神秘和邪恶力量的工具，所以有很多怪异的习俗。表演者都穿着象征性的传统南斯拉夫服饰，在戏剧性的宗教仪式下大胆暴露男女性器官，如田园中一群农妇们集体尖叫着掀开裙子，展示性器官以便向苍天求雨，作者本人也穿着传统服饰袒胸露臂抚摸胸部，等等。作者在离开贝尔格莱德30年后首次返乡完成此作，她说："这些图像有鲜明的性内容，但我想用它来表现精神目的。在我们的现实观念里，性的精神性被剥夺了，我们给性的定义是卑贱、下流的和平庸。我想做的只是建议人们把对性的观念往后推一段时间，重新审视一下我们传统文化中对性的理解和认识。"以直露手段表现"性"，是西方当代艺术的重头戏，但这件作品是对于社会风俗中的性活动实地考察，所以更接近文化人类学的研究内容。

第十一章 女性的心声

图290 阿布拉莫维奇 托马斯的嘴唇
1975—1997年，行为表演照片，
128.3cm×128.3cm

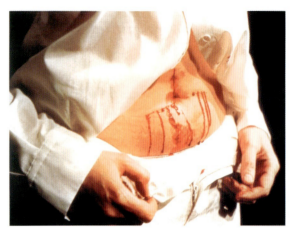

图291 帕恩 灵魂
1974年，行为艺术照片，巴黎Stadler画廊

无论中外，普通大众都不会喜欢看这种极端表演。

《节奏：5》（1974年）是躺在地面上一个燃烧的木制五角星里，几乎窒息毙命，最后被观众营救。在《托马斯的嘴唇》中，她多次用刀片在自己的腹部划出一个五角星（图290）。在1997年威尼斯双年展中，她创作装置作品《巴洛克之巴尔干》，是坐在堆满展厅的兽骨上，用手擦拭上边的血迹。该作品是对巴尔干半岛不同民族之间相互屠杀的强烈控诉②，获得当年大奖。她还到中国创作过《情人，长城上的行走》（1988年），原计划与同为艺术家的情人尤列（Ulay）从长城两端步行至中间会合，但他们只被获准在部分长城上行走，各自步行2 000公里、历时3个月后，他们在陕西省神木地区的二郎山碰头。

吉娜·帕恩（Gina pane）
1939—1990年

概念主义艺术家。出生于意大利，在巴黎学习美术。1966年后从事行为艺术创作，通过不动声色的自我伤害，让观众对她的艺术产生惊心动魄的感受。她宣称"我打开我的身体，那是为了让你们能够从中看到你们的血，是为了爱你们。"她赤脚攀登布满钉子和刀片的梯子；用刮胡子刀片割破自己的脸后用自己的鲜血化妆；把玫瑰的刺扎进自己的胳膊；舔玻璃碎片和吃变质食物。这些自虐表演都能引起观众强烈的心理冲突与体验。在《热奶》（1972年）中，帕恩身着白色衣服，背对观众用刀片划开自己身体，鲜血流到白色衣服上，她却开始玩弄起网球，让游戏和暴力形成尖锐对比。1978年她在巴黎蓬皮杜文化中心创办行为艺术工作室，使用金属、玻璃和木头制作雕塑。

在自己的肚皮上用刀片划一条长长的刀口，让鲜血流淌出来。作者还要两眼直视手中的刀片，无动于衷，保持过人的超然状态（图291）。这样的表演，不但创作者要忍受皮肉之苦，现场观众也要备受煎熬。据说作者是以此来抗议社会对日益猖獗的暴力活动的麻木不仁和无动于衷。在另一次表演艺术中，她描述道："突然我转过身去面对观众，举起刀片，慢慢凑向我的脸庞，当我用刀片划破脸颊的时候，空气简直都凝固了，他们叫道'不，不要切脸啊'。于是我就切中了关键的命题，每个人的美学观都是认为脸是一种禁忌，是所有人类审美的中心，也是唯一一个能够引起自恋的部位。"

图292 格尔丁 米丝提和吉米波莱特在纽约的出租车上
1991年，照片，76.2cm×101.6cm

照片上的两个人是作者两个有同性恋倾向的朋友，他们出现在纽约同性恋者游行的日子里。格尔丁既不是窥阴者也不是情感脆弱者，她通过照片展现某种亲密行为和感情，显示了她们的脆弱、紧张和对性满足的追求和努力。格尔丁与她的朋友圈和情人分享同样的幸福和痛苦。她的作品展现了这种边缘生活：生活困窘的名声不好的女人、滥用毒品、爱、性、幸存者、暴力和曾经出现的死亡阴影。她在拍照时不假思索，作品有速拍完成的现实主义性质，这种不伪装的拍摄使她的拍摄日记成为真实的、引人注目的生活记录，其作品的幻灯片展示更使她闻名遐迩。

图293 格尔丁 性依赖叙事曲
1975—1988年，录像剧照

11.3.3 私密生活纪录

记录个人或朋友圈中的私密生活，展示女性生活的真实状态，是女性艺术的社会贡献之一。从具体作品看，其中有严肃的纪实态度，也有玩世不恭的心理反应。

南·格尔丁（Nan Goldin）
1953年—

美国摄影艺术家。1969年开始学习摄影，最重要的成就是创立"视觉日记"的摄影风格。她说："我的作品都是瞬间的抓拍，这种摄影形式更能贴切的表现爱的存在。"她的作品内容包括朋友、恋人、男人和女人，以及她的欧亚旅行和情感危机，能揭示出人类私生活中最隐秘的行为（图292）。1973年举办首次个人摄影展，表达两种性别的冲突及和解情况。

1978年她到纽约后为谋生计，在时代广场的一家酒吧里当女招待，这是一间专为艺术圈中人开放的酒吧，她在这里放映自己最早的幻灯作品。如实拍摄处于社会边缘的一部分美国青年的生活现实，倾力打造20世纪末人类隐秘行为的全景图像。1983年后在欧洲展出幻灯作品《性依赖叙事曲》（图293），以照片的形式表现异性和同性恋情，并将个人生活纳入创作视野，尤其是展出自己被男友打得鼻青眼肿的形象，打破了摄影家只是观看者的习俗。她不厌其烦地表现恋爱、同性恋以及异性模仿者的私密生活,作品经常以系列形式出现,很多作品的主人公是她自己。她的有音乐背景的幻灯作品在世界各地的剧院、电影节、博物馆和画廊展出过。她看到朋友圈中的人越来越多地染上艾滋病,在1989年发起以反映艾滋病带来的灾难为主题的活动,创作《见证:我们的幻来》。1992年以曼谷、马尼拉、柏林、波士顿等地的女装同性恋为拍摄对象,出版影集《另一边》。1996年,纽约惠特尼美国艺术博物馆以《我将是你的镜子》为名,为她举办大型回顾展,对她的精神纪实摄影给予高度评价。

图294 艾敏 我的床
1998年,床垫、亚麻布、枕头、绳子和其他物品,79cm×211cm×234cm,伦敦泰特美术馆

翠西·艾敏(Tracey Emin)
1963年—

英国当代艺术家。1990年代开始以曝光个人隐秘生活的方法从事创作,善于使用多种媒介,如绘画、录像、行为、摄影、版画复制、装置和刺绣等,尤以织物作品最为突出。1994年去美国旅行,创作纪录个人生活的行为表演艺术《灵魂探险》,其中有在著名的亚利桑那沙漠山谷,艺术家坐在她祖母的扶手椅上阅读的场面。这个椅子包布上绣有大量图画和字母。后来她在这把椅子上缝上了她访问过的地名,成为装置作品《椅子上有很多钱》(1994年)。《我的床》是一件获得1999年特纳奖的装置作品,是刚经历完性生活后没有整理的床:床单上有斑驳的黄色污点,床周围地面上有用过的避孕套、沾有月经污迹的短裤、一双拖鞋及其他零碎物件,呈现出混乱性生活情景(图294)。作品经媒体曝光激怒大众,引起剧烈反应。但据说作者当时正经历感情挫折,曾打算在床上自杀。她更惹争议的作品是《1963—1995年间曾经和我睡过的每一个人》(图295),也是以私人性生活为主题,并展示了那些和她有过性关系的男人的名字。

图295 艾敏 1963—1995年间曾经和我睡过的每一个人
1995年,贴花帐篷、床垫和灯,122cm×245cm×215cm

一个蓝色的帐篷,里面灯光温柔,内壁上贴满了曾经作为性伴侣的人名和他们的书信,看上去很像是对个人性生活的阶段性总结。但展示名单上还有作者祖母、一个玩具熊和一个流产婴儿的名字,表达了作者恶作剧的态度。研究者们认为作品包含了一种自我释放的情绪。作者也说:"我实在不能承载着太多的精神负担而生活下去,我希望像青春女孩一样幸福快乐。"看来创作者试图通过这样的作品自娱自救,但是否也有引出负面社会效果的可能?虽然如此直白地展示私人性生活内容,是西方当代艺术中的常用手法,但这件作品的表达方式还是让人震惊,因为它牵连到与作者有性关系的他人隐私。这些人不但与作者共享鱼水之欢,还鬼使神差般地帮助她完成了这件惊世骇俗之作。

11.4 结语

女性艺术是西方当代艺术的重要成果之一，它从社会学意义上超越此前所有艺术，不但是艺术领域的一场革命，更对人类整体进步起到推动作用。女性艺术有下列特点值得注意：

1. 为女性争取创作权力。这是女性艺术最重要的创作目标，"游击队女孩"的一些作品就是为此而创作的。从当代艺术的发展情况看，女性艺术家的创作权力正在不断提高。一个明显的标志，是在当代艺术从业人员总人数中，女性艺术家所占比例越来越高。大批女性艺术家活跃在当代艺术创作的舞台上，表明女性艺术家与男性艺术家拥有相同的创作权力。

2. 从女性自身立场出发，表达个人生活感受。女性艺术家的创作多从个人直觉出发，深入描写她们在生活中的所遇所感。阿布拉莫维奇通过行为表演表达战争苦痛；路易斯·布儒瓦创造神秘的"洞穴"景观展示复杂心理；妮基·德·圣法勒制作肥胖的性感女性模型，都有明显的个人自传特点。个人性、直觉性、自传性，是当代女性艺术的特质之一。

3. 为历史上的卑微艺术形式正名。由米丽安·夏皮洛倡导的"图案与装饰运动"，是一个成功的女性艺术活动，其最重要的贡献之一，是让传统的女性技艺在当代艺术中获得主流地位。这一方面丰富了西方艺术的表现语言，另一方面，推动当代艺术在多元化的价值体系下健康发展。

4. 表达生理属性是女性艺术的重要方面。以朱迪·芝加哥为代表，很多女性艺术家的创作都涉及生殖器图像的制作和性内容的表达，汉娜·维尔克遍布"伤痕"的身体；卡洛丽·史尼曼的阴道诗篇，将这类创作发展到登峰造极的程度。女性艺术家通过这种极端形式，意在颠覆以男性眼光塑造女性身体的传统习俗，也表达出对当代社会商业化利用女人身体的不满。

5. 涉及私生活为女性艺术带来负面影响。翠西·艾敏的作品过分暴露个人私生活，南·格尔丁的摄影也记录了自己和朋友圈中的很多超常行为。这样的内容不符合普遍生活观念，所以容易引起大众反感和批评。此外，摧残身体的极端手法，也会给女性艺术的传播带来障碍。因为，从最简单的道理上看，一切让观众惊恐不安的艺术表现，尽管能收到一时功效，却不能有长久的感人力量，也难以成就伟大的艺术。

注释

① 游击队女孩不但从事艺术创作，还开展相应的学术研究，所以能通过很多切实的数据来说明问题。她们还编写了另类艺术史——《游击女孩床头版艺术史》(1998年)，是一本剔除了男性艺术家的叙述生动的美术史。

② 1991年南斯拉夫国家解体后，原波黑塞族共和国（前南斯拉夫6个共和国之一）的三个主要民族围绕国家前途产生矛盾，引发混战，引起北约军事干预，战争持续近4年。430多万人口中有27.8万人死亡，200多万人沦为难民，全国85%以上的经济设施遭到破坏。阿布拉莫维奇针对国家现实创作了这个作品。

第十二章 公众的艺术

12.1 公共艺术概述

公共艺术（Public Art）是为民众制作并且为民众所拥有的艺术，这样的艺术不会在历史上产生。因为人类虽然拥有不算短的艺术史，但在历史上大多数时间里，艺术只为有权势的集团或个人服务，民众不是艺术的服务对象，甚至也不是艺术的主要观众。好在许多原本服务于神权和君权的艺术，随着时代的变迁而部分改变性质，成为大众观赏或享用的艺术对象。"旧时王谢堂前燕，飞入寻常百姓家"，今天大众旅游观光的内容，如帝王和将军的陵墓、神庙和教堂的壁画、城市广场中的古典雕塑，都曾是高不可攀的权力象征。

公共艺术的出现，与精英艺术观念日益淡化、大众文化热潮兴起的时代背景有关。1960年代晚期，随着波普艺术的广为传播，那种前卫精英艺术受到了大众冷落，人们对火柴盒式建筑物以及建筑物前的抽象雕塑失去兴趣，从而出现吸引民众参与的公共艺术。美国政府也在此之前提出百分比艺术计划和公共场所艺术计划：前者规定城市公共建筑预算中，必须按比例设置对艺术项目的投资；后者可帮助社区获得资金和专业人员，为公共空间购置或委托制作艺术品①。这些都从制度上保证了公共艺术的大范围实施。当代艺术家也开始走出工作室，进入公共空间创作民众喜闻乐见的作品。

不同于室内艺术的个人工作方式，创作公共艺术不但需要特定技术，还需要艺术家与城市规划师、建筑师、环境设计师、工程师、社区管理者、

图296 美国洛杉矶防洪渠上的"长城壁画"（局部）
设计者：Kristi Lucas

投资者和社区居民密切交流合作，对安全、环境、材料、工程技术、文化习俗等诸多因素的考虑也必不可少，由此形成一整套独立的创作规则与运作体系。其中，听取市民意见，吸纳大众参与，被认为是完成公共艺术最重要的条件。理查德·塞拉的名作《倾斜的弧板》引发所在地大众不满，最后不得不拆除搬迁；朱迪斯·巴卡（Judith F.Baca）组织完成的洛杉矶防洪渠壁画，动员400多名贫困家庭的各族青年参与创作，参加者要经过专门的培训，历经十年才完成（图296）。这都说明，在公共艺术领域，一切权力归民众，艺术只是世俗生活的一个组成部分，而并非像从前那样高于生活。另外，公共艺术的体裁，除了传统意义上的雕塑或壁画外，还涉及以往不被重视的城市公共设施，如座椅、灯光、候车亭、栅栏、植栽、看板、广告、井盖等。当代公共艺术正以非精英、非经典、日常化的方式，体现着大众的精神诉求和审美意愿。放置在公共空间中的各类艺术品，已成为这个时代的重要艺术标志。除了本章内容，前述波普艺术、机械动力艺术、光艺术、大地艺术中，也包含许多公共艺术创造。

图297 克莱格和古特曼 开放图书馆 1993年，装置展示，安置在德国基尔霍夫和汉堡

德国汉堡市郊，因故废弃的安装交通标志的水泥箱上，安装了隔架和玻璃门，使之变成书柜。柜上有标示："请只借少许书，并只借少许时间，欢迎捐书。"克莱格和古特曼在汉堡工作了3个月，建成了很多这样的公共图书馆。这些书柜是随时开放的，没有人管理，每个人都可以去借书，每个书柜平均收到400~500本由普通市民捐赠的图书。据说这个作品很受市民欢迎，成为汉堡市第一次有市民提议要求保留的公共艺术作品。

12.2 重要的公共艺术家及其作品

克莱格和古特曼（Clegg & Guttmann）

迈克尔·克莱格（Michael Clegg，1957年—）出生于爱尔兰，马丁·古特曼（Martin Guttmann，1957年—）出生于以色列。他们通过摄影、装置、材料收集、访谈和录像的方式，丰富了自画像这一古老样式，1980年代创作的仿传统样式的人物群像，成为反映人的财产、地位和结构关系的社会符号。1991年后，他们在一些城市创作《开放图书馆》：在无人看管的架子和箱子中，放置可以自行借阅的图书，图书的内容也因不同地区而有所差异，由此创造了社区居民的全新阅读模式（图297）。他们也采用社会学方法，用相机记录受约束条件下的人类行为，成为1994年的《真理》和1996年的《破碎的心灵》的主题。这些作品说明环境是影响人物活动的主要因素，结果的意义与参与者的兴趣有关。

乔纳森·波罗夫斯基（Jonathan Borofsky）
1942年—

美国装置艺术家。1970年以来致力于造型艺术和环境艺术创作，创作手法涵盖素描、油画、雕塑、录像、计算机、文字等等。他的一些公共环境作品，既能表现个人情感，也寄托了对自然、社会和人的关心。自1990年代后，他没有在博物馆或者画廊举办过个展，而是完全投入到大型室外公共雕塑的创作中去。代表作《敲锤工人》，是以巨大钢板剪刻出的一个工人侧面全身影像，黑色汽车油漆喷涂，重达13吨；在铁板一侧装有电动机，使这个剪影的左臂能挥动铁锤，落向右臂所握的扁平物体上，左臂每分钟移动4次，可越过雕像的头顶向下移动至75度角时与右臂相交。这件作品有四层楼高，它屹立在闹市街头，表达着对劳动者的永恒敬意（图298）。另一件《走向天空》是为美国洛克菲勒公司制作的地标式作品，矗立在纽约该公司的广场上。一根巨大的圆柱以近乎垂直的角度伸向

图298 波罗夫斯基 敲锤工人
1982—1992年，金属，美国西雅图艺术博物馆门前

图299 波罗夫斯基 走向天空
2004年，高100m，位于纽约美国洛克菲勒中心广场

天空，柱子上有7个正在向上行走的人物雕像（儿童、职员、老人、妇女等），柱子下边的台阶上，另有3个人像雕塑，总是与围观的人群一齐抬头向上看（图299）。当天气晴好的时候，路过这里的人总是愿意停下脚步，顺着圆柱向上看，会感到这些人物雕像好像正在走进那高高的蓝天里。

丹尼斯·奥本海默（Dennis Oppenheim）
1938年—

美国当代艺术家。多才多艺，参与行为艺术、概念艺术、大地艺术等多种当代艺术活动，以至于很难将其归入一个确定的流派。他的作品有语义模糊、模棱两可的特点，创作目标也不是很明确，由此传达出对现实生活的质疑态度，也表现出这个世界的脆弱性。他说："我在创作中非常冲动，难以理智地加以控制。现在，我尤其信任我的冲动和非语言的出发点，我的创作故意从模糊开始，一种说不清楚的状态。"1960年代末期以来，他运用各种艺术手段完成大量创作，最有特点的作品，是那些以机械方式制成的有幽默感的公共艺术（图300）。1970年代初期，他使用电影和录像创作身体艺术和心理表现作品，这些作品借助行为表演仪式，挑战人体极限。1974年他在环境艺术中运用木偶，1977年后他制作配有声光效果的机器作品。1980年代中期以来，他在创作中回顾雕塑和现成品艺术的历史，重新改编了杜尚的《瓶架》，并且从各种流行文化中寻找灵感。

图 300 奥本海默 产生邪恶的倒置
1997 年，美国丹佛艺术博物馆藏

第十二章 公众的艺术

野口勇（Isamu Noguchi）
1904—1988年

美国建筑师和景观设计师。父亲是日本诗人，母亲是美国作家。早年学习雕塑，1927年，野口勇获得古根汉姆奖学金，去巴黎布朗库西②工作室作了几个月的助手，深受影响，产生用岩石做雕塑的兴趣。1930年曾来中国，跟随齐白石学习水墨，了解中国的宫廷与园林建筑。二战前他与美国建筑师路易斯·康（Louis kahn）合作完成纽约河滨公园游戏场，抛开传统操场形式，把地表塑造成金字塔、圆锥、陡坎、斜坡等，使大地本身成为供人玩耍的设施，对后来儿童游戏场设计产生很大影响。战后他开始广泛旅行，在东京、巴黎、纽约从事环境造型与装置艺术。1956年负责巴黎联合国教科文组织总部庭院设计，明显吸收日本庭院要素，许多石头都是从日本运来的。他的公共雕塑取消雕像底座，注重作品与人的互动关系，风格接近极少主义，代表作是1969年完成的《红色立方体》（图301）。他一生完成众多大型城市雕塑和园林设计，如历时7年完成的底特律的哈特广场（Hart Plaza），占地3公顷，包括不锈钢标志塔、环形喷泉、散步区、圆形剧场和花园。其中的喷泉雕塑位于广场中心，喷泉上方的不锈钢圆环状若飞碟，有飞腾的动感和气势，成为这个昔日辉煌的汽车城复兴的象征（图302）。1985年，野口勇在纽约建立了自己的博物馆。他对东西方文化都非常了解，并通过创作在日本和西方之间架起一座桥梁。但他在自传中说，从某种意义上讲，他既不是日本人，也不是美国人，而是个艺术世界的人。

汤姆·奥特内斯（Tom Otterness）
1952年—

美国当代雕塑家。因创作大量富于趣味性和幽默感的公共艺术而闻名。1970年在纽约艺术学生联合学院学习，并去惠特尼美国艺术博物馆研

图301 野口勇 红色立方体
1969年，位于纽约HSBC银行大楼前

纽约市中心最知名的艺术品。造型如同一颗在转动中被定格的大骰子，以一点着地的惊险姿态，鲜红耀眼的色彩热力，伫立于纽约的水泥森林中。这个看上去几欲翻倒之物，不但有很好的稳定性设计，还能以倾斜线和圆孔的动态形式，挑战周围钢铁建筑的沉闷气息。由此改变城市中冷漠和压抑的气氛，营造出明朗快乐的生活空间；以人性化、情感化的象征物身份，成为调节当地上班族机械生活的可爱对象。

图302 野口勇 底特律哈特广场的环形喷泉
1972—1979年，不锈钢

图303 奥特内斯 地下生活
2001—2002年，铜雕，位于纽约地铁14街站

纽约14街地铁站的月台和栏杆上，有30多个铜制小雕像，是富有想象力的人物和动物组合：一只戴领结的鳄鱼从井盖中出现，张嘴咬住了一个正要逃跑的人；一个大龙虾用两只大钳子夹住两个小人，其中一个人还抱着孩子；月台上的瓷砖台阶上有一双大脚丫，站在旁边护板上的是穿靴戴帽的长颈鹿和大象；一个警察背着手在质问一个从栅栏下空隙爬过来的人；一个女人手里拿着一个巨大的旧时纽约地铁代币，等等。这些雕像动态生动，表情抽象但不失幽默，能体现瞬间场景，每一组雕像都与安置地点有密切关系。其中的圆头小铜人是反复出现的形象，但因为位置和组合方式的变化，仍然给观赏者以不同感受。作品体现了作者对位于社会边缘的弱势群体的同情，散布在站台各处的众多卡通形象，使得原本只起到交通作用的地铁站，成为小小的艺术博物馆，为每天步履匆匆的地铁乘客提供了一段奇幻世象。

究美国当代艺术。1980年代开始为公共空间设计一英尺高的石膏人形，后来将这些石膏制成模型，送到工厂制成铜雕，由此开始铜雕创作，并接受公共艺术委托。能借助不同环境中的工作任务，发展出新的主题与人物，并在后来的作品中不断使用这些人物。这些作品的尺寸有大有小，通常取材于童话和神秘故事，造型圆润可爱，手法生动活泼，频频出现在全球各地的公共环境中（图303）。

在西方当代公共艺术的热潮中，华裔艺术家成为一支不可忽视的创作力量。其中最知名的有叶蕾蕾（Lily Yeh，1941年—）和林樱（Maya Ying Lin，1959年—）。她们通过卓越的甚至是艰苦的艺术实践，在改造社区环境和纪念碑设计上取得不凡成绩。

叶蕾蕾出生于台湾一个有书香气息的军人家庭，毕业于台湾大学外文系。22 岁时赴美学习艺术和艺术史，毕业后举办过个人作品展并获大学教职。1986 年，她在美国北费城地区的贫民窟里辛劳工作，从动员儿童开始，与社区居民一起修整废墟，改造环境，创建广场和公园。在各界赞助和社区居民的积极参与下，经过近 20 年的努力，将一个名不见经传的荒僻小镇，建设成全美闻名的"艺术与人文村"（图304）。她本人也在 1989 年获得福特基金会颁发的"改变世界的领袖奖"——一个从全美 1 300 多个非赢利慈善机构中选出来的大奖。林樱是华盛顿著名的《越战纪念碑》的设计者③，美国出生。1980 年，在美国越战纪念碑设计方案的选拔竞赛上，年仅 21 岁，还是耶鲁大学建筑系学生的林樱，在 1 421 个参赛方案作者中脱颖而出，成为这个重要纪念碑的设计者。评委们的评语是"它融入大地而不刺穿天空的精神，令我们感动！"该纪念碑用黑色花岗岩砌成，不是像通常纪念碑那样凌空而立，而是以 V 字形镶嵌在华盛顿纪念馆和林肯纪念馆之间的草坪中，形式宽广舒展，手法理智简洁（图305）。140 块花岗岩墙板上镌刻着 58 133 名在越南阵亡的美军官兵的名字，成为美国人民怀念战争中死难军人的公共仪式圣地④。

还有一些公共艺术作品由创作群体或市民参与完成，组织者也许并不显赫，但这更能体现公共艺术的本质特征——民众自己的艺术。与西方当代艺术中其他类型相比，公共艺术是最有社会公益性的艺术，因为它以社会和谐和环境建设为目标，不允许艺术家的个人意志凌驾于民众需求之上，这就有力地制止了其他艺术中常见的偏执狂妄的个人表现倾向。公共艺术要求入境随俗，艺术活动应该与社会认可的共同价值相融合。下面几个案例，可能会让我们对此有所领会。

图304 叶蕾蕾主持修建的美国费城北部艺术和人文景观村一角 2001 年夏天拍摄

《碧蒂·梅森：时间的走廊》

碧蒂·梅森（Biddy Mason，1818—1891 年）原为黑奴，40 岁时才获得自由。她是 19 世纪美国洛杉矶有名的接生婆，能不辞辛苦地为各种族人接生。在天花流行时，冒着危险关照病人，协助建立看护中心和孤儿院；在连年闹水旱灾时，开杂货店以施舍的方式救济受灾者，以至于她的家门前常常有成群的等待救济的人。人们当时称她为"梅森阿姨"或"梅森奶奶"。1960 年代后，这个地区成为州立办公大厦所在地，还修建了高层停车场。加州大学洛杉矶分校的"地方的力量"（The Power of Place）工作室，承担了与工程配套的公共艺术项目。该工作室是非营利组织，他们致力于挖掘多元文化的历史，尤其关注女性和有色人种对地方的贡献。在城市规划师、社会历史学者、艺术家和社区民众的合作下，他们创作出系列的以梅森为主题的公共艺术作品，包括了壁画、石墙、著作、海报、传记等形式。其中由希里亚·德·布赖特里（Shelia De Bretterille）创作的《碧蒂·梅森：时间的走廊》，是在黑色大理石墙面上，以照片形式记录梅森的传奇生命历程，还镶嵌着土地契约、木桩

图305 林樱 美国华盛顿越战纪念碑
1980年

图306 布赖特里 碧蒂·梅森：时间的走廊
大理石，1989年完工，位于美国洛杉矶春天街

篱笆和接生婆的医药包，让商业区里的冰冷墙面成为一个伟大生命历史的记录（图306）。1988年，梅森逝世近一个世纪时，该市为梅森举行了立碑仪式。1989年11月16日，这个系列公共艺术作品揭幕，这一天被命名为"梅森日"，附近的公园也被命名为"梅森公园"。

《西雅图飞梦社区》

这个社区位于美国西雅图的城市边缘，1950年代后期原有工业（主要是锯木业）日趋萧条，工厂倒闭、人口外移、商业萎缩，房屋租金也一落千丈，因此在1960年代吸引了一些外来游民。这些外来人员文化背景复杂，其中有一些流浪艺术家，他们将这个地区命名为"飞梦艺术家共和国"，并在1970年代初期自发筹措资金，开展小规模的社区改造工程。1975年社区居民决定在桥头设立一件永久性公共雕塑，雕塑家理查德·贝耶（Richard Beyer）的《等候电车》入选，但作者在实际完成中部分改变了原有设计，将作品中的一只狗脸塑造成市长的脸，结果这样的作品引起了居民的好奇，很多居民都投入到对这件作品的"再创造"中来。人们根据自己的爱好改扮这组雕塑 有的给它披上塑料布；有的给它带上纸帽子；有的给它们添画眼镜，等等（图307）。这些即兴发挥体现了市民的游乐心情，不但让作品不断更新，更凝聚了前所未有的社会认同感。此后，社区居民自发地组织起来，积极开展艺术活动，很快就出现了一条聚集街头艺人和艺术摊贩的"飞梦艺术市集"，还在每年5月举行集体狂欢，有化装游行、街头闹剧和音乐演出等活动（图308）。如今，该社区早已摆脱了边缘社区的尴尬形象，成为美国境内有名的艺术社区。

第十二章 公众的艺术　191

图307 贝耶 等候电车
1975年，青铜，等人大小，美国洛杉矶飞梦社区

图308 美国洛杉矶飞梦社区的5月狂欢游行场面
2006年

《芝加哥乳牛大游行》

1999年美国芝加哥市举办大型公共艺术展览，起初有262头乳牛雕塑出现在街头，后来增至320头。这些牛以各种不同面貌和装扮出现在芝加哥的大街小巷，五颜六色，光彩照人（图309）。当地文化局制作了乳牛游览地图，免费提供给市民。报纸和电视台也为此作了专门报道，还举办网上投票活动选举市民最喜欢的作品，这样就吸引了大量的参观者。整个活动为芝加哥带来超过100万的游客，以及总值超过5亿美元的旅游收入，获得了一般公共艺术作品很难达到的经济回报。这样一个民众参与度和经济回报率很高的活动，引起了其他西方城市的学习和仿效，许多城市也举办了类似的展出活动。这个作品告诉我们，公共艺术不是少数艺术家的专利，它必须服从多数人的趣味和喜好，这样才能对社会生活和大众文化有实际作用。

12.3 涂鸦艺术概述

不是艺术家或书法家，也没有被邀请，就在墙面上随意涂写文字或绘画，是古已有之的人类积习。这类作品的创作者多为业余选手和儿童，创作行为可能是出于人类固有的书写习惯，这就是"涂鸦艺术"（Graffiti Art）的起源。这种任意涂写行为在二战后成为全球现象，几乎没有一个城市能免受涂鸦的染指，也因此成为当代艺术的形象资源之一（图310）。美国抽象表现主义的塞·托布利和杰克逊·波洛克都从民间涂鸦中吸取养分，法国画家让·杜布菲直接模仿它的绘制手法，西班牙的抽象艺术家安东尼·塔皮埃斯将这种手法融入他的表现墙面的作品中。

规模较大的涂鸦艺术出现在1970年代初期，涂鸦者尝试用灌装喷漆在纽约地铁车厢上涂上鲜艳的字与图。1972年，一个名为苏珀·库尔（Super Kool）的涂鸦艺术家用炉灶清洗液上的喷嘴替换了罐装喷漆的喷嘴，使喷漆口变宽，这个技术改造为涂鸦创作带来了风格上的明显变化，至今还是涂鸦的标志性手法。早期的涂鸦者既不是专业艺术家，也不是学习艺术专业的学生，而是来自纽约最穷的布朗克斯区的游荡少年。第一个引人注意的涂鸦签名是"TAKIS 183"，它的创作者是一名送货员，此人利用工作之便，在纽约的墙、门和广告看板上大肆涂鸦，《纽约时报》曾对此进行报道，对涂鸦艺术起到了推波助澜的作用。随着一些有

图309 在《芝加哥乳牛大游行》带动下,美国其他城市和英国、希腊、日本等国近年来也举办相同的公共艺术作品展

图310 荷兰阿姆斯特丹街头的涂鸦艺术

天赋的作者的加入,这种业余活动很快就有了技术上的进步,涂鸦符号开始变得好看起来,涂鸦内容也从文字扩展到卡通人物、政治口号,乃至宗教与神怪形象。

展示技巧与挑战公共权威是涂鸦运动的两大动机。涂鸦作者们认为,地铁是最好的画布,也是向其他城区炫耀水平的唯一方式(图311)。1973年,名为"弗林特707"的团伙创作了第一个全车厢涂鸦。1975年,名为"自由快车"与"不可思议"的五人组,利用整整一周,涂鸦了一整列地铁列车。不同风格流派的涂鸦团伙,像黑帮那样在地铁线路与街区间划分了势力范围,任何抄袭或越界的创作行为都可能引发剧烈的打斗冲突。这引起了执法部门的干预,据说有27%的涂鸦分子以"破坏公共秩序"和"行为不端"被起诉,涂料生产企业也被迫将颜料喷罐的喷头焊死,使涂鸦者无法更换大型喷头。但另一方面,涂鸦艺术也在被主流社会所接纳。1975年后,涂鸦艺术家的作品在纽约多家画廊展出,一些涂鸦画家还被

第十二章 公众的艺术

图311 Fab 5 Freddy 坎贝尔汤罐头
1980年，纽约南布朗克斯区地铁涂鸦艺术，Martha Cooper 摄影

邀请前往欧洲访问。在1980年纽约时代广场展中，涂鸦作品以每件1 000～3 000美元的价格拍卖，由此越来越多的画廊开始接纳涂鸦作品，很多专业艺术家也加入到涂鸦风格的创作中来（如基斯·哈林）。到1980年代前半期，涂鸦绘画已成为纽约画坛的流行风格。

但进入美术馆的涂鸦艺术，生命力迅速衰竭。社会文化潮流虽然一度青睐这种卑微的艺术形式，但很快又对它失去兴趣。1985年后，涂鸦艺术重新回到了被遗忘的地下状态，涂鸦艺术家也走向两极分化：一部分赢得国际名声，成为正统艺术机构和市场所接纳的宠儿；另一部分则坚守阵地，永远与都市里的墙壁和地铁为伍。对于涂鸦艺术的沉浮流转，研究者们有各种各样的看法，其中比较值得注意的有两个原因：一个是艺术市场喜新厌旧的游戏规则，另一个则是在电子视觉图像统治全球的时代里，即便是强烈刺激、有个性的绘画，是否还能有长期吸引大众眼球的可能？

12.4 有影响的涂鸦艺术家

吉恩·米歇尔·巴斯奎特
（Jean Michel Basquiat）
1960—1988年

美国黑人艺术家。出生于纽约，没有受过正规教育。1977年开始在纽约市区和地铁墙上作画，签名是SAMO（俚语"二流子"），创作灵感来自抽象艺术和民间艺术，作品中充溢着非洲、加勒比海和欧洲文化的多元气息，笔法横飞，颜色四溅。常在画中添加文字和诗句，还有鸟、骷髅、格子、羽毛、牙齿、火焰、栅栏、大嘴、高帽子和非

图312 巴斯奎特 好莱坞非洲人
1983年，布上综合材料，213.4cm×213.4cm，纽约惠特尼美国艺术博物馆藏

图313 1983年，哈林在纽约地铁站涂鸦

洲伏都教的图腾（图312）。1981年首次举办个展，1984年后，他与安迪·沃霍尔一起工作，其自由开放的风格影响了美国艺术界。他说："我的画不是图案。这是绘画，从来就是。我一直在画。即使在绘画还没有流行以前我就在画。"繁杂污秽与野性放任的交织，使他在西方当代艺术中独树一帜，很早就获得声誉，还去欧洲展出过作品，但却因吸食毒品而过早去世。

吉斯·哈林（Keith Haring）
1958—1990年

美国涂鸦艺术家。1980年后参加涂鸦活动，在纽约地铁黑板上用粉笔画各种人物或动物的轮廓形，辅以十字、心形、三角形等符号（图313）。1983年，美国哥伦比亚电视台对他在地铁站涂鸦并被逮捕进行现场采访，使他迅速成名。此后开始在博物馆和画廊展出作品，但仍然没有放弃街头创作。他说："我作画从来都没有预先设计过。我从不画草图，即使是画巨型壁画也是如此。我的早期作品像是自动书写或者是抽象作品。"他在画布、墙壁或人体上作画，还创作大型壁画和雕塑；构图匀称，形象活泼，线条绵延不绝，充满乐天精神（图314）。只有头和身体轮廓的小人，是哈林作品中的常见形象，他们经常密集排列如炒锅上的爆豆。此外还有一些来自大众传媒的形象，如电视、电脑、飞碟、工业零件等，以拟人化手法加以表现。他的艺术风格受到黑人舞蹈和说唱音乐的影响，有类似迪斯尼动画的幽默和节奏，所以深受大众喜爱。1986年，他在纽约开办个人艺术品商店，出售印有个人作品的T恤衫和明信片。1989年他成立哈

图314 哈林 拳击手
雕塑，德国柏林波茨坦广场

图315 沙夫 垃圾
1992年，布上丙烯、油彩和墨水，188cm×231cm

林基金会，用以促进儿童福利。1990年因艾滋病去世。

肯尼·沙夫（Kenny Scharf）
1958年—
美国波普艺术家。1970年代末期在纽约视觉艺术学校学习，与基斯·哈林是同学，也因此参与涂鸦活动。他的作品也被视为波普艺术，但却没有波普艺术的商业消费品气息。他在街头墙上和画布上，描绘奇形怪状的人物、动物和色彩鲜艳的热带丛林（图315）。能从电视剧、连环画、幻想故事和卡通漫画中获得灵感，创造出俗艳刺激的图案作品。他说："搞艺术令我幸福。这就像管理一个花园。我希望我的花园草木茂盛，具有异国情调。我喜欢改变花园的风格，如同我喜欢换电视频道一样。"评论家则称他"在自己色彩明亮的画中创造了一个欢天喜地的大杂烩"。

12.5 结语

公共艺术和涂鸦艺术的出现，与当代社会与文化的整体进步有关，民主思想的普及，社会福利的扩大，大众权利的增长，促成平民艺术的蔚然成风。本章内容涉及如下要点：

1. 公共艺术是当代艺术的重要组成部分之一。它以社会和环境为目标，反对艺术中的精英主义和极端倾向，能创造出平民化的情境，从而有益于世道人心。在公共艺术中，公共性价值要大于艺术性，创造美好的社会生活环境，是公共艺术创作的最为核心的使命。克莱格和古特曼的作品能促进大众阅读；叶蕾蕾的艺术实践带动了落后社区的改造；以碧蒂·梅森为主题的系列作品，更是能感召世人的优秀历史人物纪念碑。这些作品，都体现了公共艺术塑造社会的积极功能。

2. 野口勇的城市雕塑和广场设计有力地改进了都市环境；奥内斯特的小型铜雕体现了新的民俗趣味；奥本海默的颠倒的教堂能传达较为复杂的文化概念。此外还有无数出现在城市公共环境中的作品，也都在证明同一个道理，即当代艺术要走出博物馆和画廊，艺术家要放弃高高在上的偏执想法，这样才能在与大众共舞中获得新的发展空间。

3. 涂鸦艺术本是草根出身，有愤世嫉俗和野性狂乱的性质，能以自发方式体现民间的创造力。吉恩·米歇尔·巴斯奎特融多种文化于一体的探索，吉斯·哈林个性化的大众娱乐图式，都是当代都市文化土壤中生长的奇葩。只是商业力量和市场作用，能扼杀一切鲜活的艺术生命力，所以，脱离民间土壤、走进博物馆的涂鸦艺术，最后竟成了凝固的偶像，这反映了现实社会与艺术规则的某种冲突。

4. 公共艺术和公共空间里的大众涂鸦活动，虽然来源和指向不同，但都能体现平民思想和世俗趣味，是对传统精英文化和贵族文化的颠覆。当代艺术价值应当与社会普遍认同的公共价值相融合，这样，人类艺术活动才有可能成为健康和民主的事物。公共性是公共艺术的前提，从艺术性过渡到公共性，是西方当代艺术对人类文化所作出的最重要贡献。

注释

① 1950年代末，美国政府为了使城市空间中出现更多的艺术品，从而提升生活环境的品质，立法通过"百分比艺术计划"（Percent for Art Program），规定各地在修建公共建筑时，必须从建筑预算中保留1%的经费，用于建筑装饰和艺术品制作。此后西方各国都援例而行，促进了世界范围内的公共艺术发展。

② 康斯坦丁·布朗库西（1876—1957年）是罗马尼亚现代雕塑家，从原始艺术和民间雕刻中吸取养分，发展出简练质朴的风格。

③ 林樱还是我国著名诗人和建筑学家林徽因（1904—1955年）的侄女。

④ 回顾越南战争是一个政治话题，林樱的设计着眼于艺术与文化，是对死亡的思考。她在回忆录《界限》中说："当艺术和政治发生冲突时，通常都是艺术让步，然而这一次却例外。"

第十二章 公众的艺术

第十三章　表现的狂潮

13.1 新表现主义概述

艺术中所谓表现，是指将原本无形的情感或情绪，通过可视形象传达出来。从认识论上看，人心里想的事情不见得与客观实际一致，反映在创作上，就是主观传达的东西越多，客观真实的成分就越少。所以，一切表现主义作品，都少不了情绪化的夸张、变形乃至抽象，这样虽然失去物理真实，但更符合心理真实。西方中世纪艺术就有明显的表现倾向，在许多壁画和雕塑中，人物变形拉长。文艺复兴时期的风格主义，也开启了此后的扭曲动荡之风①。但表现主义以完整画派的面貌出现，还是在进入20世纪之后。

20世纪的表现主义艺术，经历了两个阶段：第一个阶段是在两次世界大战期间出现的欧洲表现主义。由于战争给欧洲人尤其是德国人带来心灵创伤，他们就通过扭曲变形的艺术手法，表达焦虑心情和对现实的不满。第二个阶段是1945年后出现在美国的抽象表现主义。与战前欧洲的表现主义相比，美国的抽象表现主义缺乏社会批判意识，只强调个人表现和形式创新效果，可以称其为"非社会性的表现主义"。此后，注重商业消费文化的波普艺术，注重抽象形式的极少主义，注重理念传达的概念主义，成为西方艺术三大主流。尽管也有写实艺术出现，但那种写实艺术或者是组织现成品，或者是记录特定生活内容，成为世俗生活的附庸。直到1980年代初期，一种新的、有具体形象的表现主义艺术在欧洲出现。这种艺术向现代主义艺术之前的艺术史寻找灵感，使用现代艺术所禁忌的传统手法作画，为当代画坛增添强烈的色彩、笔触和架上形式。作品中的狂野笔触和丑陋外形，仿佛是传统表现主义艺术的复活，这个就是"新表现主义艺术"（Neo Expressionism）。

这种新艺术最早出现在1980年威尼斯双年展中。当时德国画家的作品因表达强烈的情感，被人们称作"新野兽主义"和"暴力绘画"。1981年，伦敦皇家艺术学院举办了一个"绘画中的新精神展"，是集中展示新表现主义风格的首次国际大展。主办人宣称：在这个普遍放弃绘画的年头，应该重新考虑绘画的作用。1981年秋天，有5位德国画家在纽约举行展览，引起美国画坛的震动，评论家们开始将这种来自西德的艺术，称为新表现主义。

新表现主义有复杂的内容与形式，图像来源杂乱无章，通常以神话、民族、历史、色情和原始主义为主题，也能根据报纸新闻、超现实主义梦境、古典神话、流行小说封面等制造表现内容。作品有率直的感情和巨幅形式，也有很强的现实针对性：首先是反对当代艺术否认传统的弊端，恢复了传统艺术的具象表现手法。其次是代表战后欧洲艺术的崛起，扭转了美国艺术主宰国际艺术潮流的趋势。虽然新表现主义中也有美国艺术家，但其最重要的成就出现在欧洲，尤其是德国。德国新表现主义画家说"欧洲有的是历史，美国有的是媒体"，就暗含了对美国当代艺术的不满。

回归传统的态度和情感化表达方式，使新表现主义迅速被社会接受，到1982年，它已经广泛

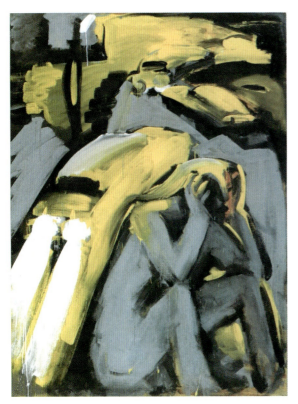

图 316 霍迪克 忧郁
1983 年,布上合成材料,230cm×170cm,纽伦堡 Kunsthalle Nurnberg 藏

被用来描述出现在德国和意大利的艺术。批评家们对这种胡乱涂抹、粗暴乖张的艺术颇为赞赏,说他们恢复了人文精神和私人情感在艺术中的位置,还有人欣赏它的怀旧气息。艺术收藏家的群起而捧之,更推动新表现主义风行一时。

13.2 德国新表现主义艺术家

德国艺术素有表现主义传统。从历史上看,德国的表现主义有两个特点:一个是关注社会问题,另一个是团体性[2]。前者意味着德国艺术永远有着明确的文化指向,而不仅仅是所谓形式的构造;后者表明德国艺术植根于深厚的民族传统,有着经由历代艺术大师延续而成的艺术基础。

二战后德国分裂成两部分,东德受前苏联控制,艺术上也被要求遵循所谓社会主义现实主义方法。但那里的艺术家却不满于现实主义束缚,反对学院派的写实主义,珍视德国艺术的自身传统,不断进行新的艺术试验,很多新表现主义画家是在东德接受的早期教育。1970年代末期,德国绘画开始出现明显复苏迹象,德国艺术家向传统绘画语言求助,接受20世纪初期表现主义前辈的艺术经验,以艺术反省历史文化,揭示富足经济社会中的种种弊端,并由此与流行全球的美国艺术模式决裂。1990年德国重新统一,进一步带来振兴民族文化的热情。但也有研究者认为德国分裂和美苏对抗是新表现主义的发展背景,苏联瓦解和两德统一后,德国新表现主义就不再辉煌了。

卡尔·霍斯特·霍迪克(Karl Horst Hodicke)
1938 年—

被认为是德国新表现主义之父,曾在西柏林艺术学校学习。1961年,他参加柏林的"视觉小组",1964年与其他人共同创办"格鲁斯格尔森35"试验画廊,举办首次个人作品展。他的创作包括架上绘画和实验电影两种形式,以城市生活为主题,追求逆光效果。1980年后,致力于表现城市的封闭、压力和人的孤独。色彩鲜艳,笔触灵动,有一种纵逸自如的美感。他说:"我很喜欢城市题材,这不是一个粗俗的主题,相反,这个题材很严肃,很新奇。因为,我认为我们从未对人工光线对绘画的影响作过这么恰当的分析,我的研究也仅仅是为了以后用这种方法来表现我的观念。"《忧郁》与德国文艺复兴时期丢勒的著名铜版画同名,形式上也有几分相似,都是一个人坐在地上思考着什么(图316)。丢勒作品中那个女人身后是当时的制作工具与科学仪器,而这幅画的背景上是车灯闪亮的汽车。由技术和工业带来的烦恼,实用知识与理想、幻想之间的冲突,贯穿了古今两代德国艺术家的作品主题。

图317 巴塞利茨 家庭肖像
1975年，布上油画，250cm×200cm，卡塞尔新艺术博物馆藏

他关注现实社会中的敏感问题，并进行直观表现，导致1963年他的两幅作品因为淫秽内容而遭到没收。其创作有两个特点：一个是恢复德国具象绘画传统，以鲜明的色彩和强烈的笔触描绘形象；另一个是采用上下倒置手法从事创作（图317）。1969年以后，他开始把绘画作品倒过来悬挂，以此对抗恒常的视觉原则。此后他所描绘的肖像、裸体、风景等，都是大头朝下。作品笔触阔大粗劣，颜色也很刺激，有极端个人化和蔑视一切常规的倾向，内容则多是伤痕累累的人物和混乱的风景。他说："我把他们颠倒过来画。这是去掉人们通常作画内容的最好办法。当把一个肖像画颠倒过来时，我们不可能说这幅画画的是我的太太，我给了她一个特殊表情。"1979年以来他还创作人头或躯体木雕，体量巨大，粗糙随意，完成后在表面胡乱涂色，制造出酷似原始雕像的作品。

马库斯·吕佩茨（Markus Lupertz）
1941年—

德国新表现主义艺术家。出生于波西米亚，随家人移民到西德，后为杜塞尔多夫美术学院院长。1966年他发表"赞美宣言"，说"20世纪的优美将由我发现的赞美手法表现出来"。1970年代创作系列作品，有《红、黑、金》系列、《巴比伦建筑》系列、《风格绘画》和都市风景等。1970年代末，他成为德国新表现主义的中坚人物，但与其他人相比，他的构图较为拘谨，色彩也相对沉闷（图318）。同时他也创作出一些大型雕塑，有诸神、英雄、动物，以及更加抽象的彩色木雕和青铜雕塑。1980年代以来，他对艺术史进行思考，依据古典雕塑和绘画进行再创作。他说："伟大的艺术高于一切，艺术是永恒的、源源不断的。艺术存在于上帝和生命之间。艺术的存在就是为了表现更伟大、更美好的东西，这就是真实、生命、恐惧。"

乔治·巴塞利茨（Georg Baselitz）
1938年—

德国新表现主义艺术家。出生于东德，1956至1957年在东柏林学习，由于不能适应那套来自苏联的学院派教学体系，竟被学院以"政治上不成熟"为由开除。1957年来到西德，从此开始真正的艺术生涯。但他也不满于流行西德的美国画风，在1961年以家乡的名字作为自己的艺名——巴塞利茨，显示了在新环境中的个人独立意识。同时他还发表了两个宣言，说自己要表现现实，反对抽象表现主义。1963年他举办首次个人作品展。1965年，获得西方艺术界非常重要的"罗马大奖"（Villa Romana Prize），去意大利工作一年。此后，他默默无闻地坚持具象创作，直到1970年代末期，引起批评家们的关注，并很快获得世界声望。

图318 吕佩茨 夏天
1985年，布上油画，270cm×400cm，德国科隆路德维希博物馆藏

约尔格·伊门道夫（Jorg Immendorff）
1945—2007年

德国新表现主义艺术家。曾就读于杜塞尔多夫美术学院，是约瑟夫·博伊斯的学生。1960年代他追随老师参加激浪派活动，通过偶发事件和示威活动来引人注意，还在绘画上书写标语口号来加强宣传效果。但很快发现自己更适合架上创作，于是在1971年重新确立自己的位置，从社会政治研究回归到艺术创作，同时继续关注社会现实问题，被评论家称为"政治卡通画大师"和"社会主义现实主义画家"。在创作中继承德国表现主义传统，笔触深刻有力，色彩浓烈厚重，光影和线条也都偏于生硬（图319）。政治是他绘画的重要主题，很多作品与德国历史上的重大事件有关，纳粹、战争、东西德分裂、经济复兴，都是他感兴趣的内容。从1978年起，以德国咖啡馆为主题，创作系列油画，画中出现了很多艺术家和知识分子的形象，还有一些具有历史象征意义的人物，是

图319 伊门道夫 独奏
1988年，布上油画，200cm×150cm

第十三章 表现的狂潮 201

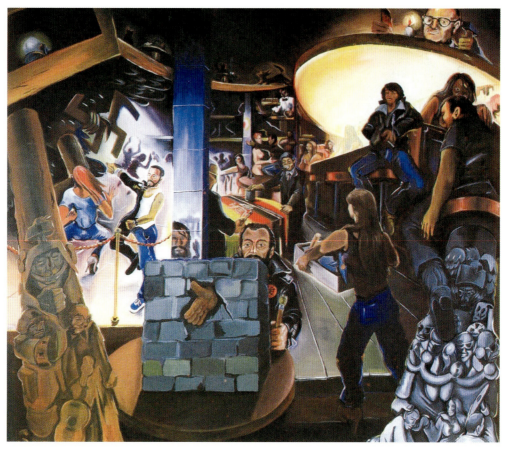

图320 伊门道夫 德国咖啡馆1号
1978年，布上丙烯，282cm×320cm，德国科隆路德维希博物馆藏

对德国历史和现状的概括性描述（图320）。《德国咖啡馆3号》（1978年）表现一个拥挤倾斜空间，他把睡着了的自己画在中间，身后镶满镜子的柱子，映照出当时东西德之间最明显的分界点——勃兰登堡大门。他认为，艺术家应该超越自我爱好的局限，担负起对社会的责任。2002年他曾在北京举办个人作品展。

安塞姆·基弗（Anselm Kiefer）
1945年—

德国当代著名艺术家。早期学习法律和文学，1966年开始学习绘画，1970至1972年，在杜塞尔多夫美术学院师从博伊斯，并在1970年代迅速成为德国战后最重要的艺术家。与老师一样，他敢于正视纳粹时期的恐怖和德国历史、文化和神话，对德国文化采取全盘接受的态度，试图用绘画重新界定德国的历史与文化。他关注瓦格纳、尼采、希特勒和史前与现在，所以被称为"德国罪行的考古学家"。而另一个常用来描绘他的词语是，"第三帝国废墟上的画界诗人"。

基弗以风景为主，但他的风景全无传统风景画的面貌，而是有深刻寓意的精神图像（图321）。题材涉及纽伦堡、纳粹、荷尔德林、里尔克等[3]，意在表现国家的悲惨历史和伟大文化。他的作品阴暗沉重，强烈地表现了痛苦和无助。能利用各种材料进行创作：沙子、稻草、铅皮、木材、沥青，等等，

图321 基弗 玛格丽特
1981年，布上油画和稻草，280cm×380cm

图322 基弗的铅皮书作品局部，陈列于2004年9月德国柏林汉堡当代艺术展《弗列克收藏展》

《玛格丽特》是基弗风景系列之一。画面上稻草组成的蜡烛曲折地向上延伸，蜡烛上的火苗在蓬勃燃烧，地面上满是枯草朽枝和烧焦的土地。画面中间书写的"玛格丽特"点明作品主题，是犹太诗人保罗·策兰（Paul Celan, 1920—1970年）的名篇《死亡赋格曲》中的内容：玛格丽特象征德意志金发女郎，与其相对，是灰白头发的犹太女人舒拉密斯，她是给纳粹烧死的无数犹太妇女的化身。基弗以金黄色稻草和烧焦的土地为象征语言，重新刻画两种不同意象，融火光与灰烬、死亡与新生、破败与希望于一体，蕴含深厚的历史情感，创造出"野火烧不尽、春风吹又生"的生命境界。

还能综合油画、木刻、拼贴等多种技法（如经常在木版画上添加油彩），画面如浮雕般凹凸不平，呈现一种废墟和灰烬的物质状态。这样的风景画在历史上从未出现过。他的画作上常有简短文字、诗歌或一些词语，这些文字往往有复杂涵义，但他不使用隐语，总是直接写出作品主题，如在《纽伦堡》（1982年）上写"纽伦堡、节日、草地"，被认为是"脱离画面，独立地唤起一系列事件的联想"。印上历史照片和文字的铅皮大书，是基弗的典型装置作品（图322）。灰暗的铅皮和厚重的体积，带给人以沉重的历史文化感受。《打碎的容器》是将一些铅书放在书架上，书架前散落了一些碎玻璃。作品内容来自犹太教义：人收集上帝的十种神秘物，有王冠、智慧、仁慈、理解、美丽等。基弗将其中9种神秘物的名称写在书架上，只漏写了"智慧"，而满地碎玻璃片，表明收藏智慧的容器被打破了，暗喻作者对人类精神世界的悲观看法（图323）。

纵观基弗作品：一是厚重，二是有历史感，三是严峻强悍，四是悲剧格调。厚重，是艺术中难得的境界，厚重就有历史感；严峻，就是不媚俗；至于悲剧格调，那是德国艺术家对本民族历史的真切感受。从德国当代重要艺术家的作品看，他们都重视历史，无论怎样前卫，都不轻视本民族的历史文化遗产，并且都对二战有深刻反思。由此可知，这是一个思维和行动都很彻底的民族。所以基弗说："对于我来说，历史与风景和颜料一样，都是材料。"

图323 基弗 打碎的容器
1990年，铁、玻璃、铜线、木炭和水等，490cm×180cm1232cm，重约7.5t，美国密苏里圣路易斯艺术博物馆藏

A·R·彭克（A.R.Penck）
1939年—

德国新表现主义画家、雕塑家、作家、音乐家和电影艺术家，本名为拉尔夫·温克雷尔，彭克是他的艺名。曾在东德做过各种职业，画过宣传画，还想建立一个艺术学校，但都没有成功。作为东德的一名非官方艺术家，他对政府感到失望，于1980年去往西德。从1961年起，他开始创作"世界的形象"，画面上充满了各式人物。1969年他找到了一种基本符号和象形的绘画方法，1970年他确定可供人们模仿的标准图形，以此说明他的绘画哲学。他继承德国表现主义对原始艺术的热爱，重新在自己的画中复苏了表意符号、象形符号和书法，让人回想起欧洲古老的洞穴图案和世界各地的原始艺术；他使用黑色、红色和白色创作油画，上面布满杂乱的象形文字（图324）。他认为原始人和现代人有同样的精神生活，现在的人也能懂原始图像。所以，他通过简单和稚拙的手法，表现自由幻想的情趣。1973年他又给自己起了个艺名，麦克·哈默尔，与彭克同时使用。他说："我想在视觉、意义和声音之间建立联系，这并不是传统的'整体艺术作品'，而是一种更加独特的关联。"他的作品曾多次来中国展出。

莱纳·费廷（Rainer Fetting）
1949年—

德国新表现主义艺术家。早年在东柏林艺术学院学习，1977年他与其他画家一起在柏林开办画廊，并在那里一起展示自己的作品。1970年代末他创作了一些油画，强烈表现柏林墙主题。画风豪放，色彩强烈，与传统表现主义相似处较多。1980年代以来，画了一些色彩强烈的肖像画和自画像、以梵·高为主题的组画、淋浴中的裸体男人，也有乡村和城市风景、田野风光、花卉、出租车、飞机，以及纽约和柏林（图325）。他还创作大型的青铜裸体雕塑。他说："画一幅画，就像拍一部电影。生活就是电影剧本、传统和银幕。绘画不仅应通过阅读古典作品获得灵感，还应与现在保持联系，并面向未来。"

13.3 意大利的超前卫艺术

20世纪初期的西欧表现主义运动，没有影响到意大利，当时意大利的主要艺术活动是未来派和形而画派。而在1960年代之后流行于意大利的艺术，是紧随美国潮流的装置艺术和行为艺术，架上绘画难得一见。但在1970年代末期，意大利的著名艺术批评家奥利瓦[④]开始推重一批具象画家，在1979年为他们组织了一个题为"闪现的艺术"的重要展览，并为其命名为"超前卫"（Trans

图 324 彭克 我，在西德
1984 年，棉布上丙烯，600cm×1200cm，德国科隆路德维希博物馆藏

图 325 费廷 凡·高和轻轨
1978—1981 年，布上丙烯，200cm×250cm，艺术家自藏

Avantgarde），标志着意大利新表现艺术的出场。这个超前卫的"超"，与后现代的"后"有相同意思，就是反对流行的前卫艺术，拿起画笔和油彩，回归到具象绘画和本民族的历史文化中去。他们从个人想象与直觉出发，向全部艺术史借鉴他们认为需要借鉴的风格和手法，使作品的图像来源无比广阔。因为其中主要艺术家的名字都以字母 C 开头，所以还被称为意大利"三 C"，即基亚(Chia)、库基（Cucchi）和克莱门特（Clemente）。

桑德罗·基亚（Sandro Chia）
1946 年—

意大利超前卫艺术家。曾在印度、土耳其、欧洲各地旅行。1972 至 1975 年，从事"魔术概念主义"创作，1975 年后转为具象创作，1980 年代初，参加意大利超前卫运动。他受到文艺复兴时期风格主义的影响，还受到过 20 世纪巴黎画派、立体主义、形而上画派和达达主义的影响，艺术手法杂乱无章，画面效果时好时坏。作品中充斥着飘浮造型、

图 326 基亚 赛马
1985 年，壁画，位于纽约饭店

图 327 库基 无头的英雄
1981—1982 年，布上油画，203cm×255cm，私人收藏

倾斜构图和生硬色彩，视觉效果纷乱刺激（图 326）。他还自认为是欧洲文化的代表，声称是在坚持"一种把个人生活与文化融为一体的炼金术"。1984 年后移居纽约，任教于纽约的一所视觉艺术学校。

恩左·库基（Enzo Cucchi）
1950 年—

意大利超前卫艺术家。1970 年代末，在传奇故事中获得灵感，创作一些风景画和阴暗的人物画，作品题名也如传奇故事，如《野蛮人的房屋》、《地中海的骷髅地》、《英雄的旅行》，等等。画风硬朗，笔法苦涩，以线描手法为主。从 1983 年起，他在创作中加强了悲剧气氛，城市墓地和荒芜景象成为常见主题。作品中出现最多的是鬼魂、巨人、火焰、死人和被捕获的鸟雀的头颅（图 327）。还创作了一些环境装置作品和图腾类雕塑。他说："绘画就像巨大的山洞一样，即可怕又吸引人，里边充满疑问，我们一无所知。山洞令人害怕，里面到处是死尸，但是，只有死亡才能创造新的一切。

下到洞中就是尝试着在洞中深处找到支持下去的力量。"这种对艺术的形象化比喻，与他的作品一样，粗陋而让人惊骇。

弗朗西斯科·克莱门特
（Francesco Clemente）
1952 年—

意大利超前卫艺术中名气最响的人。1970 年代初期开始创作，1980 年参加超前卫运动并移居纽约。他多次去印度旅行，并在那里学习语言和印度教。能使用潜意识自由流动的手法作画，经常将艺术史中的各种内容融合在画面上，也能尝试各种尺寸和技术，画幅有大有小，样式东西兼顾，油画、素描、镶嵌画、壁画，几乎无所不能。艺术风格也能保持开放和变化姿态，但东方文化意味却总是在他作品中出现。如《冥想》就是有东方宗教气息的作品。画面上是平涂的两张并列大脸，一个睁眼，一个闭眼。在这两张脸上绘有白天和夜晚的景色，还叠印着日月、云朵和山川河流（图 328）。比较有意思的是，象征夜晚的脸上睁着大眼睛，直

图 328 克莱门特 冥想
1990 年，布上覆纸水彩，243cm×248cm

图 329 克莱门特 物自主
1983 年，壁画，每块 240cm×120cm，艺术家自藏

视观众，而那个象征白天的脸上却是闭目养神。莫非意味着只有在寂静的夜晚中，人们才能打开心灵的窗户？另一幅《物自主》也与印度教有关。画面中心是一个很大的绿色圆环，人的四肢和头部突出于这个圆环的外缘，植物和花朵也在这个圆环中生长开放（图329）。印度教认为，"真我"是生命轮回中的主角，人的身体也是因真我而恒常存在的，即所谓恒常有我、梵我不二、生死轮回之说。这幅画表达的是人在宇宙中的中心地位，以及与自然相依存的物我同构关系。说起来，这样的内容有点费解，但是作者那种神秘的东方宗教情结，总算是得到某种传达了。

13.4 其他国家的新表现主义

英国有人物画传统，当代艺术的剧烈冲击，并没有让英国艺术家放弃这块园地。但英国的表现主义更多来源于个体创作，不像德国那样群雄并起，也不像意大利那样有批评家的策动鼓吹。英国新表现主义的先驱是弗朗西斯·培根（本书1.3），他在1950年代创作的扭曲变形人体，具备了表现主义的所有特征。此外还有一个重要的前辈是大卫·邦伯格（David Bomberg，1890—1957年），他不但在前卫创作上身体力行，还是一个出色的教育家，培养出一批有影响的英国新表现主义艺术家。他早年当过印刷学徒，18岁以后进夜校学习绘画。一度去过巴黎，访问过一些重要的现代艺术家。24岁那年在伦敦团体画展中脱颖而出，成为英国画坛知名前卫画家。他在创作中主要表现伦敦东区的生活，虽然画风锐利，但偏于精细，不同于其他表现主义的粗犷豪放。但他长期在伦敦自治城镇工艺学院（现为伦敦南岸大学）任教，使他能通过教学传播表现主义艺术理念。在他的学生中，奥尔巴赫和科索夫都是英国新表现主义的代表画家。

弗兰克·奥尔巴赫（Frank Auerbach，1931年—）出生于柏林，1939年随父母从德国流亡到英国。艺术风格极有特色，笔法狂放不羁，在画布上不断堆积厚厚的色彩，能以油画和素描反复

第十三章 表现的狂潮 207

图330 奥尔巴赫 EOW的头—侧面
1972年，板上油画，50.8cm×44.5cm，私人收藏

图331 科索夫 父亲肖像3号
1972年，布上油画，152.4cm×121.9cm

描绘同一主题：少数亲密的朋友、家庭成员和都市景观（图330）。他让亲友充当模特，还要求他们整天呆在画室里。从1954年起，他就在伦敦城北的卡姆登小镇的画室里工作，很多灵感也来自那里的自然环境。利昂·科索夫（Leon Kossoff，1926年—）是油画家、版画家和教师。创作中以伦敦为表现对象，尤其注重描绘他的出生地——伦敦东区，也描绘肖像和裸体。通常以自己的家人和朋友为模特，经常要求模特能连续几天保持扭曲姿势。他无意于前卫艺术的创造，延续了传统表现主义的画风。《父亲肖像3号》是一幅有激情的作品：粗大的黑线编织出画面的主要结构，简洁的色彩概括有光感，当然，最富于激情的，还是横涂纵抹的零乱笔触。颜色堆积得如此之厚，粘稠柔韧，层层相叠，笔法狂放写意，充分体现了油画特有的表现力（图331）。

詹尼·莎维尔（Jenny Saville）
1970年—

英国女性艺术家，以善于刻画过度肥胖的人体著称。创作尺幅巨大的肖像、自画像和人体，笔法灵活，风格劲健，有强烈的女性意识。能从女性的视觉和感受入手，对女性身体进行反唯美、反色情的表现，将人体描绘成活的肉体堆积（图332）。据说她研究过人体解剖和外科手术，对肥胖人体内部构造颇有理解，所以她画的肉体有肉店和外科手术台的效果。她的作品中包括玻璃挤压的人体、血迹斑斑的女人和因缝合留有伤痕的脸、互换生殖器的男女裸体形象等。这些作品是对商业社会男性审美眼光的犀利挑战。

1980年代中期以后，新表现主义借助商业画廊的推动，迅速成为国际上引人注目的艺术现象，

图332 莎维尔 支撑
1993年，布上油画，213cm×183cm，伦敦 Saatchi 收藏

诡（图333），这个做法为他赢得名声。此后他在各种麻布、天鹅绒、金属、防雨布或兽皮上粘贴材料，有时候一幅画可以使用上千个破碎罐子和餐具的碎片。他说："我能同时感到在两处地方，我总是觉得既置身在过去，也置身于现在，我既是都市的人，也是小镇上的居民。"

菲利普·古斯顿（Philip Guston）
1913—1980年

美国表现主义画家。生于加拿大，后在美国学习艺术，曾师从波洛克。1930年代参加美国联邦艺术计划的壁画创作，1940年代开始创作有超现实主义特点的具象绘画。1951年后从事抽象表现主义创作，以水平和垂直交叉的细碎笔触为主要手法，仿佛是对某种城市意象的暗示（图334）。1970年后又重回具象绘画领域，自称"抽象艺术是一个谎言，一场喜剧，是掩饰真实面目的面目。"他以象征图像表现对社会现实问题的担忧，造型手法来自连环漫画，形象怪诞而粗野。《头》是他后期作品中最常见的类型，泥罐子一样的头颅，巨大的布满血丝的眼睛，直视的眼神，苍茫的背景，充满虚无和寂寥感，是对人的生存窘境的隐喻（图335）。

佩尔·科克比（Per Kirkeby）
1938年—

丹麦表现主义艺术家。1957至1964年期间学习地质学，后来成为北极地质专家。但他从1960年代初期以来，就开始参加试验艺术活动，能以自然界为创作来源，自然界的不同形式成为他反复创作的主题。他将现代媒体世界的视觉含义、模式和幽默效果等要素综合起来。1966年后从事行为艺术、电影和半抽象的风景画创作。1970年前后，使用砖块创作了一系列雕塑作品，是现代主义建筑结构的变体。他还创作有鲜艳色彩的作品，表现大自然的力量（图336）。

也由此带动各国艺术家的参与和响应，使它真正成为一个国际化的新艺术运动。在这个潮流中，美国艺术家自然不肯落后，欧洲的艺术家也纷纷响应，他们更追求神秘主义与民俗文化的结合，创造出含义隐晦的作品。

朱利安·施纳贝尔（Julian Schnabel）
1951年—

美国新表现主义画家和电影制片人。1970年代中期开始艺术创作，致力于恢复绘画中的历史、神话、文学题材和图像传统。试图在基督教、艺术史、文学、流行绘画和媒体文化之间建立联系。曾长期游历欧洲，1978年因为护照丢失，滞留在西班牙巴塞罗那，由此受到西班牙旅馆里嵌满瓷砖的装饰风格的影响。回到美国后，他开始在绘画中掺杂碗碟碎片，作品由此变得厚重、强烈、奇

图333 施纳贝尔 布拉格的学派
1983年，布上油彩、盘子、木头和其他填充物，116cm×234cm，私人收藏

图334 古斯顿 刻度盘
1956年，布上油画，182.9cm×193cm，纽约惠特尼美国艺术博物馆藏

图335 古斯顿 头
1975年，布上油画，175.9cm×189.2cm，私人收藏

图336 科克比 雪里埋葬的鸟
1970年，布上油画，122cm×122cm，丹麦哥本哈根路易斯安娜现代艺术博物馆藏

13.5 结语

新表现主义不是一个突如其来的运动，如果从战前的表现主义算起，已经有了80多年历史。只是它在1980年后又成为一个新的国际艺术运动。本章介绍了这个运动的大致情况，计有如下要点：

1. 新表现主义突破了美国艺术模式一统天下的局面，将欧洲的文化传统与当代思考有力地结合起来。尤其是在德国艺术家的作品中，能释放本民族艺术的固有能量，将对政治、社会和历史的思考，用强悍有力的视觉语言表达出来，开创了当代艺术的新模式。

2. 巴塞利茨大头朝下的粗放作品；彭克色彩简洁的巨型原始符号；基弗制作斑驳不平仿佛烧焦了的大片土地；伊门道夫群魔乱舞式的社会咖啡馆图像；意大利超前卫艺术的古怪造型，都已成为当代艺术中的经典图式。在美国和其他国家的新表现主义作品中，也有来源不一的混杂创造。

这些不但表明了艺术家对现实的思考，也延续了人类自古以来关于绘画的梦想。

3. 新表现主义的早期主题与冷战时期的东欧社会局势有关，但随着两德统一和东欧社会主义阵营的解体，新表现主义的创作主题也随之改变，作品中社会政治含量明显减少。另外，商业操作的介入，也很快就把这种艺术推向市场的巅峰。所以，20世纪末期的新表现主义艺术，已经没有了1980年代的激进表现了。这也许意味着又是一轮你方唱罢我登场的艺术史循环。

注释

① 西方中世纪教堂中的壁画和雕像，变形比较厉害，是为了更好地表现宗教情绪。而16世纪后期的风格主义绘画，17世纪的巴洛克风格，18世纪的洛可可风格，19世纪的浪漫主义，都代表着西方艺术传统中强调情感表现的理想派，与另外的客观写实派不大一样。

② 德国战前的表现主义活动，出自桥社、青骑士和新客观主义三个团体。

③ 纽伦堡是当年纳粹召开党代会的地方，举行过最大的纳粹集会，战争中遭到重创，著名的纽伦堡国际大审判也在那里举行。荷尔德林（Friedrich Hoelderlin，1770—1843年）是19世纪德国诗人，他的诗句"人——诗意地栖居在大地上"被德国哲学家海德格尔引用后，成为当代人生哲学的重要命题。里尔克（Rainer Maria Rilke，1875—1926年）是20世纪最重要的德语诗人。

④ 阿·博·奥利瓦（Achile Bonito Oliva，1939年— ）意大利当代著名艺术史家、批评家，意大利罗马大学建筑学院教授，持多元文化主义立场，著有《超前卫》等。

第十四章 影像的世界

14.1 当代摄影概述

摄影在发明之初,以其异军突起的强大冲击力,让19世纪末的画家既爱慕又恐惧。这种情形在当代艺术中重演:当电子科技推动影像技术日新月异时,摄影成了传统艺术的一个门类,开始像当代绘画那样被边缘化。不过沦为边缘角色的现实,反而促进摄影改变了往日的尴尬处境,获得了与同样是边缘的绘画、雕塑等视觉艺术平起平坐的地位,美术馆和收藏家也开始以绘画同等的地位和价格购藏摄影作品。

当代摄影在20世纪50年代后期即有先兆:威廉·克莱因(William Klein,1928年—)与罗伯特·弗兰克(Robert Frank,1924年—)的摄影作品都源于自身体验和记忆,纯个人立场的表现,冲击了摄影的纪录性质和叙事传统,使现代摄影发生了根本转变(图337、338)。此后的罗伯特·劳申伯格与安迪·沃霍尔,使用摄影作为综合绘画的部分元素。概念主义艺术家约瑟夫·库苏斯和克里斯蒂安·波尔坦斯基的作品中,照片成为重要主题。摄影已经成为与绘画、雕塑、装置同样重要的手法,在观念艺术、大地艺术、行为艺术等艺术活动中发挥作用,大批写实画家的成功也是复制照片的结果。由此,摄影进一步摆脱社会记录功能进入艺术试验领域,这正是当代摄影的重要标志。艺术实践使人们认识到,摄影不但能深入表达情感,还可以成为强有力的社会批判工具。1977年纽约现代艺术博物馆举办"镜与窗"摄影展,预示了摄影由记录手段扩展为个人表现媒介的转向。

当代摄影有多种面貌,不但表现形式丰富,技

图337 克莱因 布鲁克林的舞蹈
1954年,白明胶银版照片

图338 弗兰克 游行(美国新泽西州霍博肯市)
1955年,白明胶银版照片

术上也能融合多种媒介,不再拘泥于传统的艺术摄影、新闻摄影和广告摄影的分类。以摆拍方式在镜头前制造特定内容,是当代摄影的重要类型,由此产生大量观念性作品。使用流行文化中的现成图像,是当代摄影的另一种重要类型,电视、电影、报刊、广告、时装,等等,都成为摄影创作的素材来源。有别于普通生活的黑白摄影,曾经是摄影家族的大哥大,但随着冲印技术的成熟和创作主题的改变,彩色摄影也发展起来。而且现在人们已经不大重视技术的原创性,与造型艺术中大量使用现成品一样,挪用"现成图像"也成为当代摄影的一道奇妙景观。

14.2 重要摄影家

摄影虽然能提供比绘画更具真实性的图像，但它往往更不容易被理解。因为人们在看图画时，会关注到艺术家的构思和技巧，而在看照片时，却很容易将注意力集中到照片所传递的现实内容中去，作者的意图和手法由此被忽略。为此，很多当代摄影家试图通过非纪实的内容来展现构思和手法，媒介本身的价值也因此得到提升。对观众而言，当代摄影的重要性，不在于能看到什么，而在于摄影师说了什么，因为当代摄影在记录现实之外，更是思想表达的工具。

14.2.1 女性主义

女性主义是当代摄影的持续主题。与其他形式的女性艺术一样，女性艺术家的个人体验和生活经历，成为主要表现内容；反男性文化的社会针对性，是最基本的创作出发点。

图339 谢尔曼 无题电影剧照6号
1978年，白明胶银版照片，25.4cm×20.3cm，私人收藏

辛迪·谢尔曼（Cindy Sherman）
1954年—

美国女摄影家。1970年代中期投身摄影，以在镜头前设置演出内容为主要表现手法，在创作上大体经历三个阶段：

第一个阶段是1977至1986年，创作后来颇为知名的《无题电影剧照》：一组69张黑白照片，每一张照片的主角都是她本人，作者装扮成电影中常见的女性形象，如家庭主妇、职业妇女、女佣人、搭便车女孩、街头妓女，在各种环境中摆出概念化的女性姿势（图339）。此后完成另一组彩色系列《屏幕后的投射》，仍然自己扮演角色，但已不是牺牲品或荡妇形象，而是有自信和独立的时代女性。她的这些形象来源于70年代大众传媒上的女性形象。通过这些艺术实践，她研究了当代社会利用女性身体及形象的种种可能性。

第二个阶段是1981年，她应纽约《艺术论坛》杂志之邀，创作女人卧姿系列作品，发表时横贯两个整版。作品中的女性距镜头很近，部分身体或面容暴露于灯光下，其余皆淹没在暗影中（图340）。一些评论家对此颇有微词，批评她复制色情形象。为回应批评，她在第二年创作《粉色浴袍》系列，以垂直构图消除了水平构图的柔弱感，不加任何修饰地面对观众坐在那里，毫无色情可言。

第三个阶段是1980年代中期以后，她装扮成男性和戴上假胸乳的女性，甚至发展到大批性玩偶图像的制作。在《性图像》（1992年）系列作品中，她运用模特人偶和医用人偶的局部，混合成展示性器官的组合玩偶，摆出有暴露癖的丑陋姿态（图341）。此后还依据童话故事创造恐怖形象，对

图340 谢尔曼 无题电影剧照88号
1981年，白明胶银版照片，24cm×48cm，洛杉矶当代艺术博物馆

《无题电影剧照》是一组自我表演的摄影记录，交织着欲望与怀旧的情感，是对某类电影中女性原型的复制。剧照中的谢尔曼是一位有诱惑力的女人，她刻意创作这类形象表达了某种生活态度。她说："我用那种形象是为了表达我对性的暧昧态度，和这类女性形象一起长大，而且电影里也总展示这些东西，我喜欢这些形象，然而你却应该做一名好女孩。"从女性主义立场出发，评论家们认为这组形象是对男权社会的批评，在好莱坞的电影中，女性总是被有意表现为被支配的弱者，她们是给男性欣赏及等待慰藉的尤物。

玩偶的兴趣也从人的四肢转移到面部，将切开的面具局部重新组合，造成凹凸不平、丑陋不堪、让人恶心的面容。

她在1980年代中期以后的创作令人惊惧，这是精心打造的破坏性面塑摄影，意在破坏商业社会对女人的期待目光。所以她说："尽管我从来都不承认我的作品具有女权主义思想，或是政治宣言，但事实上，我的每一件作品都是以一个处在现实文化中的女性角度进行观察的结果。"她还说，自己的作品有着"破坏'坏男人'眼光的用意"。

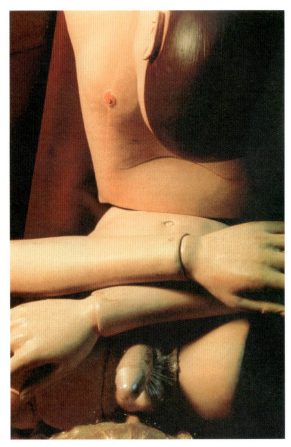

图341 谢尔曼 无题
1992年，彩色照片，152cm×102cm

214　西方当代美术　不是艺术的艺术史

图 342 黛特 家庭主妇
1982 年，彩色照片

图 343 克鲁格 国际观察
1991 年，文字与图片装置，纽约 Mary Boone 画廊藏

丘迪·黛特（Judy Dater）
1941 年—

美国女摄影师。其父是在好莱坞经营影院的老板，她在 1970 年代开始以化妆自拍的方式进行创作，个人形象虽然经常位于画面中心，但这些作品的价值却不是自我表现，而是一种表现性别角色的社会图像。她的镜头展现了美国中产阶级妇女的真实生存状态，这种状态与大众传媒中常见的美国妇女形象不同，揭示出被大众传媒忽视的妇女真实生活。《家庭主妇》通过对道具的展示，表现女性成为家庭囚徒和劳动工具的现实（图342）。《吃》表现一个通过大吃大喝来克服空虚的中产阶级女性；《1959 年毕业舞会皇后》再现一个念念不忘昔日校花风光的女性的怀旧与感伤；《大象女人去了》挖苦一个千方百计想把自己丰满的身体弄瘦的女人。这些内容都是作者对现实生活的真实感受，她说："这些女性所体现的挣扎，在某种程度上我也一起痛苦地经历过。不管喜欢还是讨厌，我还是认为自己无法从中产阶级女性这个现实中逃离。"她后来迁居到美国的新墨西哥州，将自己的裸体与新墨西哥州的荒漠风景结合，拍摄出风格独特的作品。

芭芭拉·克鲁格（Barbara Kruger）
1945 年—

美国概念主义艺术家。曾在杂志社做过美术编辑。作品主要分两类，一类是大型的标语口号式装置：将广告或新闻图片的局部放大，配合大面积的彩色标语字体，布置在展出环境的四壁、天花板和地板上（图343）。另一类是小型的标语口号式独幅招贴，通常是用写有警句的彩色线条分割特写照片，这些警句与照片内容有关。如有一幅照片是一个女人用手将一个摄影镜头放在眼睛

第十四章 影像的世界

图344 克鲁格 你的身体是战场
1989年，乙烯基上丝网印刷照片，284.4cm×284.4cm，加利福尼亚 Santa Monica 地方基金会藏

图345 沃尔 牛奶
1984年，灯箱摄影，189.2cm×229.2cm，纽约现代艺术博物馆藏

上，分割文字是"我们不是看上去的那个样子"，以表现摄影图像影响了人类的观察力。此外她还设计T恤衫和购物袋，借助生活用品实现艺术传播。1983年她的标语招贴画出现在纽约时代广场，引起社会关注。此后创作中更凸显大众和政治主题，1989年，她为美国妇女在华盛顿举行的维权示威活动设计招贴画《你的身体是战场》，成为美国女权运动的重要口号（图344）。她编写的女权主义宣传册《我们不需要新的英雄》（1986年），被翻译成多种文字出版。此外，她还著有反对歧视少数民族和关注艾滋病的书籍。1990年代以后的作品与多媒体联系紧密，能综合利用文字、声音、图片、录像、投影等手段。

14.2.2 场景构造

在新闻摄影中，伪造现实是恶劣的行为。但在艺术摄影中，通过设置和摆拍构造出真实场面，是很常见的手法。这样的拍摄能更准确地传达创作者的意图。对社会的深入分析和人物心理刻画，使这些作品有很强的现实感。

杰夫·沃尔（Jeff Wall）
1946年—

加拿大摄影家。早期作品多取材于艺术史中的名作，1980年代以来，除摄影外，还兼及绘画和电影创作。尤其擅长广告灯箱创作，将彩色照片镶嵌在铝制的展箱中，展出一系列带有浓厚广告色彩的作品（图345）。他的作品有社会分析和文化批评的内容，关注性别歧视、暴力、环境、性、人际隔膜等社会现实问题。创作中是预先设计好场景，通过对角色的精心安排摆布，刻画出西方当代社会众生相，自称为"戏剧摄影师"。1991至1992年创作《死亡士兵的交谈》，安排很多人扮演战场上困顿的士兵，摆拍出临近死亡的战争场面（图346）。他说："我希望以此证明主题已经被主观化，根据我的感觉和解读能力加以描绘并重新设置。"1990年以来，他运用最先进的数码图像合成技术，从世界名画中汲取灵感，通过构造场景演绎城市里的生活故事，许多作品在工作室中制作，演员按照他的要求进行表演，最后用计算机合成。这类作品，能引发人们对摄影本质的思考：什么是

图346 沃尔 死亡士兵的交谈（在阿富汗莫克洛附近伏击一只红军巡逻队后一景，1986年冬）
1991—1992年，灯箱影像，229cm×417cm

摄影的真实性？摄影与绘画的界限在哪里？也许这些难以确认之处，正是当代摄影的魅力所在。

莱涅克·迪克斯特拉（Rineke Dijkstra）
1959年—

荷兰女摄影家。曾在阿姆斯特丹摄影中心的夜校学习。1990年代初期开始摄影创作，表现人的青春发育期的生理与心理活动特征，完成著名的《海滩肖像》系列：来自不同国家的青少年，身穿泳装，或独自站立，或数人组合，背景是欧洲和北美的海滩。作品以细腻描写见长，能通过身体的微小动作表达人物心理；画面中正在发育中的单薄身体和羞涩不安的眼神，与广阔无边的云天大海相对比，刻画出从童年到成年之间这段敏感而脆弱的人生图景。作品展出后大获反响，成为她的标志性作品，并持续拍摄至今。

她所拍摄人物，无论少年还是妇女，姿势、穿着、眼神甚至是皮肤，都能体现冷漠生存环境中的人生孤独感。如几幅表现年轻女性站姿的作品，模特所摆姿势，酷似文艺复兴画家波提切利（Sandro Botticelli）描绘的从海浪中升起的维纳斯，但这些照片中的人物却忸怩不安，没有古典作品的开朗感（图347）。另有一些作品是在摄影棚中完成的，同样能体现被摄对象的微妙心理活动。1990年代后期，她开始通过录像来研究青春期现象，创作双屏幕投影装置，记录娱乐场所中的暴露女孩和发式奇异的跳舞者，试图通过对人物瞬间活动与阶段性活动的综合纪录，增进对人在环境中特定行为的理解。

罗妮·霍恩（Roni Horn）
1955年—

美国女摄影师。创作中涉及雕塑、摄影和绘画。1976年后参与极少主义的艺术创作，探索物

图 347 迪克斯特拉 希尔顿海德岛
1993 年，摄影，154cm×130cm

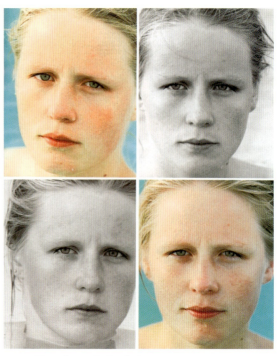

图 348 霍恩 你是天气（局部）
1994—1996 年，装置艺术，每幅 27cm×21cm，瑞士温特图尔摄影博物馆藏

理事实与心理感受之间的关系，作品简洁洗练，风格清新雅致。《你是天气》是 100 幅以水为背景的女性肖像照片，按次序围绕展厅排列成一长条，观众能看到同一张面孔在不同瞬间的微小差别。这些表情含蓄的面孔，如同人的心理变化的显示屏，传达出沉着、隐忍和克制的情感（图 348）。作者似乎格外喜欢表现与水有关的图景，她说水能传送她的图像。1999 年创作《寂静的水》，是表现伦敦泰晤士河的 15 幅系列摄影作品，能将液体拍出固体效果，画面中波浪起伏的河面如同凝固的青铜，华美而凝重，有厚重的美感。

吉莉安·韦莲（Gillian Wearing）

1963 年—

英国女摄影家。她说："我总想寻找了解人和发现人的办法，在这个过程中，我更多地了解了自己。"1992 至 1993 年，她在伦敦的大街上要求过路人在一张纸上写出他们当时想要说的话，然后让他们拿着这张纸，站在街头拍照（图 349）。照片中一个西装革履的年轻人写着"我感到绝望"，一个警察写了"救命"，也有人写着"我爱春天"、"我为了前途来到这个国家"。1994 年，她在杂志上刊登广告征求愿意"在影片中坦白一切"的人，拍摄了这些人戴着面具，站在镜头前坦白各自故事，有些人还忏悔了他们做过的错事。《沉默 60 分钟》（1996 年）以一群穿警服的人为拍摄对象，他们坐在那里保持合影状态长达一个小时，摄像机记录了被拍摄者从开始的静候到最后的坐立不安。这件作品被称为"用录像机拍摄的照片"。

托马斯·鲁夫（Thomas Ruff）

1958 年—

德国摄影家。创作手法严肃冷静，作品有科学意义上的精确感。1980 年代中期的彩色《肖像》系

图349 韦莲 说出你想说的话（系列摄影中的部分照片）
1992—1993年，铝板上印刷，每幅40cm×30cm

图350 鲁夫 肖像
1987年，照片印刷，220cm×185cm

列，是尺寸很大的个人标准像，一律从正面拍照，底色为中性灰，模特都是他的亲朋好友（图350）。被拍摄者没有特殊表情、姿态和服装，在不动声色中有一种内在的力量。1986年后创作《房屋系列》，拍摄对象包括住宅、高层建筑、社区、工业建筑和办公楼，只选取有历史感的旧建筑，所有画面上都空无一人，在极度安静中产生奇异的心理效果。他还拍摄了黑白的《星球》系列（1989年）和绿色的《黑夜》系列（1992年），前者呈现了宇宙的浩瀚与星辰的闪烁，后者用夜视器材拍出朦胧神秘的效果。此外他还拍摄很多模糊的色情照片，也有独到的表现力。

14.2.3 挑战禁忌

在当代艺术摄影中，记录手法在一个特殊领域得到应用，那就是记录堕落生活，触及禁忌题材，挑战社会道德底线和公众承受力，甚至能引发司法争议。这样做的一个结果是能引起社会关注，因此可以看成是部分当代摄影家的传播策略。

罗伯特·梅普勒索普（Robert Mapplethorpe）1946—1989年

美国摄影家。创作上大胆前卫，以同性恋和性暴露为创作主题。作品以黑白照片为主，追求艺术化效果，创作主题经常是男人体、曲线和他的朋友

图 351 梅普勒索普 悬臂肌体
1983 年，照片印刷

圈中的虐待受虐行为，并在形式上构造出同性恋表达的符号体系。1980 年代初，他举办了名为"香蕉皮革男人"的摄影展，涉及同性恋内容。此后他的创作以表现黑人为主，有明显的性暴露癖好（图351）。在《穿涤纶装的男人》（1980 年）和《戴风帽的男人》等作品中，他以男人生殖器为表现主题，创作出衣冠楚楚又粗俗不堪的图像，在社会上引起很大争议。为他的作品提供展览场地的机构，曾被美国地方法院判处传播淫秽的罪名。1986 年被检测出艾滋病后，他还自拍肖像表现个人与病魔的搏斗历程。

拉里·克拉克（Larry Clark）
1943 年—

美国摄影家。因表现青少年的放纵生活而成名。1971 年出版《塔尔萨》摄影集，内容是数年间在家乡塔尔萨拍摄的照片和电影图片。作为一个观察者和直接参与者，他如实展示了一群十几岁孩子的性爱、吸毒和酗酒的迷乱经历，充斥着娼妓、吸毒与斗殴，还有失败了的乌托邦改良计划。在此后出版的《少年的渴望》（1983 年）摄影集中，他再次表现有堕落行为的青少年。1990 年代以后，他在创作中增强叙事性和故事情节，逐渐脱离纪实手法。1993 年出版的《美好童年》，表现不同时代的童年生活，汇集了包括他个人作品在内的相关摄影、报刊图片、录像和电影镜头，意在唤起人们对梦幻童年的记忆。1995 年摄制影片《孩子》，再次涉及青少年的性和吸毒问题，表现青少年堕落生活的内容，让观者难以接受，在威尼斯电影节上招致批评（图352）。尽管作者本人强调说："我的作品绝非色情，而是忠实暴露了真实生活中无时不在发生却无人谈及的事实。"但人们还是批评他的作品"与那些色情文学没有任何区别，连最基本的道德准则也荡然无存"。

荒木经惟（Nobuyoshi Araki）
1940 年—

日本色情摄影师。以直露的性表现为主题，深受日本传统色情文学与艺术影响，尤其是浮世绘春宫画的影响。出生于东京木屐制作工人家庭，曾在日本著名的电通广告公司任广告摄影师。从1971 年出版以新婚旅行为题材的成名作《感伤的旅程》开始，至今已出版 200 多种摄影集，成为国际上知名的摄影家。放荡姿态的女人和背景简洁的日本式房间，年轻女孩的裸体、生殖器、施虐受虐等内容，成为他的创作标志，也因此备受争议（图 353）。1992 年，他的"疯狂图片日记"展览，因淫秽内容被罚款 30 万日元。1993 年，他在东京一家画廊里出售的作品集，因淫秽内容被警察局没收。对于他在摄影上的成功，我国艺术评论家顾铮说："荒木经惟的这些照片在日本与西方两头

图 352 克拉克 无题（孩子）
1995 年，彩色电影剧照

图 353 荒木经惟 无题
1991 年，彩色照片

讨好，游刃有余。对内，它足够满足日本国民的集体意淫的共同幻想，对外，则提供了满足西方对东方的异国想象的文化产品，并在一定程度上以异国情调置换掉了诸如'性别歧视'等西方女性主义的批评火力。"这个评价是很恰当的。

14.3 录像艺术概述

录像艺术及下一章要介绍的计算机和网络艺术，通常被称为"新媒体艺术"（New Media Arts）。这是 20 世纪后期出现的新艺术形式，目前正方兴未艾。在新媒体艺术中，录像艺术相对较为成熟，它出现在 60 年代初期，是易于携带的录放机和小型摄影机投放市场的直接结果。1965 年，视频装置艺术家白南准在纽约买了一台刚上市的索尼便携式摄像机，拍摄了当时走在第五大道上的教皇一行，并于当晚在一间咖啡屋展出，即成为录像艺术（Video Art）的开端。

录像艺术包含两种技术手段，一种是将摄像机作为简单的记录设备使用，另一种是利用媒介技术

从事图像研究和试验,并由此产生四类作品:

一是生成视觉影像的媒体技术研究,包括对录像形式语汇的形式研究。表现为在计算机控制下制造有动感的抽象画面,也能结合音乐与具象手法,创造出视听效果俱佳的产品。

二是"游击"录像术,即用手提摄像机记录日常生活所见。其价值在于制作非主流的新闻纪实报道,其观察角度和选材内容,通常为主流媒体所不取。这种手法技术含量低,操作简单易行,人皆可为,曾一度被艺术家们抛弃,但从1980年代后至今,又有重新复活的迹象。

三是与行为表演艺术相结合的录像艺术。这是自1970年代以来大量出现的一种形式,用来记录、保存、传播原为时间形式的行为表演,同时也有视觉形式的再创造功能。

四是环境装置录像艺术,即以录像设备和计算机构成整个展示空间,也可以与其他装置物品组合出特定的展示环境。这类作品重在引发观赏者的参与和互动效果,被称为"录像雕塑"、"录像环境"或"录像装置"。

1969年5月,纽约霍华德·怀斯画廊举办的"电视作为创造性媒介"展览,被认为是录像艺术的最早展览,其中包括了音乐、绘画、行为艺术、动态雕塑、光影装置和电子艺术等。随即波士顿也举办了"媒介即媒介"录像带展播。1970年,纽约市政厅艺术委员会开始赞助新媒介艺术,此后,美国一些电视机构开始支持录像创作,录像作品的放映活动出现在博物馆、画廊、媒体艺术中心和社区活动中心,一些大学和学院也将录像艺术列入课程表。1980年代的录像作品侧重后期编辑技术(如多端影像输入、淡入淡出和换景、慢镜头、拼贴、字幕滚读和动画效果等)和挪用技术,艺术家可以直接从电视节目、广告、记录片、好莱坞电影或者家庭录像带上截取画面,重新编辑成新作品。1990年后,随着数码技术的进步,录像艺术进入一个新阶段。数码摄像机有较高的图像分辨率,这使录像艺术家可以使用低成本制作广播级质量的作品。

14.4 录像艺术家和作品

用录像机记录行为表演过程,是当代艺术中最多见的录像形式,很多行为艺术家的作品,都是通过录像完成并得到保存的。但仅仅起到记录作用的录像,还不能算是完整的录像艺术作品。事实上,只有发挥录像媒介自身的技术优势,才更能好地完成录像艺术的创造。

14.4.1 媒介技术试验

早期的录像艺术家,很注重发挥媒介本身处理图像的功能,他们的作品包括大量的超现实和抽象画面。这些画面是在艺术家构思和收集素材基础上,通过媒介编辑程序得到的。

彼得·坎布斯(Peter Campus,1937年—)是美国装置艺术家和摄影家,录像艺术的先驱。在1971至1976年间创作大量录像作品,其中《三次变化》被公认为经典之作,是利用复合影像技术,制作出时而用手戳穿自己的脊背,时而用手擦抹掉自己的五官,时而在自己破损不堪的脊背上攀爬的画面(图354)。琼·乔纳斯(Joan Jonas,1936年—)是美国多媒体和行为表演女艺术家,1970年代开始录像艺术创作,善于使用面具、镜子和服装,以戏剧性手法表现女人身体。在代表作《垂直滚动》中,她时而扮做肚皮舞女,时而扮做电影明星,但有意制作的滚动屏幕让她的表演模糊不清、难以识别(图355)。瓦里·伊克丝波特(Valie Export,1940年—)是奥地利女艺术家,创作电影、录像、摄影和行为艺术。善于将直觉感受与概念表

图354 坎布斯 三次变化
1973年，分色影像和声音装置，6分钟，德国波恩市艺术博物馆

图355 乔纳斯 垂直滚动
1972年，录像艺术，黑白、音效、20分钟，纽约

达相结合，代表作《按照解剖学、几何学和动力学规律构成的性感符号》，以女性身体的局部影像为内容，画面上不断出现女人眼睛、嘴唇、胳膊、大腿、乳房、阴部等片断，创造出具有断裂运动特征的抽象几何形女性身体图形（图356）。

追求互动和综合媒介效果，使录像艺术走向装置和环境艺术。视展出环境为作品的一部分，将录像作品设置于特定环境之中，是当代录像艺术的常用手法。德国艺术家沃尔夫·弗斯特尔的《电视De-coll/年代》（1958年），被认为是最早的影像装置作品：一个木箱中放入6台电视监控器，木箱前边的屏幕上播放变形的生活影像，放置在巴黎普通的商店橱窗里。作者说："杜尚宣布现成品是艺术，而未来主义者宣布噪声是艺术。我和我的朋友们则认为艺术是一个整体，包括噪声、物体、运动、色彩，甚至心理反应。它是多种因素的组合。"这样的看法，与白南准说的"阴极射线管将一定取代画布"如出一辙。日本艺术家恒久保田（Shigeko Kubota, 1937年—）是白南准之妻，从事录像雕塑和装置艺术创作，能融科技手段与私人情感为一体。所作《下楼梯的裸女》，是在一个木制的楼梯台阶中安置4个显示器，显示器上播出裸女下楼的动态画面。很显然，这个作品是对杜尚同名绘画的巧妙改造（图357）。

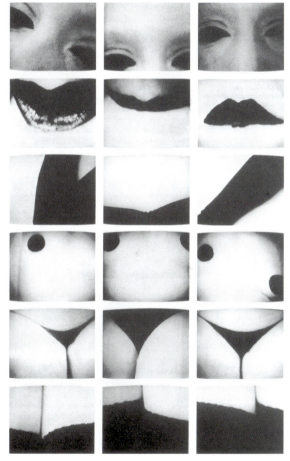

图356 伊克丝波特 按照解剖学、几何学和动力学规律构成的性感符号
1973—1976年，录像装置，分6个部分、黑白、无声、10分钟，德国波恩市艺术博物馆

第十四章 影像的世界　223

图357 恒久保田 下楼梯的裸女
1975—1976年，电视装置，4个显示器、1个录音机、1个电视频道、胶合板构造，170cm×79cm×170cm，1977年卡塞尔文献展作品

斯坦纳和伍迪·瓦苏卡夫妇是录像艺术早期技术革新中的杰出人物。斯坦纳·瓦苏卡（Steina Vasulka，1937年—）出生于冰岛，伍迪·瓦苏卡（Woody Vasulka，1940年—）出生于捷克斯洛伐克。他们在1965年移居美国后，维持着传统艺术家的工作习惯——自己探索创作工具，由此研究录像机内部工作原理。1971年他们在纽约建立"厨房"（The Kitchen），是一个表演戏剧、音乐、电影和录像作品的场所。录像作品《家》（1973年）体现了着色技术和电子图像技术的结合，伴随着打击乐效果出现的断裂图形，有着跳动的节奏。《记忆的艺术》中有沿着各种方向运动的形体，造型上类似建筑、山石和海浪，既有平面变化，也有深度转折，配合电子音响效果，构造出华丽变幻的浪漫空间（图358）。

加里·西尔（Gary Hill）

1951年—

美国录像装置艺术家。1970年代初创作钢铁雕塑，1976年后致全力于录像艺术。不局限于纯影像表现，能将录像互动装置和行为表演相结合。如《高桅杆船》（1992年）是利用电子开关感应器和投影装置，在展场墙面上以投影镜头交错投射出许多人像，这些人像能够随观众的前后移动和人数的多少，向前或向后移动，有强烈的互动效果。《观者》中有17名工人排成一队，双眼直视观众，每个人的影像都比真人大许多，每隔一段时间他们就同时向前迈一步，似乎随时在向观者逼近（图359）。这样的作品能使观众忘记眼前图像的虚幻性质，增强直觉体验。

14.4.2 社会概念表达

以动态的影像手法表达对社会与人生的看法，使录像艺术成为有力的思想工具。可以将此类录像艺术看成概念艺术，因为它引导观众思考情感或情绪之外的问题。

比尔·维奥拉（Bill Viola）

1951年—

美国录像和装置艺术家。第一份工作是在纽约一家画廊里当录影技师，1973年后开始其艺术创作生涯，受宗教和东方神秘主义影响，致力于表现超验世界，作品中充满对生、死、爱、感情和人道主义的精神体验（图360）。拍摄对象有睡梦中的友人、出生的婴儿、跳动的心脏、夜间的鸟、室内和风景，等等。他的录像投影尺幅巨大，能形成规模宏大的环境艺术效果，还很重视声音的作用（图361、362）。《不停祷告》（1989年）是连续投影装置，安放在临街窗后的屏幕上。窗外装有扩音器，可以听到一个声音在重复朗诵诗句。当很多录

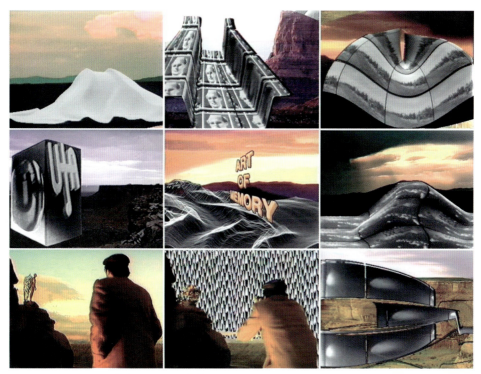

图 358 斯泰纳和伍迪·瓦苏卡夫妇 记忆的艺术
1987 年,3 频道录像作品

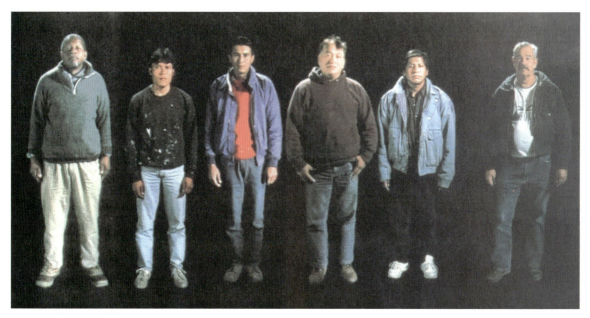

图 359 西尔 观者(局部)
1996 年,影像装置,纽约现代艺术博物馆

第十四章 影像的世界

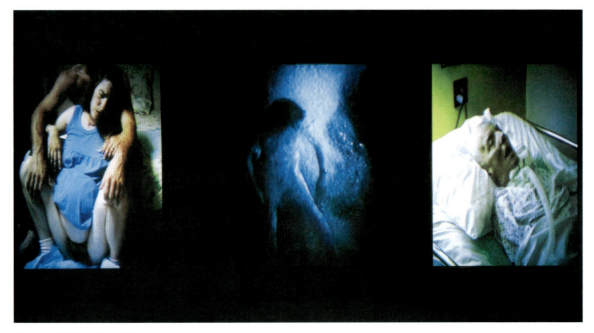

图360 维奥拉 南特三联画
1992年，录像装置，伦敦泰特美术馆

并置的三个垂直屏幕上展示人生中的不同阶段：左侧是一个女人正要临产，由维奥拉的妻子扮演；中图是一个在水中漂浮的模糊不清的男人体；右侧是一个躺在医院病床上濒临死亡的人，那是作者年迈的母亲。这件作品内容厚重，是对生死问题进行严肃思考。生与死都要经历痛苦，而生死之间的漫长旅途也不过是随波逐流，稀里糊涂，作者在此追问生命的本真意义，有如哲学家的思考。

图361 维奥拉 穿越
1996年，音像、声音装置，4.9m×8.4m×17.4m，纽约古根汉姆美术馆

《穿越》原为英国的一个教堂所做，通过三组投影设备与多频道技术，将影像投射到巨大的墙面上，展现了一个男人与三种最基本的物质元素：空气、水和火相接触的过程。其中有男子潜水的影像，但最惊心动魄的是"穿越"部分的影像内容：两个屏幕上的男人由远而近，一个忽然被熊熊火焰吞噬，另一个忽然被头顶上倾倒下来的大水所淹没。两种过程同时展现，伴随着水声、火声和男人的喘息声。感官效果强烈刺激，观者无不惊惧。

图362 维奥拉 小路
2002年，音像装置

一个横向展开的巨幅作品：清晨的阳光照在树林里，络绎不绝的行人沿着林间小路向前走。不同性别、年龄、身份的人，来自生命中的不同阶段，每一个人都在这没有起点也没有终点的小路上前行，正如人生旅途上的过客。有人脚步飞快，有人慢慢行走，他们从哪儿来？到哪儿去？没人知道。唯一不变的，是生命流逝的过程万古如斯。不管愿意不愿意，人能拥有的，只是这样有去无归的旅途。孔子说"逝者如斯"，外国流行歌曲中唱"如果生命是一条无尽的道路，每一个灵魂，都仅仅是路上的一台车。"说得也都是这个意思。

像艺术家在使用新技术时，维奥拉却不依赖于后期的计算机编辑，而是延续他早期的方法，拍摄那些极其缓慢的动作。《连续五重奏》（2000年）就反映了这样的特点：5个演员出现在屏幕上，他们做出各种各样的痛苦表情，但如果观众不能长时间盯着看，会以为这是一张静止的照片。

马塞尔·奥登巴赫（Marcel Odenbach）
1953年—

德国录像艺术家。1970年代中期以来，创作大量录像装置、行为艺术和素描作品。善于使用煽动性语言，对历史和文化现象作个人化的解释。《抽烟或者我想……》设置在一间长方形的黑屋子里，一侧墙上是社会生活中的暴力场面，它对面的墙上，是艺术家本人抽烟和观看录像机的场面。两相对立的画面内容带来诡异和紧张的效果，还伴有与画面内容相符的吵闹声。随后有贝多芬的钢琴曲突然出现，更加剧了环境中的不和谐感（图363）。该作品以挑动观众情绪为目标，一切设计都是为了制造歧义和混乱。作者的冷漠表情与邪恶的暴力现象相对峙，无动于衷的姿态背后，隐藏了作者对社会现实的思考。

埃亚·利亚斯·阿赫蒂拉（Eija Liisa Ahtila 1959年—）芬兰电影导演和视觉艺术家。1980年代末期开始电影与录像创作。使用试验性的描述手法，形式多样，以探索人类不安定的精神世界为主题，尤其侧重两代人和男女之间的复杂关系表达。《是6还是9？》是她的代表作，画面上是几个女孩正在交谈各自的经历，伴随着"当所有的帅哥都想与你交往，你会怎么办？"的提问字幕，出现三个图像，中间一个女孩正在弹钢琴，右边女孩露出轻佻的笑容，左边女孩则漫不经心地在翻看杂志（图364）。她们在谈论性问题时就像弹琴和看杂志一样自然。作者似乎在向人们暗示：在亲身经历之前就已经知道了这么多，还会有质朴而激动的爱情吗？彼特·兰德（Peter Land，1966年—）是丹麦录像艺术家，其作品有个人叙事特征。早期

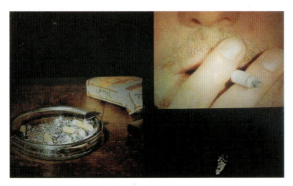

图363 奥登巴赫 抽烟或者我想……
1994—1995年，录像装置，波恩德国联邦艺术展览馆

的录像行为表演《彼特·兰德在1994年2月6日》，是他引诱两个脱衣舞女在他家里进行色情表演。第二件作品《彼特·兰德在1994年5月5日》，是他自己在家里表演脱衣舞，并因此一举成名。此后他常常通过重复播放的手法，表现堕落与失败的主题。在1998年创作的《楼梯》中，他身着整齐服装，伴以节奏感很强的音乐，有板有眼地从楼梯最上边一直摔到最下边。画面形式的精美与动作的优雅，与野蛮粗陋的内容融为一体（图365）。

14.4.3 超现实图景构造

事实上，不管是个人叙事、形式实验、幽默短片，还是复杂的大场面拍摄，性能优越、操作简便、成本相对低廉的录像艺术，对年轻艺术家有巨大吸引力。当然，也有一些艺术家热衷于制作复杂的媒体装置，因为有了这些装置，他们不但能生产影像，还能将观看影像的观众也控制在自己设计的空间之内。在这样的作品中，制造有超现实意味的场景效果，就成了很多艺术家的努力方向。

托尼·奥斯勒（Tony Oursler）
1957年—

著名录像艺术家。善于利用高尖端的仿真模拟技术创造出虚拟现实的视像装置。他首先用白色针织材料塑造出人头外壳，然后用小型的录像投影装

图364 阿赫蒂拉 是6还是9？
录像装置，拼合银幕、录像机，10分钟

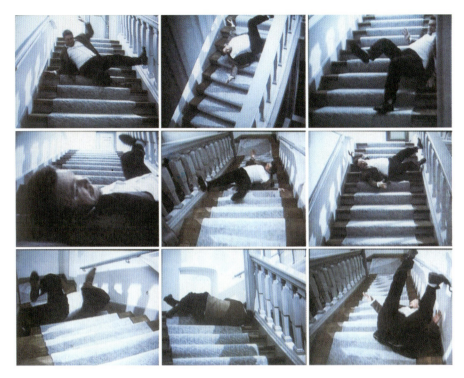

图365 兰德 楼梯
1998年，双频道录像作品

置，将影像投射在头型上，一个真实的人像由此产生。他常常使用这种办法表现人的受难境地，这些"头像"有时被压在沙发底下、椅子腿上、弹簧垫子下，有时又会被吊在天花板上或插在一个黑暗角落里。这些人像虽然由纤维制成，但小型投影仪赋予他们真实的形貌和表情，再加上扩音器里还有他们的求救声，所以看上去很是恐怖（图366）。1992年以来，他的人像投影又与舞台环境相结合，意在借此强化人们对于虚拟图像的感知力。

皮皮洛蒂·瑞斯特（Pipilotti Rist）
1962年—

瑞士录像女艺术家。曾在瑞士一个女子乐团做歌手8年，早年作品以音乐录像为主，后来去维也纳学习设计。1984年后，开始投身于影像创作，能结合表演、音乐、雕塑和录像等多种艺术形式，融矫揉造作与刺激火爆为一体。可能是歌手经历的锻炼，使她能藐视世俗规范，在创作中以色彩饱满、女人趣味和不落俗套而著称。在《一切都成为往事》中，一个青年女子欢快地在大街上奔跑，另一侧鲜花盛开，一个警察在迎接一个回头浪子的到来；若有其事的情节安排，混合都市嘈杂背景与自然景观，构成了生活的交响（图367）。她说："通过情绪和感官刺激所传递的信息会改变人们的偏见和原有的行为方式，它的力量将远远地超过了无数的图书和文章。"2000年春，经纽约公共艺术基金会授权，她的作品在纽约时代广场上的大屏幕播放。

马修·巴尼（Matthew Barney，1967年—）是美国1990年代最有创作活力的艺术家之一，曾经是医学院的学生，善于制作超现实主义的影像作品。能使用表演、摄影、录像、装置和电影等多种形式，画面效果漂亮而时髦。是继安迪·沃霍尔和杰夫·昆斯之后继续使用时尚视觉语言的人。代表作是从1994年开始拍摄的短片系列《悬丝》，每集

第十四章 影像的世界　229

图366 奥斯勒 在水中
1996年，放映机、录像机、录像带、三角架、木头、树脂玻璃、蜂蜡、水，135cm×28cm×28cm(含设备)

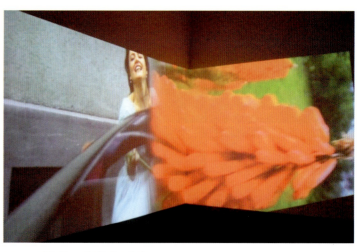

图367 瑞斯特 一切都成为往事
1997年，单一频道反复播放的录像作品

半小时左右，没有完整的故事和对话，只有一些怪诞的情节片断，如一个上空有飞艇的足球场；纽约古根汉姆美术馆中的大腿舞；岛屿上的摩托车大赛；布达佩斯的链式吊桥和巴洛克式浴缸，等等，作者本人在其中扮演了不同角色（图368）。

进入1990年代，在录像技术持续发展20多年后，开始出现返璞归真倾向，就是让录像重新回到以记录为主的用途上来。艺术家们不再关心录像技巧和视频效果，而是关心表现内容，许多制作相对粗糙但内容生动的低成本录像作品，成为近年来大型国际展览的新宠。在这个潮流中，对摆弄机器兴趣不大的女性艺术家，成为积极的参与者。如美国女艺术家赛迪·本宁（Sadie Benning，1973年—）使用玩具摄像机，拍摄多部记录年轻女性生活感受的录像作品。其中《生活在里面》（1989年，4分钟），是她在中学时旷课三周，躲在个人房间里自我拍摄完成的。另一位波兰女艺术家卡塔茨娜·考兹拉（Katarzyna Kozyra，1963年—）更为大胆，《男人浴室》是她给自己贴上假胡子、胸毛和男性器官，携带袖珍摄像机，进入布达佩斯的一个公共澡堂偷拍男人洗澡的场面（图369）。这个简单的作品，也能因为其拍摄过程的独特而获得好评。

14.5 结语

摄影和录像，与行为表演、装置艺术和架上绘画一样，是一种传达媒材。在它们的发展过程中，产生了一些独特的表现手法和艺术成就。本章择要介绍当代摄影和录像的一般情况，计有几个要点：

1. 无论摄影和录像，都有记录功能之外的个人表现功能，这是当代影像艺术的一个突出特点。所以当代艺术中即便是记录生活的作品，也有着鲜明的个人表现特色。比如拉里·克拉克记录青少年不良生活的纪实摄影，与他个人的生活经历密切相关。卡塔茨娜·考兹拉拍摄男人浴室的录像成就，也不是因为表现内容有什么现实意义。

2. 以独创的视觉形式，表现当代社会中的复杂心理情境，是众多摄影家的艺术追求。辛迪·谢尔曼制作城市女性的概念图像，复制机械化的现

图 368 巴尼 悬丝 4 剧照
1994—1995 年，录像装置作品，展出于美国纽约 Courtesy Barbara 画廊

图 369 考兹拉
男人浴室（左侧）
1999 年，录像作品
女人浴室（右侧）
1997 年，录像作品

实生活；芭芭拉·克鲁格则直接使用概念艺术的文字手法，表达她对社会问题的见解。莱涅克·迪克斯特拉的海滩人物系列照片，能准确捕捉对象细微心理活动。杰夫·沃尔的大量"戏剧场景"摄影，多包含心理冲突的情节和内容。罗妮·霍恩的女人表情肖像系列，以记录女性心理变化为创作目标。这些都推动当代摄影朝着深入刻画人物心理的方向发展。

3. 与装置艺术和行为艺术结合，是当代录像艺术的一种表现手段。由此，录像艺术家努力突破常态，不惜采用离奇古怪的表达方式。加里·西尔制作能与观众互动的诡异图像；彼特·兰德从楼梯上一摔到底；马修·巴尼把自己打扮成器官移植动物，都是为了让作品的功能超越记录日常生活图景。

4. 录像艺术有传统媒介不可比拟的综合性、现场感和互动功能，所以当代录像作品已成为与装置和行为艺术并驾齐驱的主要艺术媒介，正活跃在各种国际艺术大展中。同时，很多重要的美术馆还先后设立了录像部门，世界各地的艺术机构也能定期举办录像节。这类活动通常会向世界的艺术家征稿，还能在活动期间举办录像展映；有的录像节还能与电视网合作，在电视台播映录像作品。各国图书馆和美术馆的新媒体部门，也开始收藏录像作品的限量拷贝。这些都说明，录像艺术正方兴未艾，有很大的发展空间。

第十四章 影像的世界　231

第十五章 数字与互动

15.1 计算机艺术概述

从媒介角度看西方艺术史,类似科技发展史:文艺复兴时期有达·芬奇和丢勒那样集科学、艺术于一身的天才,工业时代产生摄影和电影,电子时代则有录像和计算机艺术。正是媒体技术不断更新,才带动了20世纪后半期的艺术发展。计算机艺术和网络艺术,通过创造虚拟空间与人机互动效果,推动了20世纪最后的视觉革命。

计算机艺术就是使用计算机为创作工具的艺术。关于它的起源有几种看法,一种是认为美国的本夫·莱帕斯克(Ben F.Laposky,1914—2000年)是计算机艺术的创始人,他在1952年利用当时的技术创作出《电子抽象》图形。另一种认为美国的米歇尔·诺尔(Michael Noll,1939年—)是第一位电脑艺术家,他在1963年编制一批抽象的电脑图形,类似毕加索的立体主义作品。不论此事发端于何人,计算机艺术的出现总是与数学和计算机图形学有关,最先创造这种事物的人是数学家和工程技术人员[①]。当然,计算机不是为艺术创作而发明的,但它的持续发展,却为当代艺术家提供了最好的工作帮手。

计算机艺术的发展经历了两个阶段:第一个阶段是1960年代初至1970年代,美国和德国的科学家创作出电脑平面图像。如美国科学家米歇尔·诺尔最早的作品《高斯的二次方程》(1963年,)和《蒙德里安实验》(1964年),都是运用电脑制作的可变化抽象图形(图370)。但这时的创作要经过复杂编程来完成,这些图像也仅仅是科技人员业余爱好的结果。第二个阶段是1970年代后期至今,电子彩色扫描系统出现,促进了电脑影像的成熟。随着简单易用的图像处理软件不断涌现,非计算机专业人员可以使用键盘、数字化图板、光笔等,轻松处理显示屏上的画面,大大促进了计算机在艺术领域的应用。

从那时起至今,计算机艺术至少介入了三个不同的艺术范畴,即平面或立体造型、影像制作、虚拟环境和电子互动媒介。如今,一个熟练的计算机工作人员,在几分钟内完成的图像创作,在过去可能要耗费艺术家几小时甚至几天时间。而计算机图像设计,更被广泛应用于工业、商业、城市环境、多媒体、影视动画、网络等领域,其中,卡通动画和电子游戏的视觉效果最为突出,直接催生出庞大的跨国文化产业,造就当代文化奇观。计算机已成为名副其实的、各领域设计师须臾不可离开的亲密工作伴侣。

15.2 计算机艺术家

计算机艺术家使用数字语言工作,作品可能出现在三度空间和时间长度中。有一些作品完全由人工合成产生,成为纯粹虚构的影像制作;还有一些是利用现实影像加工完成。无论加工还是虚构,都有强烈的媒介技术特征,是具体的硬件及操作软件性能的直接反映。

远藤亨(Susumu Endo,1933年—)是日本使用电脑创作的先驱设计师之一,以展现空间感

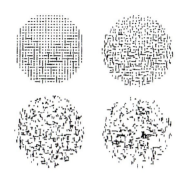

图370 诺尔 在蒙德里安作品的基础上由计算机随意绘制的图形
1964年,计算机绘画

图371 河口洋一郎 饱满的色滴
1990年,计算机图像

著称。他多年来使用Adobe Photoshop软件工作,创造出类似植物、大理石板和花卉等图像,通过这些自然形态与矩形光色的结合,实现理性幻想空间的显现。另一位日本计算机艺术家河口洋一郎(Kawaguchi Yoichiro,1952年—)善于制作有机形的计算机图像,并能赋予这些抽象图形以自然界质感,产生虚拟的物质表面效果(图371)。詹森·萨拉文(Jason Salavon,1970年—)是美国计算机艺术家。善于把直观图像还原为抽象数字影像。《剥皮的人形,男性》(1998年)是他的数字自画像。他先给自己拍正面全身照,然后把图像分解为1 200多个方格,并且按照从暗到亮的顺序排列起来。另一幅《有史以来赚得最多的电影,1×1》是电影《泰坦尼克号》的数字画像,他先通过技术手段统计出电影中每幅画面的色彩平均值,然后再将这部电影中的336 247帧画面,从左至右,从上至下地按时间循序排列起来,构成一幅密集排列平行线的抽象绘画(图372)。

森万里子(Mariko Mori)
1967年—

日本录像艺术家。1980年代后期做过时装模特,1988年毕业于东京日本文化服装学院,随即去伦敦的两所艺术学院学习,毕业后在纽约惠特尼美国艺术博物馆从事研究工作,1990年代中期成名。此人是电子文化时代里的艺术弄潮女,音乐、影视与时装界之外的大众明星。她以综合手法从事创作,有脱离社会现实、虚构自足情境、追求浮华效果的特点。画面上充斥着时装秀、科幻电影、电子音乐、东方佛教、外星生命、太空武士、卡通人物、电脑三维图像等,还经常将自己打扮成古装仙女、

第十五章 数字与互动   233

图372 萨拉文 有史以来赚得最多的电影，1x1
2000年，树脂玻璃，计算机图像印刷

图373 森万里子 波浪飞碟
2003年，电子影像装置，威尼斯双年展作品

美人鱼、科技美少女或是星际魔女，搔首弄姿地置身于外星空间或史前荒漠的虚拟场景中，充分体现当代社会中浮华艳俗的大众趣味。2003年在威尼斯双年展上展出《波浪飞碟》，是一个银光闪闪、横卧着的巨大水滴形玻璃屋，似有母体意象，综合了建筑构造、实时电脑图形、脑波技术和音响效果，具有交互式人机体验功能（图373）。

南西·伯森（Nancy Burson）
1948年—

美国数字艺术家。曾利用计算机影像合成技术，综合一些政治人物的肖像合成出一种虚拟肖像。《战争头》（1982年）是根据1982年各国军事实力，按比例从各国首脑的脸部特征中抽样，然后通过电脑合成出当年世界实力人物的综合面像。还将东方人、高加索人与黑人综合在一起，创制出前所未有的人类面孔。还能利用互动影像装置，让观众直接看到自己25年以后的可能长相。还发明了一个"人种机器"(Human Race Machine)，工作原理是在计算机中输入不同人种的体表特征数据，然后将个人照片在这个数据下进行调整，能让照片中的人显示成不同种族的样子（图374）。这个装置安放在伦敦的千禧穹顶展览馆，很受旅游者欢迎。此外，她的影像合成技术，还被警方利用到寻找失踪儿童的工作中，开创了艺术带动科技发展的先例。

朱丽娅·谢尔（Julia Scher）
1954年—

美国计算机艺术家。能制作复杂的电子监视设备，并在公共场所使用这些设备，以提醒人们留意现代社会中的社会监控力量。她曾在汉堡美术馆举行的一次艺术展览上，将一个摄像头安置在男厕所中，然后通过安放在展厅中的显示器进行现场直播。这当然引起了现场观众的不安，也由此思考社会监视系统不仅存在于公共空间，也有可能侵犯私人空间。她说："权力的滥用会给人们带来多么大的伤害？权力与权力的滥用是我作品关心的主题。"她的作品说明，数字图像技术在很多方面改善社会生活，但也给个人隐私和个人身份等方面增加不安全因素（图375）。

娜兹·凡·兰斯韦德（Inez Van Lamsweerde，1963年—）是荷兰女艺术家。代表作《我热情地吻着凡诺德》，由4个巨幅彩色图像组成。作者先

图374 伯森 无题（哪一个女人更像圣母系列）
2006年

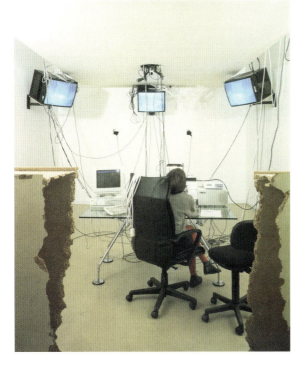

图375 谢尔 国家制度
1995年，综合媒介装置，西班牙巴塞罗那

将自己与男朋友在砖墙前热吻的照片输入电脑，通过数字图像处理，去除男友形象，照片中只剩下一个女子在与虚空接吻。女人张着大嘴的面孔已经变形，产生了一种恐怖的缺损感（图376）。罗斯玛丽·特拉考（Rosemarie Trockel，1952年—）是德国女艺术家。才能广泛，创作录像、雕塑、装置、绘画和摄影，主题也涉及人类学、社会学、神学和数学等。尤其关注妇女在社会中的地位及作用，以及人与动物的关系。1980年代，因制作电脑编织机完成"针织画"而一举成名（图377）。她认为复制图案越多，艺术性就越少，她通过电脑大量复制图案，正可以减少所谓的艺术性，而这正是波普艺术以来西方当代艺术的普遍倾向。

15.3 虚拟实境艺术

1980年代末期以来，计算机技术又发展出另一个重要方向，是虚拟实境（Virtual Reality，简称VR）。这个名称是美国VPL公司创始人杰·拉尼尔（J.Lanier）在1989年提出来的，用来描述计算机所创造的令人着迷的仿真世界。它可以使人在虚拟的空间环境中，根据自己的愿望，与虚拟事物进行交互式来往，从而产生身临其境的真实感。当

第十五章 数字与互动　235

图376 兰斯韦德 我热情地吻着凡诺德
1999年,由4个巨幅彩色图像组成,各91.4cm×243.8cm

图377 特拉考 快乐
1988年,毛织品,200cm×175cm

然,这个真实只是感觉中的真实,那个让人沉浸其中的空间,只是由计算机和测感器等设备支持的虚幻图像。

虚拟实境技术制作复杂,通常需要高经费和高技术,主要应用于飞行训练、医疗训练和电子娱乐产业,应用于艺术领域的案例不是很多。已知比较有影响的艺术作品是《易读城市》,作者是澳大利亚艺术家杰夫里·肖(Jeffrey Shaw,1944年—)与德克·格罗尼夫德(Dirk Groeneveld)。他们事先录好城市三维景象,包括街景、转弯路口、标志等,从中演变出三维立体文字,然后在三面投影屏幕前设置一部自行车,车把与踏板连接电子感应器,参与者踩动踏板或转动把手,便仿佛可以骑车游走于纽约、阿姆斯特丹和悉尼的大街小巷之中(图378)。

除了呈现逼真的三维场景,虚拟实境艺术中还有交互感应设备,如头盔似的液晶显示器或某种开关。参与者进入虚拟实境,除了获得一般电脑所具有的视觉感知,还有听觉、力觉、触觉、运动,甚至包括味觉、嗅觉感知。理想的虚拟作品应该呈现人所具有的一切感官效果,能让参与者真假莫辨,全情投入。实现交互性,则要求模拟物体的操作性及反馈程度,要符合物理定律:比如用手去抓取环境中的物体,要能感觉到物体的重量;当物体受力时,会依据力的方向移动或翻倒,等等。

自电脑发明以来,模拟真实即为重要方向。虚拟实境的提出,确立了电脑三维图像制作的较高目标。虽然,现在的电脑技术,还没有完全达到真正以假乱真的程度,但是人类在技术领域的进步速度如此之快,这样的目标迟早会实现。

图378 杰夫里·肖与格罗尼夫德 易读城市
1988—1991年，互动式计算机网络装置，德国卡尔斯鲁厄市现代艺术博物馆

15.4 网络艺术

网络出现于1970年代，由美国国防部高级研究计划局建立，后来应用于官方和学术界。1988年后对外开放，1991年网络中的商业用户首次超过了学术界用户，带来全球性的网络大普及。互联网艺术在此基础上展开，不断开发的软件赋予画面以多种变化的可能，充分发挥参与性、娱乐性和互动性的网络艺术，已成为当代最具诱惑力和参与人数最多的艺术形式。

网络上的艺术品不等于网络艺术，目前，我们在网络上看到的绝大多数艺术品，只是利用网络以助传播，远非网络艺术。网络艺术是指能够远距离传输的多媒体艺术，其特质是连接与互动，在已知所有艺术媒介中，网络艺术是唯一以互动为根本的媒介。可以说，网络艺术，就是连接与互动艺术，由此产生网络艺术与传统艺术的最大差异——创作权的部分转移。

互动是人类基本生活方式之一，我们无时无刻不与万事万物作频繁互动。但传统艺术却是纯观赏艺术，作品与观众之间，一直存在着某种程度的距离。艺术创作更是只有少数人能参与的事，普通人面对作品与作者，只有接受和不接受、看得懂和看不懂的关系。网络艺术是连接作者、作品和观众的艺术，参与者可以通过网络参与创作或修改过程，从而由被动的观众角色，转变成为主动的创作者。当代许多艺术家对于让观众参与作品创作也深感兴趣，他们认为：艺术本身的定义也不再决定于它的实体边界，而更多地体现于它的形成过程。

罗伊·阿斯科特（Roy Ascott，1934年— ）是英国新媒体艺术家，远程信息控制艺术的先驱。从1960年代以来，就以艺术家和理论家的双重身份活跃在多媒体互动领域，1966年提出的网络视界理论架构，被视为新媒体艺术发展的重要里程碑。其远程传输和互动参与作品《文本的折变：一个行星仙女的故事》（1983年），由分散在全世界11个城市的艺术家小组，通过电子网络参与创作，各地创作人员每天将一个文本片段输入计算机终端，逐渐发展出有互动联系的作品。他在接受记者采访时说："有创造性的作品就应该是完全开放的过程，而不追求封闭、结构或局限。基本而言，我认为艺术必须观照到艺术家、作品、观者的系统，艺术是过程而非实体。艺术家的工作不再是传统角色中的创造内容，而在于创造能够憾动人的环境，观众在其中能够经由互动参与影像、概念与经验的产生。"

马格特·拉芙乔伊（Margot Lovejoy，1930年— ）是美国新媒体女艺术家。出生于加拿大，任教于纽约大学。作品《生命的转折点》是一段段无名的黑白动画小故事，包含心理诉求内容，参与者可以看别人的故事，也可以创造自己的故事与大家分享（图379）。为了创造群体性，他将这些故事分为教育、亲密关系、健康、意外事件、个人观点、工作、移民、有影响力的理论、战争与政治、经济、自我认同、成长与家庭等12大类。观众能在阅读他人故事后找到与自己相通的人，

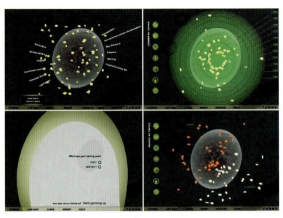

图379 拉芙乔伊 生命的转折点
1995年,网络互动艺术的页面

图380 克劳斯和布里吉 月亮部落
配乐,电子音像作品

也能及时地在彼此之间做出回应与探讨。这样的作品能无限延展,在空间和时间上都没有期限,作品的内容也在观众参与过程中日渐充实和改变。拉芙乔伊说这个作品"是一种新形态的群体合作,以揭露自己生命中重要转折点为基础,在将他人与自我经验连接的同时,建立了一种新的共同体。"

奥里夫·奥波(Olivier Auber)是法国工程师和新媒体艺术家,1980年代后投身于网络艺术制作。他的《诗歌产生器》(1986年)也是一件集体创作的网络作品。身处不同地点的观众,能通过网络在任何时间进入网站浏览,网站的首页预告着下一次集体作画的时间。在真正开始集体作画之前,先告知你所在位置,随即可以通过简单调色盘的面板,以像素方式在同一时间与大家共同完成一幅图画。这种无地域局限特性不但促成新的艺术形态,也能促进世界各地的人们发展出友好关系。尼古拉斯·克劳斯(Nicolas Clauss)和音乐家简·雅克·布里吉(Jean Jacques Birge)共同创作的《月亮部落》是一个让观众利用鼠标控制画面和音乐的作品。一开始出现月球表面的空

旷平地,数个以简单线条勾勒的人形以优美的舞姿进入画面,并开始出现有规律的鼓声。每一个人形代表不同的打击乐声,参与者可用鼠标点击人形改变原有的打击乐曲,控制每个人的动作,音乐也会随之变化(图380)。另一件作品《狂舞花朵》,是一群身着长裙的芭蕾舞演员在画面上跳舞,她们的行进路线可以随着鼠标而转动,还会出现不同段落的音乐。在这些作品中,观众成为最后控制作品效果的人。

早期的网络艺术,由于技术条件和经济力量的限制,只有少数人参与。1990年代末期,随着提供Blog服务的网站出现,网络平民化的时代已经到来。个人即媒体,人人都是艺术家,正在日益变成现实。与其他相关网站自由链接的扩张性、随时更新和完整存档的延续性,以及参与者可随时回应的灵活性,都有利于网络艺术进一步发展。但从另一方面看,数字技术模糊了有机物和无机物、真实和虚幻之间的界限,给我们的生活中增加了很多矛盾的经验。如电子邮件和无线电话促进我们与他人联系,但也同时增加了孤独感;无处不在的信息传递,使生活噪声和垃圾信息也急剧增加。由于网络中的互动参与,是在虚拟空间

中进行的，这就必然导致艺术活动中人与人直接沟通交往的机会减少，由此失去了只有在面对原作或现场时才能产生的艺术感受，也会间接加剧当代社会中人际疏离的困境。好在互联网的基础是沟通和联结，而且正在发展过程中，最终能走到哪一步，网络艺术中究竟蕴含多少艺术潜能，只有留待未来检验了。

15.5 结语

从平面绘画发展到平面荧屏，从杜尚的现成品发展到网络时代的服务器，西方艺术从来都是以科技精神为基础的艺术。因笔者掌握的资料有限，本章概略介绍了计算机和网络艺术的一般情况，列举了少量艺术家和作品，虽然其中一些作品因为类型特殊而未能提供图片，但从这些借助电子科技而产生的新型艺术中，我们还是能得到如下启示：

1. 数字技术对艺术的影响是整个数字革命的一个部分，这场革命不可逆转地改变了世界，也使人类艺术活动开始依附于计算机和网络。科技手段能帮助人类突破自身局限，生产出各式各样的艺术品，但无论什么时候，艺术价值都不在艺术品本身，而在于艺术所传达的思想和情感。不管用的是高科技还是低科技，生活感受与大自然的启发，才是艺术创作的根本所在；也不论艺术潮流如何变化，只有承载人的情感与意志的作品，才能有深远的审美价值。

2. 学习科技知识，掌握科技手段，是发展当代艺术的重要基础。计算机艺术和网络艺术都源于媒体技术的突破，由此改变了艺术的创作与传播方式。使用电子媒介的艺术被人们冠以不同名号，如科技艺术、远程传输艺术、数码艺术等，其本质都是科技与艺术的结合。科技进步往往是艺术进步的先声，整个西方美术史持续证明了这一点。

3. 计算机艺术有抽象和具象两种类型。河口洋一郎的耀眼动感图案，詹森·萨拉文的概括整理技术，代表了注重媒体技术的探索方向。森万里子的大型水滴状玻璃屋；娜兹·凡·兰斯韦德只保留一半内容的照片；南西·伯森对面孔的研究试验；都有社会文化探索和心理象征意义。而杰夫里·肖与德克·格罗尼夫德对虚拟实景的构造，更展示了计算机艺术的娱乐前景。

4. 网络艺术的最大长处是互动和参与，计算机技术能连接起千百万人一起参与创作，这种景象本身就具有重大的文化进步意义。自人类有艺术以来，只有网络艺术，才能充分提供大众参与艺术创作的可能，所以，在当代艺术中，网络艺术对社会的影响也最大，尤其是对青少年的影响，远远超过了其他任何一种艺术手段。

总地说来，计算机和网络艺术的迅速发展，归功于1970年代以来持续不断的"艺术与科技运动"[2]。在电子资讯媒体与网络科技时代，各种科技媒介渐趋成熟，也让一部分视觉艺术有了较高的技术含量。而人们对艺术的理解，也不再仅仅局限于外观样式，而日益倾向于可参与程度。这种观者与作品之间的连接与互动，是当代艺术中最有魅力的形式，它的发展前景不可限量。

注释

[1]朱其译的《电子时代的艺术》（世艺网）和张朝晖《新媒体艺术》（人民美术出版社，2004年，第40页）中，对计算机艺术起源时间有不同说法。

[2]艺术与科技运动（Art and Technology Movement）不是一个具体的艺术项目，而是指艺术家与科学家有效合作，运用复杂科技手段创作当代艺术的一种潮流。这种潮流始于1960年代中期，涉及计算机、激光、全息影像、影印、卫星传输等范围，以及数量众多的艺术与科学实验团体。

西方当代美术记事
(1945—2000年)

1945 年

时事

美国在日本广岛和长崎扔下原子弹,标志第二次世界大战结束。

梅劳·庞蒂(Maurice Merleau Ponty)发表论文《知觉现象学》,英译本 1962 年出版。

乔治·奥维尔(George Orwell)小说《动物农庄》(Animal Farm)出版。

罗伯特·罗塞利尼(Roberto Rossellini)的电影《罗马,不设防城市》(Rome, Open City)上映。

美术

杰克逊·波洛克在纽约现代艺术博物馆展出油画《7 在 8 里》(There Were Seven in Eight)。

让·福特里埃出版《纽约超现实主义基础》杂志,介绍杜尚作品。

霍华德·帕叟(Howard Putzel)在纽约举办"批评家的难题"展览。

让·杜布菲创造"原生艺术"的名词。

巴黎举办亨利·马蒂斯回顾展。

1946 年

时事

丘吉尔在美国密苏里州富尔顿发表抨击苏联的"铁幕"(Iron Curtain)演讲。

法属印度支那战争爆发。

意大利通过公民投票成为共和国家。

让·保罗·萨特的小册子《存在主义与人道主义》发表(英译本 1948 年)。

美术

弗朗西斯·培根《以耶稣受难像为基础的三人习作》展出于伦敦泰特(Tate)美术馆。

以推广艺术和文化活动为宗旨的大不列颠艺术委员会(Arts Council of Great Britain)在英国成立。

鲁齐奥·丰塔纳的《一个受难的花瓶形状的三个习作》(Three Studies for Figures at the Vase of a Crucifixion),引导意大利空间主义的艺术观念。

杜尚在纽约开始创作《赠送:1.瀑布,2.煤气灯》(Etant Donnes)。

1947 年

时事

在华沙会议上东欧九国共产党和工人党情报局成立(南斯拉夫总统铁托在 1948 年被该组织开除)。

乔治·马歇尔(George Marshall)提出复兴欧洲的"马歇尔计划"。

希腊独立战争爆发,导致美国"杜鲁门主义"的出台。

贝尔实验室的科学家发明晶体管收音机。

美术

当代艺术学院(Institute of Contemporary Arts)在伦敦成立。

杰克逊·波洛克开始创作第一件"滴画"作品。

阿尔伯托·贾科梅蒂创作雕塑《手指男人》(Man Pointing)(藏纽约现代艺术博物馆)

国际超现实主义展览在巴黎展出。

1948 年

时事

苏联中断了通往柏林西部西方占领区的公路与铁路交通，引发柏林空运危机。

苏联支持政变，建立捷克斯洛伐克共产党政府。

阿尔弗莱德·金赛（Alfred Kinsey）出版《人类男性性行为》。

阿尔弗雷德·希区柯克导演电影《夺魂索》(Rope)。

美术

阿什勒·戈尔基自杀。

威廉·德库宁创作重要的"黑色绘画"（Black Painting，系列作品，开始于1946年）。

美国杂志《Possibilities1》（冬季1947/48）刊载波洛克和德库宁的重要声明。

1949 年

时事

德意志联邦共和国成立，德意志民主共和国成立。

美国和西欧国家在华盛顿签署《北大西洋公约》。

苏联爆炸第一颗原子弹。

西蒙·波伏娃（Simone de Beauvoir）完成《第二性》（The Second Sex）。

美术

首次"眼镜蛇"画展在阿姆斯特丹举行，并出版定期刊物《哥本哈根》。

罗伯特·马瑟韦尔开始他的《西班牙共和国挽歌》系列创作。

《生活》杂志发表一篇评论波洛克的文章《他是美国最伟大的活着的艺术家吗？》

德库宁创作《艾西维尔》(Asheville，华盛顿Phillips收藏)和《雅典人》(Attic，大都会博物馆和Newman收藏)。

1950 年

时事

美国参议员约瑟夫·麦卡锡(Joseph McCarthy)告诫杜鲁门总统"清除政府内的共产党分子"，美国国务院官员阿尔格·希思（Alger Hiss）因伪证罪被判刑。

朝鲜战争爆发。

美国联邦通讯委员会批准彩色电视在美国播放。

吉恩·科克托（Jean Cocteau）完成电影《俄耳菲》(Orphee)。

美术

让·杜布菲开始创作"Corps de Dames"系列。

德库宁开始创作大尺寸的"女人"系列。

马克·罗斯科的成熟风格开始成形。

美国雕塑家大卫·史密斯在纽约州北部的Bolton Landing展出焊接不锈钢雕塑。

纽约前卫艺术团体"暴躁"（Irascibles）抗议大都会美术馆的保守政策。

阿什勒·戈尔基、威廉·德库宁和杰克逊·波洛克的作品代表美国参加威尼斯双年展。

1951 年

时事

罗森堡夫妇（Rosenbergs）因在美国从事间谍活动被判处死刑。

克莱斯勒汽车公司（Chrysler）生产出汽车的动力操纵系统。

美国作家塞林格（J.D.Salinger）完成《麦田里的守望者》。

美术

毕加索创作《朝鲜的屠杀》（巴黎毕加索博物馆藏）。

罗伯特·劳申伯格创作"白色绘画"（White Paintings）。

最后一次"眼镜蛇"画展在列日举行。

罗伯特·马瑟韦尔主编的重要刊物《达达画家与诗人》开始发行。

西方当代美术记事 241

让·杜布菲在芝加哥艺术俱乐部以反文化立场发表演说，传播"原生艺术"的信念。
"英国庆典"展览预示着战后伦敦的复兴。

1952 年
时事
艾森豪威尔当选为美国总统。
英国进行首次核试验，美国爆炸第一颗氢弹。
制作出含磷桔皮苷的避孕药片。
塞缪尔·贝克特（Samuel Beckett）完成剧本《等待戈多》。
美术
哈洛德·劳申伯格（Harold Rosenberg）的评论《美国行动画家》在《艺术新闻》发表，将"行动绘画"与"抽象表现主义"归为同义词。
约翰·凯奇和劳申伯格在美国北卡罗莱纳州的黑山学院从事"偶发艺术"活动。凯奇在纽约伍德斯托克音乐节（Woodstock）上首次公演《4分33秒》。
海伦·弗兰肯萨勒创作《山和海》，展出于华盛顿国家美术馆。

1953 年
时事
斯大林去世，赫鲁晓夫成为苏联共产党总书记。
摩洛哥出现反对法国殖民统治的骚乱，延续到1955年。
金赛发表《人类女性性行为》。
亨利·米勒（Henry Miller）完成剧本《激情年代》（The Crucible）。
美术
罗伯特·劳申伯格创作《用手抹去的德库宁》（Erased de Kooning Gesture）。
法国画家安德烈·富热隆（Andre Fougeron）创作巨幅油画《文明的轨迹》（Civilisation Atlantique）。
拉里·利沃斯（Larry Rivers）重新绘制《华盛顿穿越特拉华》，展出于纽约现代艺术博物馆。
伦敦"独立艺术家集团"成立，举办"生活与艺术平行"展。
首届圣保罗双年展（The Bienal Internacional de Sao Paulo）举办。

1954 年
时事
阿尔及利亚爆发战争（一直持续到1962年阿尔及利亚脱离法国独立）。
美国参议员约瑟夫·麦卡锡（Joseph McCarthy）在议院掀起"红色责难"。
威廉·戈尔丁（William Golding）的小说《蝇王》（The Lord of the Flies）发表。
田纳西·威廉斯（Tennessee Williams）的剧作《热铁皮屋顶上的猫》上演。
美术
画家亨利·马蒂斯在巴黎去世。
罗伯特·劳申伯格开始创作"混合绘画"。
阿伦斯伯格（Arensberg）收藏的杜尚作品在费城艺术博物馆继续展出。
贾斯珀·约翰斯开始创作第一幅绘画《旗帜》（这部作品于1955年初完成）。

1955 年
时事
华沙条约组织在东欧成立。
西德加入北大西洋公约组织。
美国阿拉巴马州的黑人罗莎·帕克斯（Rosa Parks）在公交车上拒绝为一白人让座，由此引发美国黑人争取基本人身自由的民权运动。
法国军队撤离越南。
美术
意大利艺术家阿贝托·布里（Alberto Burri）的作品在纽约受到欢迎。

纽约现代艺术博物馆举办包括22位欧洲画家和雕塑家的"新十年"展（New Decade）。
首次卡塞尔文献展（Kasse）在西德举办。
罗伯特·劳申伯格创作"混合绘画"《床》。
理查德·汉密尔顿在泰恩河畔的纽卡斯尔和伦敦举办"人·机器·运动"展。

1956 年

时事

赫鲁晓夫在苏共 20 大报告中公开谴责斯大林。
苏联军队镇压了匈牙利起义。
艾伦·金斯伯格（Allen Ginsberg）的诗《嚎叫》（Howl）在美国出版。
美国猫王单曲《碎心酒店》（Heartbreak Hotel）发行。

美术

伦敦泰特美术馆举行"美国现代艺术"展。
自由艺术家集团在伦敦 Whitechapel 画廊举办"这是明天"展览。
库尔特·施维特斯回顾展在汉诺威举行。
杰克逊·波洛克死于车祸。

1957 年

时事

苏联发射第一颗洲际弹道导弹，接着发射了一号和二号人造卫星。
《罗马条约》使欧洲经济共同体建立。
罗兰·巴特（Roland Barthes）的文集《神话》（Mythologies）在法国出版。
杰克·克鲁亚克（Jack Kerouac）的《在路上》（On the Road）出版。

美术

情境画家国际性组织（Situationist International）在意大利成立。
杜尚在美国发表"创造性行为"（Creative Act）演说。

卡斯特里（Leo Castelli）画廊在纽约开放。
伊夫·克莱因在米兰 Apollinaire 画廊展出单色绘画。

1958 年

时事

戴高乐当选法国总统。
美国发射第一颗空间人造卫星。
英国核裁军运动组织成立，3 月在阿尔德梅斯顿（Aldermaston）举行首次游行示威。
密斯·凡德罗设计纽约西格拉姆大厦（Seagram Building）。

美术

"新美国绘画"展览在欧洲巡回展出。
贾斯珀·约翰斯在纽约卡斯特里画廊举办首次个人作品展。
零组织（Zero Group）在德国杜塞尔多夫成立。
阿伦·卡普罗的论文《杰克逊·波洛克的遗作》在《艺术新闻》上发表。

1959 年

时事

菲德尔·卡斯特罗在哈瓦那宣布古巴革命运动取得成功。
美国电视播出赫鲁晓夫与美国副总统尼克松的"厨房辩论"。
美国作家威廉·伯罗斯（William Burroughs）的小说《裸体午餐》出版。
德国作家甘特·格拉斯（Gunter Grass）的小说《铁皮鼓》出版。

美术

劳伦斯·阿洛威的论文《文明之前的岁月》在《剑桥评论》（Cambridge Opinion）上发表。
阿伦·卡普罗的作品《分为6个部分的18个偶发事件》被纽约鲁本画廊收藏。
弗兰克·斯特拉继续创作"黑色绘画"（早在前些

西方当代美术记事 **243**

年他就开始了）。
"人类新映像"（New Images of Man）在纽约现代艺术博物馆展出。

1960 年
时事
美国 U-2 间谍飞机被苏联击落。
第一束激光在得克萨斯州的休斯顿研究成功。
劳伦斯（D.H.Lawrence）的小说《查太莱夫人的情人》因为淫秽色彩浓重在英国受到严禁。
阿尔弗雷德·希区柯克电影《精神病患者》（Psycho）出品。

美术
克拉斯·奥登博格创作装置艺术《纽约 Judson Memorial 教堂的街道》，次年又展出《商店》（The Store）。
皮埃尔·雷斯塔尼在巴黎宣扬"新写实主义"（New Realism）。
关于杜尚作品《大玻璃》的英文注释发表。
伊夫·克莱因在巴黎表演《蓝色时代的飞跃空间和人体测量术》。

1961 年
时事
柏林墙建立。
苏联宇航员尤里·加加林（Yuri Gagarin）成为进入太空第一人。
肯尼迪当选美国总统。
猪湾事件的惨败意味着美国政府支持的反卡斯特罗政府武装入侵流产。

美术
乔治·巴塞利茨和尤根·史内贝克（Eugen Schonebeck）在西柏林合作《混战宣言》。
克莱门特·格林伯格在《艺术年鉴》发表《现代主义绘画》一文。

皮埃罗·曼佐尼把他的《100% 纯艺术家之屎》装进罐头中。
纽约现代艺术博物馆举行"装配艺术"展览。

1962 年
时事
古巴导弹危机。肯尼迪政府发出最后通牒之后，苏联导弹从古巴撤出。
玛丽莲·梦露（Marilyn Monroe）在美国自杀。
费德里科·费里尼（Federico Fellini）的电影《八部半》（8½）上映。

美术
激浪派首次展出第一件作品，是白南准的《头禅》（Zen for Head）。
安迪·沃霍尔的《坎贝尔罐头》在洛杉矶的 Ferus 画廊展出，他的玛丽莲·梦露系列绘画随之同展。
"新写实主义"在纽约 Sidney Janis 画廊展览。
达尼尔·斯波埃里的《一个地形学变化奇闻》（An Anecdoted Topography of Chance）出版，配合在巴黎的展览。

1963 年
时事
美国总统肯尼迪在得克萨斯州的达拉斯被暗杀。
马丁·路德·金（Martin Luther King）领导群众在华盛顿举行大规模集会和游行。
南越总统吴庭艳（Ngo Dinh Diem）在由美国支持的政变中被暗杀。
贝蒂·费理丹（Betty Friedan）的《女性的奥秘》出版。

美术
美国加利福尼亚州帕萨迪那（Pasadena）艺术博物馆举行杜尚回顾展。
罗伯特·莫里斯和唐纳德·贾德在纽约 Green 画廊展出第一次极少主义作品。

里希特和鲁格（Lueg）在德国杜塞尔多夫制作"生活和流行——资产阶级的现实主义实证"展览。

1964年
时事
赫鲁晓夫下台，勃列日涅夫当选为苏共领导人。
哈洛德·威尔逊（Harold Wilson）出任英国首相，组成工党内阁。
"披头士狂热"席卷英美。
法国戏剧家安东尼·阿尔托（Antonin Artaud）的《戏剧和戏剧的重建》在巴黎首次出版。

美术
卡洛丽·史尼曼的行为艺术《肉体快乐》（Meat Joy）在巴黎、伦敦和纽约表演。
约瑟夫·博伊斯在西德电视台表演行为艺术《静默》（The Silence of Marcel Duchamp is Over-Rated）。
罗伯特·劳申伯格在威尼斯双年展获得大奖。
苏珊·桑塔格（Susan Sontag）的论文《阵地笔记》（Notes on Camp）发表在《党派评论》上。

1965年
时事
肯尼迪继任者林登·约翰逊加强对越南的轰炸袭击。
洛杉矶Watts区暴发种族动乱。
鲍勃·迪伦（Bob Dylan）发行专辑《Highway 61 Revisited》，确立"摇滚音乐家"地位。
哈罗德·品特（Harold Pinter）的剧作《还乡》发表。

美术
詹姆斯·罗森奎斯特的《F-111》在纽约Castelli美术馆展出。
德国杜塞尔多夫Schmela美术馆展出博伊斯作品《如何向一只死兔子解释绘画》。

恒久保田在纽约"永久激浪节"表演行为艺术《阴道绘画》（Vagina Painting）。

1966年
时事
中国开始无产阶级文化大革命。
美国"探测者1号"发回月亮表面的照片。
法国历史学家米歇尔·福柯（Michel Foucault）的《事物的秩序》（The Order of Things）出版。
美国性学家马斯特斯（Masters）与约翰逊（Johnson）合著《人类性反应》出版。

美术
"基本结构"（Primary Structure）展览在纽约犹太博物馆举行。美国女权主义批评家露西·里帕德的"古怪的抽象"（Eccentric Abstraction）在纽约Fischbach美术馆展出。
约翰·莱瑟姆（John Latham）及其在伦敦的学生反复学习格林伯格的书《艺术和文化》。
"艺术终结讨论会"（Destruction in Art Symposium）在伦敦举行。
大卫·霍克尼在加利福尼亚创作"洗浴者"系列作品。

1967年
时事
英国国会通过使流产、同性恋合法化的法律条文。
艺术家皮特·布莱克为披头士唱片创作个性化封面。
戈达尔（Jean Luc Godard）的影片《周末》上映。
雅克·德里达（Jacques Derrida）的后现代结构主义论文集《写作学、写作及其不同》在巴黎出版。

美术
麦克尔·弗莱德（Michael Fried）的论文《艺术与客观状态》（Art and Objecthood）在《艺术论坛》发表。
罗兰·巴特的论文《作者之死》在美国《山杨》杂

志发表。1968 年在法国《Manteia》发表。
杰马诺·西朗特（Germano Celant）的《概念派艺术》在意大利发行。

1968 年
时事
马丁·路德·金和罗伯特·肯尼迪在美国遭暗杀。
学生动乱席卷欧洲，在巴黎导致全体大罢工。
华沙条约组织成员国苏、波、匈、保、民主德国 5 国出动 50 万大军侵入捷克斯洛伐克，粉碎了亚历山大·杜布切克（Alexander Dubcek）领导的自由主义改革。
电子音乐作曲家卡尔海因兹·施托克豪森（Karlheinz Stockhausen）完成《颂歌》，这是一部长达两个小时的融合了各国音乐风格的电子音乐作品。

美术
杜尚去世。
波普艺术主导德国第 4 届卡塞尔文献展。
达尼埃尔·布朗的"条纹"（Stripes）作品在巴黎展出。
"电脑与艺术展"在伦敦当代艺术学院展出。
罗伯特·莫里斯在《艺术论坛》发表《反形式》（Anti Form）一文。

1969 年
时事
戴高乐辞去法国总统职务。
北爱尔兰冲突爆发。
美国宇航员尼尔·阿姆斯特朗（Neil Armstrong）成为第一个登上月球的人。
乌兹塔克音乐节在纽约北部举行。

美术
艺术工人在纽约现代艺术博物馆联合发动反越战示威游行。

"当态度变成形式"过程艺术展（When Attitude Becomes Form）在伯尔尼 Kunsthalle 展出。
约瑟夫·库苏斯的《哲学后的艺术》在"国际工作室"（Studio International）展出。
吉尔伯特和乔治的行为艺术《歌唱雕塑》在伦敦首次表演。

1970 年
时事
美国总统尼克松（1968 当选）扩大从越南到柬埔寨的军事轰炸。
4 名参加反战示威的美国学生在肯特州立大学被国民警卫队射击身亡。
国际恐怖主义活动猖獗。
迈尔·戴维斯（Miles Davis）的唱片《Bithes' Brew》发行。

美术
罗伯特·史密森的大地艺术《螺旋形防波堤》在犹他州大盐湖落成。
汉斯·哈克的装置艺术《游客的投票》（Visitors' Poll）在纽约现代艺术博物馆展出。
罗伯特·莫里斯在伦敦泰特美术馆举办展览，因"躯体危险"而闭幕。
威隆伯·夏普（Willoughby Sharp）的概念艺术"身体艺术"展开幕。

1971 年
时事
美国在越南战场伤亡人数上升至 45 000 人，20 万美国人在华盛顿游行要求结束战争。
美国总统尼克松和国家安全顾问基辛格向苏联表示缓和国际关系。
美国作家西尔维亚·普拉斯（Sylvia Plath）的小说《钟形罩》（The Bell Jar）出版。
斯坦利·库布里克（Stanley Kubrick）电影《发条

橙》（A Clockwork Orange）上映。
美术
"当代美国黑人艺术家"在纽约惠特尼美国艺术博物馆展出。

来自古根汉姆基金会捐献的达尼埃尔·布朗作品在纽约展出。

琳达·诺克林（Linda Nochlin）的论文《为什么不曾出现伟大的女艺术家》在《艺术新闻》刊载。

汉斯·哈克的一个关于纽约房地产的展览，被纽约古根汉姆博物馆取消。

1972 年
时事
美国总统尼克松和苏共总书记勃列日涅夫签署限制战略武器协定。

"血腥星期天"大屠杀在北爱尔兰德里发生，英国军队向示威者开火。

路易斯·布努埃尔（Luis Bunuel）的电影《资产阶级的审慎魅力》（The Discreet Charm of the Bourgeoisie）上映。

美术
维多·阿孔西在纽约表演行为艺术《苗床》（Seedbed）。

"新艺术"展览在伦敦 Haywar 美术馆举办。

莱奥·斯坦博格（Leo Steinberg）发表论文《其他标准》（Other Criteria），描述了劳申伯格绘画中的后现代艺术概念。

艺术和语言作品《索引01》在卡塞尔文献展展出。

1973 年
时事
OPEC 石油危机。石油价格 4 倍于此后 4 年。

美国从越南撤军。

美国作家托马斯·品钦（Thomas Pynchon）写成《万有引力之虹》。

意大利导演贝纳尔多·贝托鲁奇（Bernardo Bertolucci）的电影《巴黎最后的探戈》上映。毕加索去世。

美术
罗伯特（Robert）和艾瑟·斯库尔（Ethel Scull）的艺术收藏品在纽约拍卖。

罗伯特·史密森死于飞机失事。

1974 年
时事
英国采矿工人罢工。

较高的通货膨胀开始影响欧洲经济。

尼克松因水门丑闻辞去美国总统职务。

作家亚历山大·索尔仁尼琴（Alexander Solzhenitsyn）被苏联政府驱逐出境。

美术
克里斯·波顿在威尼斯和加利福尼亚将自己绑在汽车上的十字架上，表演行为艺术《刺穿》（Transfixed）。

展示巴洛克风格女装的《美好风格》（Nice Style）行为艺术在伦敦汽车间表演。

博伊斯在纽约 Rene Block 画廊表演行为艺术"荒原狼"（Coyote）。

1975 年
时事
北越军队击败南方政权，越南在北越领导下统一。

佛朗哥死亡。民主主义在胡安·卡洛斯（Juan Carlos）国王领导下回到西班牙。

美国和苏联实行首次航天对接任务。

录像机和软盘开始为家庭使用。

美术
安东尼·卡洛(Anthony Caro)展览在纽约现代艺术博物馆举办。

菲利普·古斯顿在纽约创作绘画《磁铁》（英国

Saatchi 画廊收藏）。

卡洛丽·史尼曼在纽约长岛表演行为艺术《内在卷轴》（Interior Scroll）。

"身体作品"（Bodyworks）展在芝加哥现代美术馆举办。

1976 年
时事

美国民主党人吉米·卡特（Jimmy Carter）当选总统。

美国空间探测器"海盗（Viking）1号在火星着陆。

马丁·斯科塞斯（Martin Scorsese）的电影《出租车司机》上映。

美术

《十月》杂志在纽约创办。

"女性艺术家：1550—1950"在洛杉矶美术馆展出。

克里斯托（Christo）完成位于北加利福尼亚州的"飞篱"工程（Running Fence）。

1977 年
时事

第一起艾滋病案例在纽约确诊。

苹果型电脑开始广泛进入家庭。

由皮亚诺（Piano）和罗杰斯（Rogers）设计的蓬皮杜文化中心在巴黎落成。

乔治·卢卡斯（George Lucas）拍摄电影《星球大战》。

美术

瓦尔特·德·马利亚《垂直地球公里》（Vertical Earth Kilometer）展出于卡塞尔文献展。

"图片"展在纽约艺术家空间展出。

英国建筑理论家查尔斯·詹克斯(Charles Jencks)的《后现代语言体系》在伦敦出版。

辛迪·谢尔曼开始创作"无标题电影剧照"（Untitled Film Stills）系列。

1978 年
时事

意大利恐怖组织红色旅谋杀了年长的基督教民主党政治家阿尔多·莫罗（Aldo Moro）。

第一例试管婴儿在英国出生。

宇航员发现环绕冥王星运行的月球。

萨依德（Edward Said）的《东方学》出版。

美术

乔治·德·基里柯（Giorgio De Chirico）去世。

"坏画"展在纽约当代艺术博物馆展出。

约尔格·伊门道夫在杜塞尔多夫开始创作"德国咖啡馆"系列。

1979 年
时事

苏联入侵阿富汗。

保守党人玛格丽特·撒切尔当选为英国首相。

让·弗朗索瓦·利奥塔（Jean Francois Lyotard）的论文《后现代条件》在法国出版。

弗朗西斯·福特·科波拉（Francis Ford Coppola）的电影《现代启示录》（Apocalypse Now）上映。

美术

朱迪·芝加哥的《晚宴》（The Dinner Party）在旧金山展出。

纽约古根汉姆博物馆举办博伊斯作品回顾展。

朱利安·施纳贝尔首次个人作品展在纽约 Mary Boone 美术馆举办并销售一空。

乔治·巴塞利茨在德国开始创作表现主义木雕和油画。

1980 年
时事

绿党在西德成立，主要致力于生态问题。

歌手约翰·列农在纽约被射杀。

波兰格但斯克造船厂（Gdansk shipyards）罢工，引发要求改革的"团结运动"。
马丁·斯科塞斯的电影《愤怒的公牛》（Raging Bull）上映。

美术

阿基利·博尼托·奥利瓦（Achille Bonito Oliva）的《意大利超前卫艺术》出版。

安塞姆·基弗和乔治·巴塞利茨在威尼斯双年展被称赞。

"男人眼中的女人图像"（Women's Images of Men）在伦敦ICA展出。

1981年

时事

罗纳德·里根（Ronald Reagan）就任美国总统。

社会党人法朗索瓦·密特朗（Francois Mitterand）当选法国总统。

传真机越来越广泛地被使用。

美术

新表现主义的"绘画中的新精神"在伦敦皇家艺术学院展出。

罗斯卡·帕克（Rozsika Parker）和格里塞达·波洛克（Griselda Pollock）的女性艺术史论文《老情人：女人，艺术和意识形态》（Old Mistresses: Women, Art and Ideology）发表。

"客观物质和雕塑"在布里斯托尔和伦敦展出。

1982年

时事

英国与阿根廷爆发马尔维纳斯群岛战争。

来自细菌的人造胰岛素的投放市场，标志着基因工程进入经济领域。

艾滋病由美国疾病防治中心正式命名，当年死于艾滋病者1 208人。

雷利·史考特（Ridley Scott）的电影《刀锋战士》（Blade Runner）上映。

美术

柏林举办"时代精神"展览。

博伊斯在卡塞尔第7届文献展上开始"7 000棵橡树"种植计划。

第7届卡塞尔文献展中出现绘画作品。

"意大利和美国超前卫"展（Transavanguardia Italia–America）在意大利摩德纳（Modena）市立画廊展出。

1983年

时事

里根政府谴责苏联是"邪恶帝国"，并宣布建立太空导弹防御体系"星球大战"计划。

光盘投放市场，迅速代替唱片和磁带。

美术

玛丽·凯利的《产后记录文献》出版。

劳瑞·安德森（Laurie Anderson）在纽约表演行为艺术《美国I–IV》。

"新艺术"在伦敦泰特美术馆展出。

"涂鸦艺术"在荷兰鹿特丹展出，"后涂鸦艺术"在美国纽约展出。

1984年

时事

英国采矿工人长期罢工获得胜利，撒切尔政府采取措施削弱工会力量。

里根连任美国总统。

中英两国政府签署1997年香港回归中国的《联合声明》，象征殖民主义统治在香港的结束。

英国作家安吉拉·卡特（Angela Carter）的小说《马戏团之夜》出版。

美术

弗雷德里克·詹姆逊（Fredric Jameson）的论文《后现代主义或者近代资本主义文化逻辑》在《新左派评论》发表。

特纳奖在英国建立,第一个获奖者是马尔科姆·莫利(Malcolm Morley)。

"原始主义和20世纪艺术"在纽约现代艺术博物馆展出。

"不同:表现与性欲"(Difference:On Representation and Sexuality)展览在纽约现代艺术博物馆新馆展出。

1985 年

时事

戈尔巴乔夫继任苏联总统,经济重构和重要的文化自由主义揭开序幕。

英国科学家在南极洲上空发现臭氧层黑洞。

抗议核试验的绿色和平组织的旗舰"彩虹勇士"号,在新西兰奥克兰港被法国特工人员炸沉。

列维(Primo Levi)出版《元素周期表》。

美术

珍妮·霍尔泽的作品"老生常谈"(Truisms)出现在纽约时代广场电子广告牌上。

杰夫·昆斯的《平衡》(Equilibrium)在纽约展出。

1986 年

时事

苏联乌克兰切尔诺贝利核电站反应堆爆炸,135 000人撤离该地区。

美国有25 000例艾滋病患者被确诊。

大卫·林奇(David Lynch)的电影《蓝丝绒》(Blue Velvet)上映。

美术

当代艺术大师博伊斯去世。

路德维希(Luwig)博物馆在德国科隆开放;现代艺术博物馆在美国洛杉矶开放。

海伦·查德威克(Helen Chadwick)的《易变性》(Mutability)装置作品在伦敦ICA展出。

"最后阶段"(Endgame)展览在波士顿ICA举办。

1987 年

时事

股票市场大跌,被称为"黑色星期一"。

美国和苏联签署消除两国中程和中短程导弹条约。

比尔·盖茨(Bill Gates)创立微软公司,成为计算机亿万富翁。

托妮·莫里森(Toni Morrison)的小说《宠儿》(Beloved)出版。

美术

安迪·沃霍尔去世。他的资产、拍卖会、回顾展、基金会、日记、照片、难识别的伪作,等等,成为此后两年内媒体的关注热点。

"纽约当代艺术"在伦敦Saatchi画廊展出。

凡·高的油画《鸢尾花》在纽约拍卖至539万美元,创拍卖记录新高。

1988 年

时事

大规模罢工在波兰举行。

计算机网络病毒影响超过6 000台美国军用计算机。

撒尔曼·拉什迪(Salman Rushdie)《撒旦的诗篇》引起世界范围的争论。

斯蒂芬·霍金(Stephen Hawking)的《时间简史》出版。

美术

杰哈德·里希特的系列作品《1977年10月18日》在世界各地巡回展出。

"冻结"(Freeze)在伦敦港展览。

杰夫·昆斯的《平庸》(Banality)在纽约展出。

贾斯珀·约翰斯的《错误的开始》(False Start,1959年)拍卖价高达1 710万美元。

1989 年

时事

苏联军队撤出阿富汗。

柏林墙拆除，东欧社会主义国家东德、波兰、罗马尼亚、匈牙利、捷克斯洛伐克发生政治巨变。

美国"旅行者2号"空间探测器飞抵海王星；发射"伽利略号"空间探测器到木星。

美术

安德斯·塞拉诺（Andres Serrano）的现成品艺术《尿液中的耶稣》（Piss Christ，1987年）被美国参议院共和党议员破坏。

理查德·塞拉创作的公共艺术《倾斜的弧板》（1981年），经法院判决后从原址移除。

罗伯特·梅普勒索普的"完美时刻"（The Perfect Moment）摄影展开始在美国巡回展览。

"大地魔术师"（Magiciens de la Terre）在巴黎蓬皮杜文化中心展出。

1990 年

时事

囚禁27年之后，南非黑人领袖纳尔逊·曼德拉（Nelson Mandela）被德克勒克政府（De Klerk）无条件释放。

撒切尔辞去英国首相职务，由约翰·梅杰（John Major）继任。

货币统一成为东西两德统一前奏。

美术

美国Gran Fury团体收集威尼斯双年展有争议的装置作为艾滋病主题。

"高与低：现代艺术和大众文化"展在纽约现代艺术博物馆举行。

雷切尔·维利特（Rachel Whiteread）制作浇铸雕塑《灵魂和无标题浴室》（Ghost and Untitled），伦敦Saatchi画廊收藏。

1991 年

时事

人们认识到全球气候升温威胁环境。

海湾战争爆发，美国军队迫使伊拉克从科威特撤军。

叶利钦（Boris Yeltsin）当选俄罗斯总统，苏联解体。

昆汀·塔伦蒂诺（Quentin Tarantino）拍摄电影《落水狗》（Reservoir Dogs）

乔纳森·戴米（Jonathan Demme）拍摄《沉默的羔羊》（Silence of the Lambs）。

美术

克里斯蒂安·波尔坦斯基的装置作品《失去的房屋》（The Missing House）展出于东柏林。

纽约现代艺术博物馆举行"错乱"（Dislocations）装置艺术展览。

柏林举行"大都会"艺术展。

达密安·赫斯特展出装置作品《爱之内外》（In and Out of Love）和《活的心灵无法感知死亡之物》。

1992 年

时事

前南斯拉夫爆发穆斯林教徒和塞尔维亚人之间的异教冲突。

美国民主党比尔·克林顿（Bill Clinton）当选总统。

欧洲迪斯尼乐园在巴黎开放。

数字视频信号发射。

美术

伊利亚·卡巴科夫的装置作品《卫生间》（The Toilet）参加第9届卡塞尔文献展。

纽约画商和策展人杰弗里·迪奇（Jeffrey Deitch）在瑞士洛桑（Lausanne）和其他地方策划"后人类"（Post Human）展览。

加里·西尔创作《高桅杆船》（Tall Ships）录像作品。

比尔·维奥拉创作《南特三联画》（Nantes Tryptich）录像作品。

1993 年

时事

欧盟国家签署《马斯特里赫特条约》（Maastricht），欧共体成员国就发行统一货币达成一致。

互联网络或称"信息高速公路"应用范围得到拓展。

简·康平（Jane Campion）的电影《钢琴师》上映。

史蒂文·斯皮尔伯格（Steven Spielberg）的电影《辛德勒的名单》上映。

美术

汉斯·哈克的大型装置作品《日耳曼》展出于威尼斯双年展。

路易斯·布儒瓦在威尼斯双年展安装描述美国的 5 个"密室"（Cell）。

"贫穷艺术"在纽约惠特尼美国艺术博物馆展出。

道格拉斯·戈登（Douglas Gordon）创作改编慢放影片《24 小时惊魂记》。

1994 年

时事

俄罗斯军队进入自行独立的车臣共和国，第一次车臣战争爆发。

南非结束白人统治。

罗伯特·奥特曼（Robert Altmans）的电影《捷径》（Short Cuts）上映。

昆汀·塔伦蒂诺（Quentin Tarantino）的电影《低俗小说》（Pulp Fiction）上映。

美术

美国艺术批评家克莱门特·格林伯格去世。

"坏女孩/坏西方女孩"（Bad Girls/ Bad Girls West）在纽约展出。

马修·巴尼创作《悬丝 4》（Cremaster 4）录像作品。

1995 年

时事

代顿协议结束波黑内战，并把波黑分为穆克联邦和塞族共和国两个实体。

日本举行长崎原子弹爆炸 50 周年纪念日活动，克林顿总统宣布中止核实验。

雅克·希拉克（Jacques Chirac）当选法国总统。

爱尔兰诗人谢默斯·希尼（Seamus Heaney）获诺贝尔文学奖。

美术

达密安·赫斯特获伦敦特纳奖。

"生命礼仪"（Rites of Passage）在伦敦泰特美术馆展出。

"辉煌：来自伦敦的新艺术"（Brilliant: New Art from London）在明尼阿波德市的 Walker 艺术中心展出。

"重新思考艺术物体"（Reconsidering the Object of Art）概念艺术在洛杉矶 MOCA 展出。

1996 年

时事

爱尔兰共和军在北爱尔兰再次暴动。

有关被纳粹没收的二战后一直由瑞士银行保管 50 年的犹太人财产权论战展开。

丹尼尔·利伯斯金（Daniel Liebeskind）设计柏林犹太博物馆。

美术

"生命/生活"（Life/Live）展在巴黎蓬皮杜文化中心展出。

美国批评家哈尔·福斯特（Hal Foster）出版《回到真实》（The Return of the Real）。

道格拉斯·戈登在伦敦获特纳奖。

1997 年

时事

托尼·布莱尔（Tony Blair）当选为英国工党首相，结束了保守党 18 年的统治。

全球变暖的事实使太平洋海面升高。
法兰克·盖瑞（Frank Gehry）设计西班牙毕尔堡（Bilbao）古根汉姆博物馆。
克隆羊在英国爱丁堡附近的Roslin出生，其重要部分涉及遗传工程。

美术
德库宁去世。
第10届卡塞尔文献展强调全球化和政治。
"感觉"（Sensation）在伦敦皇家艺术学院展出。
"玫瑰是玫瑰是玫瑰：摄影中的性表演"（Rrose is a Rrose is a Rrose: Gender Performance in Photography）在纽约古根汉姆博物馆展出。

1998年
时事
爱尔兰政府、英国政府和北爱尔兰党派签署了《北爱尔兰和平条约》。
美国总统克林顿因不正当性关系事件涉嫌做伪证。
格哈德·施罗德（Gerhard Schroder）当选德国总理。
科恩兄弟（The Cohen Brother）执导电影《谋杀绿脚趾》（Big Lebowski）。

美术
纽约现代艺术博物馆举办波洛克主要作品回顾展（1999年到伦敦展出）。
"超越行动：1949—1979年间的行为和物体"（Out of Actions: Between Performance and the Object 1949—1979）展在洛杉矶现代艺术馆举办。
展览"创伤：当代艺术中的民主和救赎"（Wounds: Between Democracy and Redemption in Contemporary）在斯德哥尔摩现代博物馆展出。

1999年
时事
遗传学的研究改良了食品。
美国参议院宣布克林顿在做伪证和阻碍司法上无罪。
北约轰炸南联盟。大批难民离开科索沃。

美术
艺术史学者克拉克（T.J.Clark）的《告别观念：现代主义历史的一个阶段》（Farewell to an Idea: Episodes from a History of Modernism）出版。
葡萄牙塞拉尔维斯当代艺术博物馆（Museu de Serralves）在港都波尔图（Oporto）开放。
在威尼斯双年展上，画家加里·休姆（Gary Hume）代表英国，克马尔和梅拉尼德代表俄罗斯。路易斯·布儒瓦获得金狮终身成就奖。
"神奇：国际当代艺术"（Abracadabra: International Contemporary Art）在伦敦泰特美术馆展览。

2000年
伦敦泰晤士河南岸泰特现代美术馆开放。

注：西方当代美术记事资料主要译自于《After Modern Art, 1945—2000》（David Hopkins, Oxford 2000）的有关部分。

人名索引

A

A.R.Penck（A·R·彭克） 204
Ad Reinhardt（阿德·莱茵哈特） 106
Adolph Gottlieb（阿道夫·戈特利布） 30
Agnes Denes（阿格尼丝·德尼斯） 130
Al Held（阿尔·黑尔德） 108
Albert Paley（艾伯特·佩利） 39
Alberto Giacometti（阿尔伯托·贾科梅蒂） 9
Alex Katz（阿里克斯·卡兹） 145
Alexander Calder（亚历山大·考尔德） 85
Alice Neel（阿丽丝·尼尔） 140
Allan Kaprow（阿伦·卡普罗） 150
Allan McCollum（阿朗·麦克柯罗姆） 64
Allen Jones（艾伦·琼斯） 45
Ana Mendieta（安娜·门迪塔） 176
Andy Goldsworthy（安迪·高兹华斯） 130
Andy Warhol（安迪·沃霍尔） 50
Anselm Kiefer（安塞姆·基弗） 202
Antoni Tapies（安东尼·塔皮埃斯） 16
Antony Gormley（安东尼·格姆雷） 81
Arnaldo Pomodoro（阿诺多·波莫多洛） 36
Arshile Gorky（阿什勒·戈尔基） 25
Asger Jorn（阿斯格·乔恩） 19
Ashley Bickerton（阿什利·比克顿） 77
Atelier van Lieshout（凡·列绍特工作室） 79

B

Baldaccini Cesar（巴尔达契尼·塞萨尔） 70
Balthus（巴尔蒂斯） 142
Barbara Hepworth（巴巴拉·赫普沃斯） 7
Barbara Kruger（芭芭拉·克鲁格） 215
Barnett Newman（巴内特·纽曼） 33
Ben F.Laposky（本夫·莱帕斯克） 232
Bernard Buffet（贝尔纳·比费） 10
Bill Viola（比尔·维奥拉） 224
Brice Marden（布里斯·马登） 106

Bridget Louise Riley（布里奇特·路易斯·赖利） 95
Bruce Nauman（布鲁斯·瑙曼） 166

C

Cady Noland（卡迪·诺兰德） 74
Carl Andre（卡尔·安德列） 102
Carolee Schneemann（卡洛丽·史尼曼） 174
Charlotte Moorman（夏洛蒂·莫尔曼） 160
Chris Burden（克里斯·波顿） 164
Christian Boltanski（克里斯蒂安·波尔坦斯基） 119
Chuck Close（查克·克洛斯） 133
Cindy Sherman（辛迪·谢尔曼） 213
Claes Oldenburg（克拉斯·奥登伯格） 55
Clegg & Guttmann（克莱格和古特曼） 185
Clyfford Still（克莱夫德·斯蒂尔） 36
Cy Twombly（塞·托布利） 30

D

Damien Hirst（达密安·赫斯特） 76
Dan Flavin（丹·弗拉文） 90
Daniel Buren（达尼埃尔·布朗） 80
Daniel Spoerri（达尼尔·斯波埃里） 71
David Hockney（大卫·霍克尼） 45
David Salle（大卫·萨勒） 62
David Smith（大卫·史密斯） 99
Dennis Oppenheim（丹尼斯·奥本海默） 186
Dick Higgins（迪克·西根斯） 154
Dirk Groeneveld（德克·格罗尼夫德） 236
Donald Judd（唐纳德·贾德） 101
Duane Hanson（杜安·汉森） 138

E

Ed Ruscha（爱德·鲁沙） 57
Eduardo Chillida（爱德华多·奇里达） 37

Edward Kienholz（爱德华·凯因霍尔茨）138
Eija Liisa Ahtila
（埃亚·利亚斯·阿赫蒂拉）227
Ellsworth Kelly（艾斯沃思·凯利）107
Enzo Cucchi（恩左·库基）206
Eric Fischl（埃里克·菲谢尔）142
Eugene Leroy（欧仁·勒鲁瓦）15
Eva Hesse（伊娃·海瑟）111

F

Fernandez Arman（弗南德茨·阿曼）70
Fernando Botero（费尔南多·波特罗）146
Francesco Clemente
（弗朗西斯科·克莱门特）206
Francis Bacon（弗朗西斯·培根）8
Frank Auerbach（弗兰克·奥尔巴赫）207
Frank Stella（弗兰克·斯特拉）107
Franz kline（弗朗兹·克兰）29
Franz West（弗朗茨·维斯特）78

G

Gary Hill（加里·西尔）224
Georg Baselitz（乔治·巴塞利茨）200
George Maciunas（乔治·马休纳斯）155
George Rickey（乔治·里奇）87
George Segal（乔治·西格尔）137
Gerhard Richter（杰哈德·里希特）135
Geroge Sugarman（乔治·苏加曼）39
Giacomo Manzu（贾科莫·曼祖）21
Gillian Wearing（吉莉安·韦莲）218
Gina pane（吉娜·帕恩）180
Guerrilla Girls（游击队女孩）177
Gunter Brus（甘特·布鲁斯）153
Gunther Uecker（冈瑟·尤克）91

H

Haim Steinbach（哈姆·斯泰因巴赫）61
Hannah Wilke（汉娜·维尔克）175
Hanne Darboven（阿纳·达尔伯文）122
Hans Haacke（汉斯·哈克）117
Hans Hartung（汉斯·哈同）16
Hans Hofmann（汉斯·霍夫曼）24
Helen Frankenthaler（海伦·弗兰肯萨勒）34
Henry Moore（亨利·摩尔）6

Henrik Plenge Jakobsen
（赫里克·朋格·雅各布森）119
Hermann Nitsch（赫尔曼·尼茨）152

I

Ilya Kabakov（伊利亚·卡巴科夫）120
Inez Van Lamsweerde
（娜兹·凡·兰斯韦德）234
Isamu Noguchi（野口勇）188

J

Jackson Pollock（杰克逊·波洛克）26
James Rosenquist（詹姆斯·罗森奎斯特）54
James Turrell（詹姆士·特瑞尔）91
Jason Salavon（詹森·萨拉文）233
Jasper Johns（贾斯珀·约翰斯）49
Javacheff Christo & Jeanne Claude
（加瓦切夫·克里斯托和珍妮·克劳德）128
Jean Dubuffet（让·杜布菲）12
Jean Fautrier（让·福特里埃）12
Jean Jacques Birge（简·雅克·布里吉）238
Jean Luc Vilmouth（让·吕克·维尔姆斯）81
Jean Michel Basquiat
（吉恩·米歇尔·巴斯奎特）194
Jean Tinguely（吉恩·丁格利）86
Jeff Koons（杰夫·昆斯）62
Jeff Wall（杰夫·沃尔）216
Jeffrey Shaw（杰夫里·肖）236
Jenny Holzer（珍妮·霍尔泽）122
Jenny Saville（詹妮·莎维尔）208
Jesus Rafael Soto（杰苏斯·拉菲尔·索托）88
Jim Dine（吉姆·迪恩）151
Joan Jonas（琼·乔纳斯）222
Joan Mitchell（琼·米切尔）31
John Baldessari（约翰·巴德萨里）115
John Cage（约翰·凯奇）158
John Chamberlain（约翰·张伯伦）67
John De Andrea（约翰·德·安德里亚）138
Jonathan Borofsky（乔纳森·波罗夫斯基）185
Jorg Immendorff（约尔格·伊门道夫）201
Josef Albers（约瑟夫·艾伯斯）93
Joseph Beuys（约瑟夫·博伊斯）156
Joseph Cornell（约瑟夫·科内尔）66
Joseph Kosuth（约瑟夫·库苏斯）114

Joyce Kozloff（乔伊斯·科兹罗夫）172
Judy Chicago（朱迪·芝加哥）174
Judy Dater（丘迪·黛特）215
Julia Scher（朱丽娅·谢尔）234
Julian Schnabel（朱利安·施纳贝尔）209
Julian Stanczak（朱里安·斯丹扎克）95
J.Lanier（杰·拉尼尔）235

K

Karel Appel（卡雷尔·阿佩尔）19
Karl Horst Hodicke
（卡尔·霍斯特·霍迪克）199
Katarzyna Kozyra（卡塔茨娜·考兹拉）230
Kawaguchi Yoichiro（河口洋一郎）233
Keith Haring（吉斯·哈林）195
Kenneth Noland（肯尼思·诺兰德）108
Kenny Scharf（肯尼·沙夫）196
Kim MacConnel（金·迈考乃尔）172
Komar & Melamid（克马尔和梅拉尼德）143
Kurt Schwitters（库尔特·施维特斯）66

L

Larry Clark（拉里·克拉克）220
Lawrence Weiner（劳伦斯·维纳）121
Len Lye（列恩·雷）87
Leon Golub（莱昂·格鲁伯）142
Leon Kossoff（利昂·科索夫）208
Lily Yeh（叶蕾蕾）189
Louise Bourgeois（路易斯·布儒瓦）178
Louise Nevelson（路易丝·奈维尔森）67
Lucas Samaras（卢卡斯·萨马拉斯）73
Lucian Freud（吕西安·弗洛伊德）140
Lucio Fontana（鲁齐奥·丰塔纳）22

M

Malcolm Morley（马尔科姆·莫利）133
Marcel Odenbach（马塞尔·奥登巴赫）227
Margot Lovejoy（马格特·拉芙乔伊）237
Mariko Mori（森万里子）233
Marina Abramovic（玛丽娜·阿布拉莫维奇）179
Marino Marini（马里诺·马里尼）20
Mario Merz（马里奥·莫兹）80
Mark Di Suvero（马克·迪·苏维罗）36

Mark Rothko（马克·罗斯科）33
Markus Lupertz（马库斯·吕佩茨）200
Matthew Barney（马修·巴尼）229
Maya Ying Lin（林樱）189
Michael Heizer（迈克尔·海泽）125
Michael Noll（米歇尔·诺尔）232
Michelangelo Pistoletto
（米开朗基罗·皮斯托莱托）76
Mike Bidlo（麦克·彼德罗）59
Miriam Schapiro（米丽安·夏皮洛）172
Moholy Nagy（莫霍利·纳吉）84
Morris Louis（莫里斯·路易斯）35

N

Nam June Paik（白南准）161
Nan Goldin（南·格尔丁）181
Nancy Burson（南西·伯森）234
Naum Gabo（瑙姆·加博）84
Nicolas Clauss（尼古拉斯·克劳斯）238
Nicolas De Stael
（尼古拉斯·德·斯塔埃尔）14
Nicolas Schoffer（尼古拉斯·谢弗尔）89
Niki De Saint Phalle（妮基·德·圣法勒）175
Nobuyoshi Araki（荒木经惟）220

O

Olivier Auber（奥里夫·奥波）238
Ossip Zadkine（奥斯普·扎特金）6
Otto Muehl（奥托·穆埃尔）153

P

Passmone George（帕斯莫·乔治）167
Per Kirkeby（佩尔·科克比）209
Peter Blake（彼得·布莱克）44
Peter Campus（彼得·坎布斯）222
Peter Land（彼特·兰德）227
Philip Guston（菲利普·古斯顿）209
Philip Pearlstein（菲利普·皮尔斯坦因）146
Piero Manzoni（皮埃罗·曼佐尼）72
Pierre Soulages（皮埃尔·苏拉吉）16
Pipilotti Rist（皮皮洛蒂·瑞斯特）229
Pol Bury（保罗·伯利）87
Proesch Gilbert（普罗施·吉尔伯特）167

R

Rainer Fetting（莱纳·费廷）204
Ralph Goings（拉尔夫·戈因斯）134
Rebecca Horn（蕾贝卡·霍恩）165
Renato Guttuso（雷纳托·古图索）20
Richard Anuszkiewicz
（理查德·安乌斯基维茨）95
Richard Beyer（理查德·贝耶）191
Richard Estes（理查德·埃斯蒂斯）134
Richard Hamilton（理查德·汉密尔顿）44
Richard Lindner（理查德·林德纳）50
Richard Long（理查德·隆）126
Richard Prince（理查德·普林斯）60
Richard Serra（理查德·塞拉）100
Rineke Dijkstra（莱涅克·迪克斯特拉）217
Rirkrit Tiravanija（雷克特·泰拉瓦尼加）78
Robert Barry（罗伯特·巴里）121
Robert Cottingham（罗伯特·科廷汉姆）134
Robert Filliou（罗伯特·菲利欧）159
Robert Indiana（罗伯特·印第安纳）56
Robert Kushner（罗伯特·库施纳）172
Robert Longo（罗伯特·隆格）142
Robert Mangold（罗伯特·曼格德）105
Robert Mapplethorpe（罗伯特·梅普勒索普）219
Robert Morris（罗伯特·莫里斯）104
Robert Motherwell（罗伯特·马瑟韦尔）28
Robert Rauschenberg（罗伯特·劳申伯格）48
Robert Ryman（罗伯特·莱曼）105
Robert Smithson（罗伯特·史密森）124
Robert Zakanitch（罗伯特·查卡尼西）172
Ron Kitaj（罗恩·基塔伊）44
Roni Horn（罗妮·霍恩）217
Rosemarie Trockel（罗斯玛丽·特拉考）235
Roy Ascott（罗伊·阿斯科特）237
Roy Lichtenstein（罗伊·利希滕斯坦）53
Rudolf Schwarzkogler
（鲁道夫·施瓦茨克格勒）153

S

Sadie Benning（赛迪·本宁）230
Sam Francis（萨姆·弗朗西斯）31
Sam Gilliam（萨姆·杰列姆）110
Sandro Chia（桑德罗·基亚）205
Sarah Lucas（莎拉·卢卡斯）75
Shelia De Bretterille
（希里亚·德·布赖特里）190
Sherrie Levine（谢丽·列维娜）58
Shigeko Kubota（恒久保田）223
Sigmar Polk（西格马·波克）59
Sol Lewitt（索尔·列维特）105
Steina and Woody Vasulka
（斯坦纳和伍迪·瓦苏卡夫妇）224
Stuart Brisley（斯图尔特·布里斯利）152
Super Kool（苏珀·库尔）192
Susumu Endo（远藤亨）232

T

Takis（塔吉斯）90
Thomas Ruff（托马斯·鲁夫）218
Tom Otterness（汤姆·奥特内斯）188
Tom Wesselmann（汤姆·韦塞尔曼）53
Tony Oursler（托尼·奥斯勒）228
Tony Smith（托尼·史密斯）99
Tracey Emin（翠西·艾敏）182

V

Valie Export（瓦里·伊克丝波特）222
Vanessa Beecroft（瓦妮莎·比克罗夫特）168
Victor Burgin（维克多·布尔金）116
Victor De Vasarely（维克托·德·瓦萨列里）94
Vito Acconci（维多·阿孔西）163

W

Walter De Maria（瓦尔特·德·马利亚）126
Wayne Thiebaud（维讷·迪波）57
Willem De Kooning（威廉·德库宁）28
Willem De Ridder（威廉姆·德·里德）154
Wolf Vostell（沃尔夫·弗斯特尔）162
Wols（沃尔斯）17

X

（Xiedeqing）谢德庆 168

Y

Yaacov Agam（亚科夫·阿盖姆）91
Yoko Ono（小野洋子）160
Yves Klein（伊夫·克莱因）69

Z

Zao wou-ki（赵无极）18

参考文献

[1] 罗伯特·休斯.新艺术的震撼[M].刘萍均,汪晴,张禾,译.上海：上海人民美术出版社，1989.

[2] 王瑞芸.变人生为艺术——艺术史论笔札[M].北京：人民美术出版社，2003.

[3] 马永建.后现代艺术20讲[M].上海：上海社会科学院出版社，2006.

[4] 王瑞芸.新表现主义[M].北京：人民美术出版社，2003.

[5] 王瑞芸.激浪派[M].北京：人民美术出版社，2004.

[6] 徐淦.装置艺术[M].北京：人民美术出版社，2003.

[7] 封一函.超级写实主义[M].北京：人民美术出版社，2003.

[8] 耿幼壮.女性主义[M].北京：人民美术出版社，2003.

[9] 张朝晖，徐翎.新媒介艺术[M].北京：人民美术出版社，2004.

[10] 高千惠.当代艺术思路之旅[M].桂林：广西师范大学出版社，2003.

[11] 易英.艺术的方位——世界美术文选[M].石家庄：河北美术出版社，2004.

[12] 伊莎贝尔·德迈松·鲁热.当代艺术[M].罗顺江,李元华,译.成都：四川文艺出版社，2005.

[13] 让·路易·普拉岱尔.当代艺术[M].董强,姜丹丹,译.长春：吉林美术出版社，2002.

[14] P·勒·托雷尔·达维奥.现代艺术家辞典[M].刘常津,译.长春：吉林美术出版社，2006.

[15] P·勒·托雷尔·达维奥.当代艺术家辞典[M].柳玉刚,译.长春：吉林美术出版社，2006.

[16] 埃伦·H·约翰逊.当代美国艺术家论艺术[M].姚宏翔,泓飞,译.上海：上海人民美术出版社，1992.

[17] 王受之.世界当代艺术史[M].北京：中国青年出版社，2002.

[18] 何政广.写给大家的欧美现代美术史[M].长沙：湖南美术出版社，2005.

[19] 陆蓉之.后现代艺术的现象[M].台北：艺术家出版社，1990.

[20] 陆蓉之."破"后现代艺术[M].上海：文汇出版社，2002.

[21] ROBERT A.艺术开讲[M].黄丽娟,译.台北：艺术家出版社，2000.

[22] PRADEL J L.西洋视觉艺术史——当代艺术[M].台北:阁林出版社，2003.

[23] COLOGNE M L .20th Century Art[M]. Kolner：Taschen，1997.

[24] GROSENICK E U.Art Now[M]. Kolner：Taschen，2002.

[25] PHILLIPS L.The American Century—Art&Culture，1950—2000[M]. New York : W W Norton & Co Inc，1999.

[26] GROSENICK U.Art at the Turn of the Millennium[M]. Kolner：Taschen，1999.

[27] SMITH E L.Art Today[M]. New York：Phaidon，1997.

[28] RUHRBERG，SCHNECKENBURGER，FRICKE,et al.Art of the 20th Century[M]. Kolner：Taschen，2005.

[29] HOPKINS D.After Modern Art 1945—2000[M].London:Oxford University Press，2000.

[30] STALLABRASS J.Contemporary Art（A Very Short Introduction）[M].London:Oxford University Press，2006.

[31] GILL P , WOOD P.Themes in Contemporary Art[M]. New Haven : Yale University Press，2004.

[32] LINKER,KUSPITD, et al.Aselected History of Contemparary Art，1945—1986[M]. New York :Abbeville Press Publishers.

后 记

本书脱胎于我在鲁迅美术学院、上海大学美术学院西方美术史（当代部分）课程的授课讲义，虽然这门课已经讲过好几轮了，但在这次将讲稿整理成书时，还是遇到很多困难。除了在编写上要区别讲义与大众读物的困难外，还有下列困难也让我颇伤脑筋：

一个是对艺术家的选择和取舍。

当代美术与古代和近现代美术不同，后者虽然时间跨度长，历史情节复杂，但也正因为时间长而自然完成了对艺术家的筛选。也就是说，现在我们比较熟悉的古代和近现代的艺术家，都是经过历史考验的，虽然这种考验的结果也不见得绝对正确，但总是经过了时间的检验，能留存至今的人物和作品，即便有误也误不了太多吧？可当代美术就不同了，其最早的活动时间至今也不过半个世纪，连一个生命周期还不到，况且这段时期又是所谓自由主义多元时代，呈现在我们面前的，是人头攒动、大呼小嚷的繁闹局面，谁是永恒的大师？谁是匆匆的过客？怎样的作品是艺术经典？怎样的作品不过是一时噱头？才疏学浅如笔者，实不敢妄下判断，但写作本身又要求你不能不判断，最起码，也必须要在数量多得不可能全盘收录的已知艺术家名单中，选择一部分较有价值者给予适当介绍。可又该怎样判断谁有价值谁没有价值呢？我采取了一个简单的办法，即根据手边的中外文参考书籍进行对比，对在不同的书、辞典和画册中都提到的人，就录入本书艺术家名单，如果只有很少的书提到，本书也就不提了。呵呵，这个方法当然很可怜，其实是将描述对象的选择权交给其他作者了，由此可见笔者是很缺乏独立判断能力的。但从另一个角度看，这也许是保证本书内容客观性的一个可靠条件。易英教授说："战后的西方艺术逐渐由'现代主义'向现代主义之后（或译成后现代主义）转变，西方文化的重心也由巴黎转移到纽约。历史总是通过时间和距离来获得它的客观评价，一部客观的20世纪下半叶的美术史还有待更多的时间来检验。我们还是把它作为一个跨世纪的课题，留待后人来撰写吧。"（易英著，《西方20世纪美术》，中国人民大学出版社，2004年版，第12页。）这是真正的研究态度，本书的写作过程，使我对他的判断深以为然。

另一个是分类。

有两种：一是艺术派别的分类，一是艺术家的归类。前者已经很难清晰地界定，比如装置艺术，是各种艺术流派普遍使用的手法，因此也就出现在各章所介绍的内容中，那么还要不要有专门一章来讲呢？不列出专门章节讲，与普遍看法有异，因为人们通常都会将装置看成是某一种类的艺术，所以我只好折中一下，把它与装配艺术合为一章，这一方面是因为这两种艺术在创作手法上有近似，另一方面也是因为装置艺术的实例已经出现在很多章节中，再列为单独一章有些累赘了。而艺术家的归类就更困难了。本书写作体例，是一个艺术家只在一个章节中出现，这样当然是为了全书结构清晰和叙述简便，但"可恨的"是许多西方当代艺术家都是全能全知角色，他们既搞装置，又做行为表演，甚至还要摆弄摄影、录像什么的。如奥登伯格、瑙曼、阿孔西、奥本海默这些人,差不多都是赵孟𫖯式的人物,能熟练使用所处时代的所有媒介手段,对这些家伙该如何归类呢?只能采取以偏概全法,将他们局限在一个章节内介绍,实在不能忽略的与其他章节有关的内容,则在另外章节中给予少许的、非单列的补充说明。这样做,是为了叙事结构的清晰和简便,是不得已而为之。

第三个是阐释和描述的关系。

事实上,从现代艺术开始,视觉艺术就离不开阐释,当代艺术阐释得更厉害,这都是因为作品本身越来越让人看不懂的缘故。西方古典艺术和中国传统艺术都没有这个毛病,那些圣经故事和历史故事画,那些山水花鸟画,没有阐释也同样可以欣赏。但现代的东西就不一样了,没有像模像样的阐释,杜尚那个小便池如何能成为经典作品呢?因此,同样撰写美术史,撰写当代美术史可能就要多花些阐释功夫。

什么是阐释呢?字典里的解释是"阐述并解释",似乎过于笼统。我在现实中看到的阐释有两种:一个是把已经存在但还不够明显的东西挖掘出来,另一个是把不知道有没有的东西加上去。从科学立场看,后一种方法不符合实事求是原则,也就不见得可靠。但在当代美术研究领域,这后一种手法实在是很常见的,否则,那么多看上去很"烂"(实际也可能很烂)的作品,何以被说得那么神乎其神、崇高深刻呢?当然,我这样说可能是因为我孤陋寡闻,但这孤陋寡闻增加了我的写作顾虑,所以我只想如实照录,述而不作,不阐释或少阐释。然而,这又是很难做到的。做不到,原因仍然是受当代美术的特殊性质所限。比如一堆脏土放到美术馆里,就与堆放在大街上的脏土有本质不同,因为它成了艺术。对这种现象,如果仅仅止于描述事实,读者一定觉得这写的是什么玩意呀!也是为了防止过于败坏读者心情,我不得不放纵自己,在每章的结尾甚至是段落中,贸然谈了一些个人看法,这当然很可能是把不知道有没有的东西加上去了。所以,当书稿完成之后,我的心情不是如释重负,而是忐忑不安,尽管为了减少疏漏,我已尽可能地参考了中外有关书籍。对西方当代艺术家的言论引用,除了少量在注释中表明出处的,都出自《当代美国艺术家论艺术》、《当代艺术家辞典》、《西洋视觉艺术史——当代艺术》和《Art Today》几本书中。受普及读本体例所限,我没有在注释中将这些引文出处一一标明,这是要格外向上述大作的著译者深表歉意的。

由于上述原因,可知本书必有很多不足和缺陷,惟期待方家指正和教诲。

在以往的教学实践中,不同学校的同学们对新鲜事物的好奇和对当代艺术的关注,让我受惠颇多;远在英国的何为民师弟多次帮我邮购相关书籍,对本书写作帮助极大;另外,同窗好友卞秉利大力扶持本书出版,都在此一并感谢吧!

作 者

2008年暑假记于哈尔滨家中